中华文化大博览丛书

中华文化大博览

天人合一的精神信仰

鹿军士 编著

中国出版集团 现代出版社

图书在版编目（CIP）数据

天人合一的精神信仰 / 鹿军士编著. -- 北京 : 现代出版社, 2017.8
ISBN 978-7-5143-6496-5

Ⅰ. ①天… Ⅱ. ①鹿… Ⅲ. ①天人关系－研究 Ⅳ. ①B2

中国版本图书馆CIP数据核字(2017)第223576号

天人合一的精神信仰

作　　者： 鹿军士
责任编辑： 李　鹏
出版发行： 现代出版社
通讯地址： 北京市定安门外安华里504号
邮政编码： 100011
电　　话： 010-64267325 64245264（传真）
网　　址： www.1980xd.com
电子邮箱： xiandai@vip.sina.com
印　　刷： 天津兴湘印务有限公司
字　　数： 380千字
开　　本： 710mm×1000mm　1/16
印　　张： 30
版　　次： 2018年5月第1版　2018年5月第1次印刷
书　　号： ISBN 978-7-5143-6496-5
定　　价： 128.00元

习近平总书记在党的十九大报告中指出：“深入挖掘中华优秀传统文化蕴含的思想观念、人文精神、道德规范，结合时代要求继承创新，让中华文化展现出永久魅力和时代风采。”同时习总书记指出：“中国特色社会主义文化，源自于中华民族五千多年文明历史所孕育的中华优秀传统文化，熔铸于党领导人民在革命、建设、改革中创造的革命文化和社会主义先进文化，植根于中国特色社会主义伟大实践。”

我国经过改革开放的历程，推进了民族振兴、国家富强、人民幸福的“中国梦”，推进了伟大复兴的历史进程。文化是立国之根，实现“中国梦”也是我国文化实现伟大复兴的过程，并最终体现在文化的发展繁荣。博大精深的中国优秀传统文化是我们在世界文化激荡中站稳脚跟的根基。中华文化源远流长，积淀着中华民族最深层的精神追求，代表着中华民族独特的精神标识，为中华民族生生不息、发展壮大提供了丰厚滋养。我们要认识中华文化的独特创造、价值理念、鲜明特色，增强文化自信和价值自信。

如今，我们正处在改革开放攻坚和经济发展的转型时期，面对世界各国形形色色的文化现象，面对各种眼花缭乱的现代传媒，我们要坚持文化自信，古为今用、洋为中用、推陈出新，有鉴别地加以对待，有扬弃地予以继承，传承和升华中华优秀传统文化，发展中国特色社会主义文化，增强国家文化软实力。

浩浩历史长河，熊熊文明薪火，中华文化源远流长，滚滚黄河、滔滔长江，是最直接的源头，这两大文化浪涛经过千百年冲刷洗礼和不断交流、融合以及沉淀，最终形成了求同存异、兼收并蓄的辉煌灿烂的中华文明，也是世界上唯一绵延不绝的古老文化，并始终充满生机与活力。

中华文化曾是东方文化摇篮，也是推动世界文明不断前行的动力之一。早在五百年前，中华文化的四大发明催生了欧洲文艺复兴运动和地理大发现。中国四大发明先后传到西方，对于促进西方工业社会发展和形成，起到了重要作用。

中华文化的力量，已经深深熔铸到我们的生命力、创造力和凝聚力中，是我们民族的基因。中华民族的精神，业已深深植根于绵延数千年的优秀文化传统之中，是我们的精神家园。

总之，中国文化博大精深，是中华各族人民五千年来创造、传承下来的物质文明和精神文明的总和，其内容包罗万象，浩若星汉，具有很强的文化纵深，蕴含着丰富的宝藏。我们要实现中华文化的伟大复兴，首先要站在传统文化前沿，薪火相传，一脉相承，弘扬和发展五千年来优秀的、光明的、先进的、科学的、文明的和自豪的文化现象，融合古今中外一切文化精华，构建具有中国特色的现代民族文化，向世界和未来展示中华民族的文化力量、文化价值、文化形态与文化风采。

为此，在有关专家指导下，我们收集整理了大量古今资料和最新研究成果，特别编撰了本套大型书系。主要包括巧夺天工的古建杰作、承载历史的文化遗迹、人杰地灵的物华天宝、千年奇观的名胜古迹、天地精华的自然美景、淳朴浓郁的民风习俗、独具特色的语言文字、异彩纷呈的文学艺术、欢乐祥和的歌舞娱乐、生动感人的戏剧表演、辉煌灿烂的科技教育、修身养性的传统保健、至善至美的伦理道德、意蕴深邃的古老哲学、文明悠久的历史形态、群星闪耀的杰出人物等，充分显示了中华民族厚重的文化底蕴和强大的民族凝聚力，具有极强的系统性、广博性和规模性。

本套书系的特点是全景展现，纵横捭阖，内容采取讲故事的方式进行叙述，语言通俗，明白晓畅，图文并茂，形象直观，古风古韵，格调高雅，具有很强的可读性、欣赏性、知识性和延伸性，能够让广大读者全面触摸和感受中国文化的丰富内涵，增强中华儿女民族自尊心和文化自豪感，并能很好地继承和弘扬中国文化，创造具有中国特色的先进民族文化。

天人合一的

精神信仰

儒学根源

儒学历史与文化内涵

儒家根基

上古至西周时期是中华文化形成的重要时期，这个时期社会的变迁及哲学思想的产生，为儒家及诸子百家的出现创造了条件，同时，也成为儒家和诸子百家思想的重要来源和组成部分。

上古时期，尧舜的禅让制度转变为父子相传的世袭制度，我国已进入中国早期国家阶段。商周之际，中国文化发生了巨大变化，周人把注意力从“天”转向人，开始了对人世间的关注，人性从此觉醒。周公制礼作乐，奠定了儒学文明的基础。

尧舜禅让奠定文明基础

上古五帝时代，有一位著名的部落首领叫尧，姓伊祁，名放勋。尧16岁的时候就担任了部落的首领，他才华出众，治世有方。在他的管理下，社会安定，人们生活幸福。尧到了晚年的时候，开始选拔接班人，以代替他管理部落。有人推荐尧的儿子丹朱，尧认为丹朱粗野好斗，无法胜任首领一职。

尧画像

尧召开部落联盟会议，让大家推荐有贤能的候选人。大家都推举虞舜，说他是个德才兼备、非常能干的人。

舜姓姚，名重华。他的父亲名瞽，是个盲人。舜幼年丧母，父亲又娶了一妻。后母生下一子一女，因此视舜为异己，经常对舜棍棒相加、百般虐待。

舜同父异母的弟弟叫象，他生性阴险，常在父母面前说哥哥的坏话，这就使父母越来越不喜欢舜，并时常想害死他。

舜虽是食不果腹，衣不遮体，皮肉之伤新旧复加，却依然是逆来顺受，孝悌为先，呵护弟妹。

但是舜的忍让和宽容并未使父母和弟弟对自己的恶行加以收敛，他们反而变本加厉地迫害舜。万般无奈之下，舜只好远走他乡。

尧立像

舜在历山耕种，前往雷泽捕鱼，在河滨制陶，所到之处无不以品德聚拢四方百姓，以才智创造富庶生活。

在舜来历山前，这些地方的人们为了争夺土地，常常打得头破血流，而舜以美好的品德感化了人们，他以身作则，谦逊恭让，在舜的影响下，当地的人们也变得谦让有礼。

舜到雷泽捕鱼，把最好的房屋和渔场让给别人，使那里的渔民深受感动，他们也争着效仿舜的做法。舜在黄河边烧制陶器，把先进的技艺带到那里，当地的陶工深受启发，做出了更加精美的陶器。

舜每到一个地方，大家都追随他，一年工夫，那里就会成为村落，两年后就会变成镇子，三年后便成

陶器 用黏土烧制的器皿。质地比瓷器粗糙，通常呈黄褐色，也有涂上别的颜色或彩色花纹的。新石器时代开始大量出现。陶器的发明是人类文明的重要进程，是人类第一次利用天然物，按照自己的意志创造出来的崭新的东西。

为城市。舜的美名被四方传颂。

尧听了人们对舜的谈论之后，对其行为十分赞赏，有意让舜做自己的接班人。他先对舜进行了考验。尧把自己的两个女儿娥皇和女英嫁给舜做妻子，并安排他去做各种事情。

舜使自己的妻子娥皇和女英与其他人和睦相处，并把尧安排的事情处理得井井有条。尧知道后十分高兴。他赏给舜一件衣服、一张琴，还有一些牛羊。

舜的父母和那个同父异母的胞弟看上了舜的财产，他们妒火中烧，起了坏心，想害死舜夺得财产。

一天，瞽让舜去修粮仓的屋顶。等舜上去后，瞽却在下面放起火来，大火霎时间蔓延到屋顶。浓烟滚滚，熏得舜睁不开眼睛。

危急之际，舜想到屋顶上的两顶大斗笠。舜一手抓起一个大斗笠，张开双臂跳了下去。两个大斗笠像一对翅膀，使舜安全落地。

一计不成另生一计，瞽又让舜去挖井，等舜挖到很深的时候，舜同父异母的弟弟象把泥土、石块都一股脑儿地推进坑里，企图闷死舜。

没想到，早有准备的舜事先在井下挖了一条斜道。舜顺着那条斜

《孝行感动天》壁画

道又一次死里逃生。虽然父母和弟弟接二连三地加害他，舜依然用仁德之心善待继母、胞弟，用宽广的胸怀包容糊涂的父亲。

虞舜孝行感天

尧认为舜宽宏大量，并且能够很好地处理复杂的事情，把治理天下的大权交给这样的人，是最明智的选择。于是经过三年的综合考察，尧把王位让给了舜。

尧帝传位给舜时，举行了庄严而隆重的禅让大典。尧对舜说道：

> 咨！尔舜！天之历数在尔躬。允执其中。四海困穷，天禄永终。

意思是说：嗨！你，舜！上天安排的使命落在你的身上。你要真诚地把握正确的原则。如果天下政治混乱、百姓贫困，上天给你的禄位就永远完结了。

禅让 指古代帝王让位给不同姓的人，如伊祁姓的尧让位给姚姓的舜，舜让位给姒姓的禹。这是由部落推选产生继承人的做法，与“父子相继、兄终弟及”的王位继承制度相反，是上古政治舞台上部族政治激烈角逐的结果，目的是让各大部族的代表人物有机会分享最高权力。

这一句话表明，尧已经将上天的神圣使命托付给了舜，并告诫舜，要忠于这份神圣的使命，强调舜对天下人的重大责任。

舜接替尧成为首领后，更加勤勤恳恳地工作，认认真真地办事，大大小小的事务处理得井井有条。舜为了更好地了解民众的疾苦，常去各地巡视。一次，舜到南方苍梧之地巡视时，不幸染病去世。

舜没有把王位传给自己的儿子，也以推荐的方式选拔接班人，最后传给了治水有功的大禹。大禹准备退位时，想把王位让给贤能之士伯益，但由于他的儿子启在当时已经很有势力，伯益和启相争，启获胜，王位最终为启所得。

启取得了王位，结束了天下为公的时代，进入了“家天下”的时代。启还建立了中国历史上第一个国家——夏，中国社会由此进入了国家阶段。

尧舜禅让的方式，就是经过各方诸侯以民主协商的方式推举部落联盟的最高首领，为历代人们所传颂，也成为当时理想政治的最佳模式。

阅读链接

在舜统治时期，有一个名叫伯益的人非常贤能。他10岁的时候，便接替父亲的职位，担任东夷部落的联盟首领。他把东夷部落联盟治理得井井有条，成为当时华夏境内最强盛的部落。

闹水患的时候，伯益与大禹并肩奋斗了13年，终于取得了治水的彻底胜利。舜把自己的女儿嫁给了伯益做妻子，并让伯益主管灾后重建的全面工作。

据说，由于伯益各方面工作都很出色，舜曾经想把大部落联盟首领的职位禅让给他。但是伯益拒绝了，舜于是让大禹做了自己的继承人，并要求大禹退位后必须把职位禅让给伯益。大禹退位时，想把王位禅让给伯益，但由于大禹的儿子启很有势力。在启和伯益争夺王位的斗争中，启最终取得了胜利，继承了大禹的王位。

周公制礼作乐成为先驱

商朝是一个上至君王下至百姓都信奉神性的朝代，商朝的百姓认为自己的生活是上天安排好的，而商朝的历代君王也认为自己是上天派来管理人间的。他们对大事小情都要进行占卜，征求神的意旨。

周公画像

商代末年，大臣祖伊看到西伯侯姬昌修明政德，又不断兼并周边方国，害怕其有朝一日势力大增，危害商朝的统治。他把这种情况和自己的担忧如实地告诉了商朝国君纣王。

纣王听完之后，却不以为然，说道："我生下来，不是就有了天命吗？他能把我怎么样呢？"

■周公画像

纣王依然我行我素，整天吃喝玩乐，他不把祖伊的话放在心上。

周本来是渭水中游的一个古老部落，居住于陕西中部的一些地区，依靠优越的自然环境逐渐发展起来。到西伯侯姬昌时，对内重用吕尚、散宜生、太颠、闳夭、南宫适等众贤臣。对外，姬昌宣扬德教，积极调停各方国间的争端，使诸侯纷纷依附，国力逐渐强盛。

公元前1050年，姬昌病逝，世子姬发继位，即周武王。武王继位后，于公元前1046年率领数万人东征，在牧野一战中，重创了纣王的军队。纣王自焚，商朝由此灭亡。

武王灭商后不久就去世了，其子周成王即位。由于周成王年幼，就由周成王的叔叔，即周武王的弟弟姬旦摄政。姬旦，也称“叔旦”，因是周代第一位周公，又称“周公旦”。

世子 周代时，天子、诸侯的嫡子称“世子”。开始的时候世子只是个称谓，儿子都是世子，后来，演变成册封，也就是后来说的储君，即继承父亲皇位的大儿子。大多册立长子，但历史上也有册立少子为世子的事例。

过去，商王朝对于臣服的方国、部落虽加有侯、伯等封号，但始终没有形成完整的分封制度，没有系统的控制方案，所以天下的方国时而臣服，时而反叛，使商政权很不稳固。

周公就从王朝的长治久安出发，吸取了商代的建制不完备的教训，开始对分封制重视起来，目的是使之系统化、制度化，并与宗法制度紧密结合起来，全面推广到广大地区。这样一来，一个有别于商的新的分封制国家便呼之欲出了。

分封制 由中央王朝把爵位、土地分赐给王室成员、贵族、功臣，使其在封地内建立邦国。受封者在自己的封国内享有统治权，同时要对中央王朝尽一定的义务。自商朝起便有了分封国，但大规模的分封是在周初。

为了巩固周王朝对分封的各个诸侯的管理，周公从政治及文化方面制定了一套完整的典章制度，史称“周公制礼作乐”。

周公在洛邑这个地方开始制礼作乐。在当时，洛邑人大多是殷商遗民，他们表面上臣服周王朝，内心里却不和周王朝一条心，时刻都有反叛的可能。周公在洛邑理政，第一要务就是解决这个问题。

周公下达命令，让安阳一带的殷商遗民统统向洛邑方向集结，并指着已经建好的成周城对人们训话说：“你们听着，现在我不忍杀掉你们，但要向你们下达命令。我在洛水附近修建了这座大城，是方便

周公与大臣

周公画像

四方诸侯前来朝贡的，也是为你们服务王室提供方便，免得你们从大老远的地方奔赴而来，遭受劳顿之苦。”

周公稍顿了顿，又说：“你们必须顺从并臣服于我们。你们仍有你们的土地，可以安心从事劳作和休息。如果不敬事周国，你们不但会失去土地，还会受到上天的惩罚。如果你们能够安心住在这座城邑，继续劳动，你们的子孙就会兴旺起来。”

为了有效地管理殷商遗民，周公派了兵士，其实这些兵士是为了应付东方战事而准备的，之所以这样设防，是为了威慑殷商遗民。

这样一来，那些殷商遗民便不敢轻举妄动了，时间一长，他们也便服从了周王朝的管理，心里不再想反叛复辟了。

周公制礼作乐并非是全部首创，而是他在夏、商已有的礼乐制度上进行修改，使之成为适合周代的礼乐制度。

据文献记载，为了更好地管理国家，周公经常夜以继日地思索如何把古代圣王的功业发扬光大，如果遇到想通的地方，便会尽快付之于行动。

周公认为，“礼”的主要功能是区别贵贱，如果让各个等级的人各归其位，各安其分，社会就不会出现混乱，也就不会产生争夺，这样就达到了一定程度上的和谐。

周公颁布了一系列典章制度，来规范社会各阶级的职能，其中，最重要的就是宗法制。宗法制度的核心是嫡长子继承制。

商代王位继承制主要实行“兄终弟及”制，意思是兄长去世后，由其弟接替王位。这样的制度，传位不定，会使统治集团内部因为争夺王位而产生矛盾，进而引发争夺，客观上会削弱统治集团自身的力量。

为了克服这个弊端，周公以血缘关系为出发点，规定王位由嫡长子来继承，遵循“立嫡以长不以贤，立子以贵不以长”的原则，其余的诸子，则分封为诸侯，这样从制度上避免了因继承而发生的流血冲突。

此外，周公制定了一系列礼乐制度，涉及君臣父子、言谈行为、男女性别等各个方面，在多个方面维护了周王朝的稳固。

周公规定的礼非常细致，如办丧事的时候不能谈

嫡长子 嫡妻所生的第一个儿子。西周王朝实行宗法制，按照血缘宗族关系分配政治权力，维护政治联系。周天子以嫡长子世代继承最高执政权力。嫡长子继承制从此登上历史舞台。西周以后的各个王朝，基本上都执行周朝宗法制所规定的嫡长子继承制，即嫡长子拥有政治继承权。

■ 周公分封诸侯

周公制礼作乐

笑；远望灵柩的时候不许唱歌；吃饭的时候不能叹息，不能说话，不能发出咀嚼声；邻居们有丧事，不能兴冲冲地走路；听音乐的时候，不许唉声叹气；等等。

在周公制定的周礼中，还有一种礼叫“谥”，或者叫“谥法”。就是在每个天子乃至诸侯去世后，根据他生前的政绩和为人的好坏取一个代号，以概括他的一生。

周公制定的“乐”，更多的是强调“和”。礼制森严的社会，虽然保证了秩序井然有序，但这样的体系过于僵硬，而“乐”正好可以进行调和。

通过艺术手段的“乐”来感化人心，使百姓在心中认同社会。乐与礼相辅相成，二者有尊有亲，有别有和，构成治理社会的一个有机整体。传说，周公曾作《三象》《大武》等乐歌，描述了武王伐纣、周公东征及周初盛世的情景。

周公制定的“乐”虽指音乐却超越了音乐，带有浓厚的社会功能，如《诗》原是用音乐伴奏的歌词，有风、雅、颂之分。《风》是指不同国家地区、不同风格的乐曲；《雅》是指西周京畿的乐歌；《颂》是天子用于祭祀和其他重大典礼的乐歌。

《雅》和《颂》的乐曲由于用途、声调不同，所以要使用不同的乐器。如果用错了，例如应该用琴的时候却用了瑟，就是违礼，乐师就要受惩罚。

而琴又有雅琴、颂琴之分，绝对不能搞混。在当时，招待宾客，举行宴会，举办典礼，都必须由乐工奏乐或歌唱，所唱的乐歌、所用的乐器都得分出等级，不能乱来。

周公制礼作乐，为西周社会的稳固做出了重大的贡献，西周社会正是在宗法制和分封制的支撑下得以保持社会的安宁与平静。

周公的制礼作乐，奠定了中国礼乐文明的基础，使中国成为一个礼仪之邦，从此以后，礼乐制度一直是规范国家生活的主要手段。周公制礼作乐，奠定了中国在治理国家方面以教化为主的思想基础。

阅读链接

实际上，周公实行的以嫡长子继承制为中心的宗法制，在商代已经有了雏形，只不过是在周代完全形成并大力推行。

狭义的宗法制，施行于大夫、士阶层，其家族始祖一般是国君的别子。由于别子不能继承国君的位置，便分出自立一家，由嫡长子继承，称为大宗，一直世袭下去。别子的庶子的子孙只能继承其父，不能继承其祖，所以称为小宗。广义的宗法制，天子对诸侯，天子为大宗；诸侯对卿大夫，诸侯为大宗。根据亲疏远近不同，享有不同的权利和义务。

至圣先师孔子学礼授教

周公的以宗法和分封为基础的礼乐制度在维系西周和平与稳定方面起到了决定性作用，但是到了春秋战国时期，破坏礼乐之事时有发生。诸侯之间开始了接连不断的争斗，社会也由此动荡不安，导致了礼崩乐坏。

公元前551年，在鲁国的陬邑曲阜东南的叔梁纥家里，一个男婴降生了。男婴被取名为孔丘，字仲尼。仲尼3岁时就失去父亲，与母亲颜徵在到外婆家所在的曲阜城生活。

小仲尼家里的生活全靠母亲一人支撑，日子过得十分拮据。他从小饱尝生活的艰辛，由此学会了体贴母亲。

曲阜是鲁国的国都，鲁国为西周初年周公的封地，由于这个原因，周天子给了鲁国高级别的待遇，西周王朝的许多典章文物都被周公带到了鲁国。西周末年，社会动荡，周王室的许多典章文物都散逸了，鲁国却保留了不少，因此，人们说“周礼尽在鲁”。

《孔子圣迹图·去鲁图》

小仲尼从小就受到周礼的耳濡目染，他与小伙伴们嬉戏时，常把祭祀礼器摆放出来，练习礼仪。日复一日，小仲尼尽情地和小伙伴们玩着这种游戏。这一切，都被细心的母亲看在眼里。

有一天，母亲把仲尼叫到身边，微笑着问：“丘儿，你长大以后，是想做管祭祀的官吗？小孩子家怎么天天学礼制呀？”

小仲尼瞪着一双明亮的大眼睛，认真地回答：“娘啊！我长大了，要当个为国效力的好大夫，不学礼制能行吗？”

母亲一听到儿子有读书的要求，心中暗喜，一把将儿子搂在怀里说：“丘儿真是娘的好孩子！从今以后，咱家里专为你设学堂，娘教你读书好吗？”

“太好啦，太好啦！孩儿谢过母亲！”小仲尼说完，恭敬地给母亲磕了一个头。

礼器 古代贵族在举行祭祀、宴飨、征伐及丧葬等礼仪活动中使用的器物。礼器是在原始社会晚期随着氏族贵族的出现而产生的，历史悠久，主要用来表明使用者的身份、等级与权力。礼器包括玉器、青铜器等。

大夫 中国古代官名。西周以后先秦诸侯国中，在国君之下有卿、大夫、士三级。大夫世袭，有封地。后世遂以大夫为一般任官职之称。秦汉以后，中央要职有御史大夫，备顾问者有谏议大夫、中大夫、光禄大夫等。至唐宋尚有御史大夫及谏议大夫之官，明清时废止。隋唐以后大夫为高级官阶称号。清朝高级文职官阶称大夫，武职则称将军。

小仲尼6岁的时候，有一天，有位贵族在曲阜南郊进行祭祀活动。他得知后就连忙跑到举行祭祀的地方，兴致勃勃地观看完了郊祭大典的整个过程。

祭祀结束后，小仲尼意犹未尽，回到家便从屋里找出一些坛坛罐罐恭敬地摆在院子里，模仿刚才在南郊看到的祭礼，按照程序一丝不苟地认真演练了一遍。从此，模仿郊祭便成了小仲尼经常做的游戏。

在母亲的悉心教导下，小仲尼进步飞快，只用了6天的工夫，就把三百多个字学会了。13岁时，小仲尼进入官学学习，当时学生们所学的，主要是敬神祭祀的礼节。15岁前，仲尼学习了一般的文化知识和基本技能，但这些根本无法满足他对知识的渴求。

由于家境贫寒，仲尼没有条件进入专门为贵族子弟设立的高级学校深造，他就只能通过自学来提高自己的水平了。

■《孔子圣迹图·丑次同车图》

仲尼勤奋好学，当时社会上要求士人必须精通“礼、乐、射、御、书、数”六大科目，他都努力去掌握。他进太庙时遇见什么问什么，表现出极其强烈的求知欲望。

仲尼从不放弃任何一个学习机会。有一次，郯国的郯子来鲁国朝见鲁国国君，鲁国大夫昭子问郯子少昊时以鸟名官的事情，郯子做了详细回答。孔子听说后，便马上去拜见郯子，向他请教少昊时的职官制度。

■《孔子圣迹图·子见南子图》

仲尼非常热衷于政治，从小就树立了自己的远大理想，决心步入仕途，中兴家业。他对周公非常仰慕，以至于经常在梦中见到周公。每次他梦见周公后，总是久久不能入睡。因为敬仰周公，他经常到鲁国各地考察学习，遇有不明白的问题就虚心向他人求教，这使他获得了大量的知识。

仲尼时刻不忘随时随地研习周礼，通过不断的观摩钻研，他对周礼越来越熟悉了，他的名气也越来越大了，就连鲁国国君也开始注意到他。

孔丘17岁时，母亲颜徵在去世了。母亲离世后，孔丘的生活更为艰难了。迫于生计，他选择了相礼助丧的职业，也叫丧祝，就是专门为贵族和富裕平民主持、操办丧事。

按照当时的礼制，丧礼仪式是十分复杂的，也颇为讲究，尤其是富庶人家的葬礼更是隆重奢华。这种丧祝活动在西周时期主要由王室和诸侯国的神职人员巫、祝之类担任。后来，随着社会的发展，神职人员的地位开始逐渐降低，并逐步散落民间，成为专门从事丧祝活动的术士。

颜徵在（前568—前535），孔子的母亲。孔子的父亲是叔梁纥，他先娶妻施氏，生九女而无子；又娶妾，得一子，名孟皮，有腿疾；依当时礼仪不宜继嗣。叔梁纥72岁时，纳18岁的颜徵在为妾。颜徵在生孔子前，曾去尼丘山祈祷，然后怀上孔子，故孔子起名为丘，字仲尼。孔子3岁时，父亲去世，孔子17岁时，母亲去世。

鲁昭公（前560—前510），姬姓，名裯，鲁襄公之子，母齐归，春秋时期鲁国第二十四位国君，公元前542年至公元前510年在位。公元前517年，鲁国因斗鸡而发生内乱，鲁昭公先后逃亡到齐国、晋国。公元前510年，鲁昭公在晋国的乾侯去世，终年51岁。

从此，丧祝不再是贵族的专利，一部分富裕起来的平民在丧葬礼仪上也日益讲究起来，对于丧祝的需要也越来越多。如此一来，丧祝便开始成为一部分民间知识分子的正式职业了。

孔丘虽然严肃认真地从事着助丧相礼的职业，但他不满足于只做传统的丧祝者，他希望把丧祝的礼仪发扬光大，使其成为一套社会规范的礼仪。他继续刻苦学习周礼，他渊博的学识和出众的才华，在丧祝活动中很快就得到越来越多人的承认和赏识，他的名气也越来越大了。于是，便有一些年轻人慕名而来求学于他，并尊称他为孔子。

鲁国的国君鲁昭公对孔子的言行也极为赞赏。公元前532年，19岁的孔子完成了人生中的一件大事，那就是结婚了。婚后第二年，他便有了儿子。

■孔子读书画像

鲁昭公知道这个消息后，特命人送了一条大鲤鱼以示祝贺。孔子随即给儿子起名为鲤，字伯鱼，以表示对君王赐鱼的纪念。

孔子渊博的学识和出众的才华，得到了更多人的赏识，特别是鲁昭公赐他鲤鱼的消息更是不胫而走，一时间传遍了鲁国都城。在鲁国执政的正卿季武子就派人前来请他，让他担任中都宰。

孔子杏坛讲学图

孔子恪尽职守，正直公正，工作卓有成效，得到了众人赞誉。与此同时，他一面做好本职工作，一面更加孜孜不倦地学习。他越学越感到不满足，越学越感到自己与古代文化结下了不解之缘。在此期间，曾点、颜路等青年先后拜孔子为师，做了孔子的学生。

随着孔子的名声越来越大，前来拜孔子为师的人越来越多。鲁国上卿大夫孟僖子面奏鲁国君，请求准许孔子开办学校教授学生。鲁国君答应了。

孔子在阙里的街西边筑起了杏坛，建成了中国历史上的第一所民间学堂。由此，开启了中国私人办学的先河。他提出了“有教无类”，强调所有的人都可以接受教育。他招收学生的条件极为简单，只要有人愿意跟随他学习，便可成为他的学生。

在教学态度上，孔子认为应该“诲人不倦”；在教学内容上，他注重因材施教，提出对学生要做到有针对性；在教学方法上，他强调启发的重要性，提出开导学生要把握时机，要等学生实在无法想明白的时候再去开导他，认为如果不让学生自己努力思考就直接帮助，反而会使学生养成不爱思考的坏习惯。

礼崩乐坏 是对东周时期典章制度逐渐被废弃的一种形象描述。在春秋中后期，由于生产力的发展，在经济基础、上层建筑领域出现了与周礼要求不相融的局面，具体表现在势力强大的诸侯开始变王田为私田，变分封制为郡县制，政权不断下移，并纷纷制定自己的法律。这些都反映了周代封建社会正走向解体。

正卿 春秋时部分诸侯国的执政大臣兼军事最高指挥官，上卿兼执政卿于一身，权力仅次于国君。但也有部分诸侯因政体不同，未设正卿一职。由于正卿为要职，终身执掌一国之命脉，权臣代替国君发号施令，容易造成君权下移于卿大夫之手，后被废除。

针对当时的礼崩乐坏，在教学过程中，孔子特别强调学生们要加强自身修养，强调做人要正直和仁德，他说：

人之生也直，罔之生也幸而免。

在孔子看来，一个人只有正直才能光明磊落，只有心中坦荡做事才没有担忧。虽然生活中不正直的人也能生存，但那些人只是靠暂时的侥幸避免灾祸，迟早要跌跟头的。

孔子认为，做人除了要正直外，还要仁德，因为仁德是做人的根本，是处于第一位的；并且只有在仁德的基础上做学问、学礼乐才有意义，而且只有仁德的人才能无私地对待别人，才能得到人们的称颂。他说：

■《孔子圣迹图·学琴师襄图》

人而不仁，如礼何？人而不仁，如乐何？唯仁者能好人，能恶人。

那么，怎样做才能算仁呢？孔子认为，能够自己做主去实践礼的规范就是人生的正途。一旦做到言行符合礼，天下的人就会赞许你为仁人了。

克己复礼为仁。一日克己复礼，天下归仁焉。

《孔子圣迹图·在陈绝粮图》

有一天，孔子和弟子们一起讨论学问。弟子颜渊向孔子请教："老师，什么是仁？如何做到仁呢？"

孔子回答："克制自己，恢复周礼，就是仁；以周礼为标准，时时处处严格要求自己，使自己的言行符合周礼，就是做到仁了！"

弟子子路便又接着问："老师，什么是仁德呢？怎样做才算是仁德呢？"

孔子说："对人恭谨就不会招致侮辱，待人宽厚就会得到大家拥护，交往信实别人就会信任，做事勤敏就会取得成功，给人慈惠就能够很好使唤民众。能实行这五种美德者，就可算是仁德了。"

子路说："老师，假如我当将军带兵打仗，让子贡、颜回做我的校尉。攻城必克，夺地必取，百战百胜。这样算是有仁德之人吗？"

孔子说："这样只能算是勇敢的武夫而已！"

孔子认为"仁"是后天"修身""克己"的结果，而不是天生就有的。而要想完全达到仁是极不容易的，需要广泛地学习文化典籍，用礼来约束自己的

子路（前542—前480），即仲由，字子路，又字季路。孔子得意门生。以政事见称。性格爽朗率真，有勇力才艺，敢于批评孔子。孔子了解其为人，评价很高，认为可备大臣之数。他做事果断，信守诺言，勇于进取，曾任卫蒲邑大夫、季氏家宰，后为卫大夫孔悝家宰。

颜渊（前521—前481），曹姓，颜氏，字子渊，名回。他14岁便拜孔子为师，此后终生陪伴孔子。在孔门诸弟子中，孔子对他称赞最多，不仅赞其“好学”，而且还以“仁人”相许。历代文人学士对他也无不推尊有加，无不尊奉他为颜子。

行为，这样就可以不背离正道了。

孔子还认为，还要重视向仁德的人学习，用仁德的人来帮助自己培养仁德。而仁德的人应该是自己站得住，也使别人站得住，自己希望达到也帮助别人达到，凡事能推己及人的人。他说：

> 博学于文，约之以礼，亦可以弗畔矣夫！
>
> 己欲立而立人，己欲达而达人，能近取譬，可谓仁之方也已。

为了能做到仁，弟子曾子每天都要再三反省自己：帮助别人办事是否尽心竭力了？与朋友交往是否讲信用了？老师传授的学业是否温习了？

除了正直和仁德，孔子又强调做人还要重视全面发展，就是志向在于道，根据在于德，凭借在于仁，只有这样才能真正地做人。

孔子论政图

孔子的私人办学迎合了当时广大平民的愿望，受到了上至达官贵族、下至平民百姓的普遍欢迎。孔门弟子最多时达到了三千多人，其中贤能者有七十二位，

最有名的弟子被称为“四科十哲”。

孔子把学问分为德行、政事、言语、文学四个方面，共有十位弟子在这些方面取得了卓越的成绩。这十位弟子就被称为“四科十哲”。他们是孔子弟子的优秀代表，受到了人们的普遍尊敬。

孔子的学生遍布当时的许多个诸侯国，多数来自鲁国、卫国、齐国、秦国、陈国、宋国、晋国、楚国、吴国、蔡国、燕国等。

孔子曾经按品行和专长对他的学生进行分类，举出每一类的佼佼者。其中，品行高洁者以颜渊、闵子骞、冉伯牛、仲弓为代表；表达力强以宰予、子贡为代表；擅长政事者以冉有、子路为代表；在学问研究方面以子游、子夏为代表。

针对当时的诸侯割据和礼崩乐坏的局面，孔子一直在思考着治国良策，也一直希望通过入仕将自己的所有才华用来治理国家，却苦于没有机会。于是，孔子便把教育当作“安邦治国”的重要组成部分，强调以文教来感化百姓。

公元前517年，齐景公出访鲁国，因仰慕孔子的大名，便派人把孔子请到府上，向孔子请教安邦治国的良策。

景公问孔子：“请问夫子，作为国君，如何治理他的国家呢？”

孔子回答说：“治国根本在于‘人伦纲常’。君主必须像个君主，臣子必须像个臣子，父亲要像个父亲，儿子要像个儿子。每个人都要各在其位，各司其职。否则国将不国，政将不政，社会将混乱不堪。如果君主正，管理国政就不会有什么困难，如果自己不端正，随心所欲，为所欲为，就不可能去端正别人，其国家也无法治理。”

景公又问：“稳定天下的大计是什么呢？”

孔子答：“实行清明的政治，用贤惩恶，减轻赋税，助民兴业。”

景公问：“教育百姓的良策是什么呢？”

孔子答：“用道德感化教育，用礼教加以约束，能使百姓不但有羞耻之心，而且能改过向善。”

景公又问：“怎样才能富国强兵呢？”

孔子答：“从严治吏、发展生产、节俭，三者结合是强国关键；从严治军、注重德教、训练，为强兵之本。”

景公赞扬道：“夫子所谈治国之道言近旨远，可行啊！”

自从这次交谈后，齐景公多次召见孔子论政。有一次在交谈之余，景公高兴地对孔子说：“我想把尼溪封给你。”

孔子推辞说：“我对齐国没什么贡献，无功不受禄。”

齐景公说：“你多次为寡人提供良策，这本身对齐国就是一个不小的贡献嘛！”

后来，孔子就到了齐国，原本希望从齐景公处得到一个从政的机会，以便实践自己的“君君、臣臣、父父、子子”的治国理想。可是，他在齐国住了一年多时间，不仅从政的希望没有实现，就连齐景公当面答应的给予尼溪之地的封赏也落空了。

孔子百思不得其解。后来，他得知齐国大夫妒忌自己的才能，不但要挟齐景公收回对自己已许下的赏赐，而且还欲加害自己。于是，孔子重新回到鲁国，续继聚徒讲学。

在这期间，孔子一面教导弟子，一面上下求索。他在理论上的最大成就，就是用“仁”对“礼”进行改造，提出并完善了他的“仁学”理论。

对于夏、商、周三代的礼制，孔子最赞赏的是周礼，认为它综合了夏商之礼的优点。在他看来，周礼不仅继承了夏商之礼的许多形式和“亲亲”“尊尊”的核心内容，而且大大增加了夏商之礼所缺乏的道德理性精神。在此基础上，孔子进一步阐发和弘扬礼的道德性，他用“仁”对礼进行改造，从而把礼提到了一个新的高度。

在此时，孔子提出的“仁”实际上就是赋予“仁”普遍人人之爱

孔子圣迹之退修琴书图

的形式，换句话说就是对所有人，包括处于社会最底层的奴隶，都要尊重、关心和体谅。这样，“仁”又成了处理人际关系的准则，即所有人都从“爱人”的原则出发，不要把自己厌恶的东西推给别人。

当时正是“百家争鸣”时期，孔子的言论是百家争鸣中最有影响的。以孔子及其弟子为代表的崇尚“礼乐”和“仁义”、提倡“忠恕”和“中庸”之道、主张“德治”和“仁政”、重视伦常关系的流派，成为当时一个最重要的学术流派。

因为孔子曾经从事过丧祝，他的学问也是从丧祝发展而来的，而从事丧祝的人需要身着特制的礼服，头戴特制的礼帽，当时称之为“襦服”。“襦”与“儒”字同音，人们便逐渐直接称“丧祝”为“儒”了。于是，人们把孔子创立的学派也就称为“儒家”学派了。

孔子以谈话的方式来教育弟子，正是这样的教育方式，使孔门的弟子学有所得，各有所长，声名远播，为儒家学派的形成奠定了坚实的基础。

31岁时，孔丘带领弟子南宫敬叔西去洛邑问礼于老子。老子熟于掌故，精于历史，谙熟周礼。孔子向老子请教了一些关于礼的问题。

老子见孔子千里迢迢来学习，为他的好学所感动，不仅把自己所知全部相授，而且给孔子引见了擅长音乐的苌弘。苌弘也把自己会的有关乐的知识全部告诉了孔子，使孔子对音乐有了更进一步的了解。

孔子离去后对弟子们说："鸟，我知道它能飞；鱼，我知道它能游；兽，我知道它能跑。会跑的可以织网去捕，会游的可制丝去钓，会飞的可以用箭去射。至于龙，我就不知道该怎么办了，它是乘风驾雾，飞腾升天啊！我今天见到的老子，大概就是龙吧！"

孔丘潜心学习古代礼乐，孜孜不倦地教育弟子，为儒学的诞生和儒家学派的形成奠定了良好的基础，正是在这样的沃土之上，儒家文化才得以迅速发展壮大。

阅读链接

孔子的出生富有传奇性，相传，孔子的父亲叔梁纥娶颜徵在时年事已高，听说尼山神灵非常灵验，他便携妻子来到尼山，焚香祷告，祈求早生贵子。尼山祈祷归来后，颜徵在发觉有孕在身。十月临盆时，她梦见一个仙女手牵一麒麟，麒麟背上坐着一个小孩。

仙女说道："此兽名叫麒麟，专为送子而来。"颜徵在欲缚住麒麟，却见麒麟张口狂吼，颜徵在猛地从梦中醒来。颜徵在把梦境告诉了丈夫叔梁纥。叔梁纥认为麒麟送子，自是吉兆。不久，颜徵在就生下了孔子。

孔子创建儒家思想体系

孔子在担任鲁国中都宰的第二年，擢升为司空，后又升任大司寇。在担任大司寇时，孔子在鲁国和齐国的夹谷之会中，大显身手，帮助国力较弱的鲁国取得了外交上的胜利。夹谷之会后，齐国觉得孔子在鲁国是对齐国的一个巨大威胁，齐国的国君就赠送给鲁国的国君一班女乐，想借此迫使孔子离开鲁国。鲁国国君中计，欣然接受了这班女乐，恣意享乐起来。

孔子齐鲁会夹谷图

孔丘看到鲁国君天天沉湎于女乐声色之中，不理政事，又加上“陪臣执国命”的政治乱局，遂带领学生离开鲁国，开始周游列国，去寻找机会实

《孔子圣迹图·灵公问陈图》

现自己的政治主张。

孔子这一次周游历时多年，他带领自愿随行的子路、子贡、颜回、宰予、高柴等弟子到过卫国、宋国、郑国、陈国、楚国等。

在这些国家，孔子和他的弟子受到的待遇迥然不同，但由于各种原因，他的政治主张都没有得到应有的重视。为此，他长期抑郁不乐，郁结于心。

在陈国居留期间，孔子的弟子季康子承袭了父亲季桓子的爵位，成了鲁国的执政。他派人召回了跟随孔子周游的同门冉求。冉求回鲁国后，做了季氏的家臣。

在楚国居留期间，从鲁国传来不少令孔子感到欣慰的消息。那就是在鲁国，孔子的弟子们个个表现不凡，这使季康子感到有必要迎回他们的老师孔子。于是派出公华、公宾、公林等作为使臣，携带厚礼迎接老师孔子返回故国。

鲁国需要孔子回来，孔子更想回到鲁国。这两个条件一起具备的日子终于来到了，孔子终于踏上了回家的路途。公元前484年，68岁的孔子终于结束了周游列国的生涯，回到了久违的鲁国。

孔子返回鲁国后，鲁国朝中很多官员以及众多的

《周易》 中国古代哲学书籍，亦称《易经》，简称《易》，是建立在阴阳二元论基础上对事物的运行规律加以论证和描述的书籍。是中国传统思想文化中自然哲学与伦理实践的根源，对中国文化产生了巨大的影响，是华夏五千年智慧与文化的结晶。

故旧亲朋、昔日弟子，络绎不绝地前来探望。因为孔子年事已高，不宜担任具体官职，鲁国就给予他很高的待遇，并尊他为国老。

孔子经过多年的实地考察，回国后开始潜心治学，由此开启了影响历史达数千年之久的儒学先河。

晚年的孔丘对《周易》产生了浓厚兴趣，他时时诵读研习。古代早期的文献是写在竹简或者丝帛上的。竹简要用绳子编连起来，卷起来便是一卷，阅读的时候展开。

长时间翻阅，编连竹简的绳子便会磨断。孔子翻阅《周易》的次数多得自己也记不清了，以致把编连竹简的牛皮绳都磨断了好几次。

每次磨断之后，弟子们就帮助老师用新牛皮带子把竹简串好，然后继续研读。通过反复的阅读琢磨，孔子对《周易》的理解达到了融会贯通的程度，他在边读边写的基础上，开始系统地编写《易传》。

此外，孔子还把相当一部分精力，放在了编订其他的儒家经典和教授学生上。儒家的6部经典著作“六经”都是在这个时期编订的。“六经”包括《诗经》《尚书》《礼记》《乐经》《周易》《春秋》。

竹简 战国至魏晋时代的书写材料。是削制成的狭长竹片、木片，竹片称“简”，木片称“札”或“牍”，统称为“简”，现在一般说竹简。均用毛笔墨书。由于其材料的局限，难以广泛地传播，这极大地限制了文化和思想的传播，这一切直至纸张的出现才得以改变。

《孔子圣迹图·临河而返图》

■《孔子圣迹图·孔子使子路问津图》

这6部儒家经典著作并非孔子所作，而是在孔子之前早已存在。孔子本着“述而不作，信而好古”的原则，对这6部古书做了详细的整理工作，使其更为系统和完善。

同时，孔子又借鉴、吸收了老子的某些思想，形成了自己的思想价值观，就这样，早期儒家的思想体系终于诞生了。

孔子儒学思想体系是以“仁”“礼”思想为核心的。他在周游列国的14年期间，提出并完善了自己的“仁学”理论。对于夏、商、周三代的礼制，他最赞赏的是周礼，认为它综合了夏商之礼的优点。

仁并非孔子所创，在他之前，便有“仁”字和“仁”的观念，但孔子给“仁”注入了新的内涵，使其成为儒家思想体系的核心之一。

孔子本人很少给“仁”下明确的定义，而大多是在不同的场合对不同的弟子具体讲什么是“仁”。《礼记·中庸》记载孔子对“仁”的见解：“仁者人也，亲亲为大。”

如何做到仁，孔子的弟子也经常就这个问题请教老师。有一次，孔子对曾子说：“曾参啊，我的学说贯穿着这样一个基本观念。”

曾子（前505—前435），字子舆。16岁时拜孔子为师，勤奋好学，颇得孔子真传。他积极推行儒家主张，传播儒家思想。他的修齐治平的政治观，省身、慎独的修养观，以孝为本的孝道观影响中国两千多年，一直具有极其宝贵的社会意义和实用价值。著述有《大学》《孝经》等，被后世儒家尊为“宗圣”。

曾子说："是啊！"

其他弟子问曾子："老师说的是什么意思呀？"

曾子回答说："老师的学说，是忠和恕。"

那何为忠恕？孔子有自己的看法。有一次，子路问孔子："老师啊！有没有一句可以终身奉行的语言准则呢？"

孔子回答道："如果有，那就是恕吧！自己不想要的东西，就不要强加给别人。"

这是一种推己及人的思维方式，如果能做到的话，就表明了一种仁爱。孔子的时代是一个受礼制制约的时代，他把仁和礼相结合，构建了他的思想系统，即一个仁礼互动的思想体系。

有一次，弟子颜渊问孔子什么是仁，孔子回答道："抑制自己，使言语、行为都符合礼，这就是仁啊！一旦做到了，天下人都会称你是个仁人。实践仁德，全凭自己，别人是左右不了的。"

颜渊又问："老师，能不能讲得具体点啊！"

孔子说道："不合礼的事情不看，不合礼的话不听，不合礼的话不说，不合礼的事情不做。"

孔子把仁作为道德的最高境界，与仁有关的词语，如仁

《礼记》 古代一部重要的典章制度书籍，是中国古代社会情况、典章制度和儒家思想的重要著作。《礼记》的内容主要是记载和论述先秦的礼制、礼仪，记录孔子和弟子等的问答，记述修身做人的准则，涉及社会、政治、伦理、哲学、宗教等各个方面。

《孔子圣迹图·堕三都图》

爱、仁慈、仁德、仁厚等，这充分体现出了他的仁爱思想。

孔子认为，仁学表现为忠恕之道。所谓忠，就是“己欲立而立人，己欲达而达人”。大意就是：要想别人做到，自己首先要做到，要求别人的，首先要求自己。所谓恕，就是“己所不欲，勿施于人”，能够实践忠恕之道，也就体现了克己复礼为仁的根本原则。

“孝”是儒家伦理道德中一个十分重要的范畴，也是具有普遍社会意义的一个道德理念，自古以来，它一直作为中华民族崇尚的美德。孔子把“孝”作为实行“仁”的根本，深刻阐发和揭示了“孝”所具有的普遍社会意义。

孔子“孝”论更深层的含义，就是倡导“孝”行，以推广和实施其“仁”学的主张。

礼也是孔子的核心思想之一。有一次，孔子的弟子林问孔子礼的本意，这也就是问制礼的最初目的是什么。

孔子回答说，制礼的本来目的是通过履行这些礼节、仪式，把人的情感、美德表现出来。礼并不是拿来炫耀和作秀的。所以，礼不需要铺张浪费，朴实、节俭就可以了。

对于只有礼器的丰富才能体现出尊礼的观点，孔子曾感叹道：

礼啊！礼啊！难道仅仅是指玉帛等礼物而说的吗？乐呀！乐呀！难道也仅仅是指钟鼓等乐器而说的吗？

孔子特别强调礼的内涵和价值，而且认为，仁、礼关系十分密切，他说：“人而不仁，如礼何？人而不仁，如乐何？”

意思是说：一个人如果没有仁爱之心，礼仪制度对于他来说，那又有什么用呢？一个人如果没有仁爱之心，音乐对于他来说，又有什么用呢？

在孔子看来，仁是内在的思想道德，礼是外在的伦理行为；仁决定礼，礼反映仁，仁更根本、更内在。

孔子明确地提出了“为政以德”的主张。仁学在社会政治领域内的运用，就是仁政、德治、为政以德。为政以德反对法家刑治，是对统治者的最高要求。具体表现为：办事认真，取信于民，爱惜民力，节约用度，正身律己，扶正祛邪，举善罚恶，等等。

除了“仁”和“礼”思想外，孔子所创立的儒家思想，还包括教育和美学两方面的内容。

在教育方面，孔子首次提出“有教无类”，认为世界上一切人都享有受教育的权利。在教育实践上，他提出了很好的建议：教师在教书育人的过程中应该“诲人不倦”“循循善诱”“因材施教”。

孔子认为学生应该有好的学习方法，如“举一反三”“温故而知新”；学习还要结合思考，“学而不思则罔，思而不学则殆”，好学，“三人行必有我师”；学习态度非常重要。

在美学方面，孔子的美学思想核心为“美”和“善”的统一，也

孔子论孝图

就是形式与内容的统一。

孔子的弟子都非常尊敬他，他们把孔子的思想进行了广泛传播，在当时产生了很大的影响。后来，孔子主要弟子及其再传弟子把孔子的言行记录下来并整理成了一部书，内容包括孔子谈话、孔子答弟子问、弟子之间的相互讨论以及弟子对孔子的回忆等，并取名叫“论语”，意思是语言的论纂。

孔子是《论语》描述的中心，书中不仅有关于他的仪态举止的描写，还有关于他的个性气质的传神刻画。此外，围绕孔子这一中心，《论语》还成功地刻画了一些孔门弟子的形象。如子路的率直鲁莽、颜回的温雅贤良、子贡的聪颖善辩、曾点的潇洒脱俗等，都称得上个性鲜明，能够给人留下深刻印象。

孔子的思想是儒家思想的核心，其体系也是儒家思想体系的主体，孔子开启了儒家文化绵延几千年的先河，对中国乃至世界的文化意识形态产生了巨大的影响，正如后来宋代大思想家朱熹曾在《朱子语类》中引述“天不生仲尼，万古长如夜”，从中可见孔子及其思想在中华文明进程中的地位。

阅读链接

礼最早起源于宗教，指与祭祀活动有关的祭祀礼节、仪式，周公制礼作乐使礼这一概念丰富起来。周公不仅注意礼节、仪式，而且注意到礼节、仪式背后所蕴含的意义。春秋时期是礼崩乐坏的时代，这个时期，孔子对恢复周礼又做出了贡献，使礼产生了一次显著的变化。

孔子把仁注入礼中，使礼的内涵更加丰富。此时的礼所蕴含的内在精神，使其与“仪”分别开来，至此，礼与仪在理论上有了真正的区分。但在实际使用中，礼与仪区分不明的情况依然普遍存在。

一脉相承

思孟之学

孔子和他的弟子一同开创了儒学。孔子的弟子在儒学发展中扮演了两个角色，这两个角色分为两个时期，一个时期为孔子去世前。这个时期，孔子的弟子同老师孔子一起创立了儒学。另一个时期是孔子去世后。这个时期，孔子的弟子成为儒学的传承者与发展者。

孔子弟子时期，儒学沿着原创时期的精神发展，原有的分化进一步发展，并在此基础上形成了不同的派别。到了子思、孟子、荀子所处的时期，儒学得到了更进一步的发展和完善，思孟之学是其代表思想。

孔门弟子躬身践行儒学

公元前479年，孔丘逝世，终年73岁。老师孔子逝世后，孔门弟子四分五裂，形成不同的派别，儒家学派由此变得更加松散，但散往各地的弟子，也把儒家学说带到了鲁国以外的其他地区。

子夏画像

在战国初年，儒家学派中声势最显赫者应属子夏开创的西河之学。在孔子所有弟子中，子夏是比较特殊的一个，他十分注重通过躬身实践，修养自身的品德。

子夏曾说："对妻子，重品德，不重容貌；侍奉爹娘，能尽心竭力；服侍君主，能豁出性命；同朋友交往，能诚实守信，这样的人，虽说没有学习过，我一定说他已经学习过了。"

蜡像 孔子与弟子说教

老师孔子去世后，子夏回到魏属西河设帐授徒，学生众多，声势浩大，形成了西河之学，培养出一大批治理国家的人才，客观上扩大了儒学的影响。魏国的国君魏文侯把子夏当作老师来看待，这种礼遇也极大地推动了儒学的发展。

当年，孔子带领弟子们周游列国，推行其学说主张，未能得到各国君主的重视，子夏却把老师的这个梦想变为了现实。从子夏开始，儒学在治理国家上才真正得到了重视和采用。

后来，子夏的弟子李悝，总结晋国变法改革的经验，写成了《法经》一书，成为法家的始祖。再后来，卫国人商鞅携带《法经》前往秦国，进行变法，对后世法律产生了重大影响。

子夏的弟子中，比较优秀的还有段干木、田子方、禽滑离、公羊高等。子夏在西河之地设帐授徒，

《法经》 中国历史上第一部比较系统的成文法典。制定者是战国时期著名的改革家李悝。《法经》并不是中国历史上第一部成文法典，在它之前，已经颁布了很多法典，只是不够完善。《法经》是以后历代法典的蓝本，影响巨大。

孔子及弟子出游图

开辟了西河这个学术之地，也使儒学开始在三晋大地上流传开来。

孔丘的弟子子路，性格直率，讲信义，重然诺，以勇猛著称。公元前480年，卫国发生了政变，当权者孔悝与卫灵公的太子蒯聩勾结发动叛乱，率众袭击卫灵公。

子路当时身在城外，闻讯急忙赶回，正好遇到同门子羔从城门出来，子羔对他说：

出公去矣，而门已闭，子可还矣，毋空受其祸。

大意是：国君已经逃走，城门已经关闭，你也赶紧离开吧，不要遭受牵连，白白受死。这是他们家的私事，与你没有什么关系。

子路不由热血上涌，大声地说：

食君之禄，担君之忧。

意思是：既然已经拿了人家的俸禄，就得替人家排忧解难。子羔见没有办法劝服子路，摇了摇头，只好走了。

恰巧这时有一位使者进城，城门开了，子路便跟着进去。到了蒯聩那里，这时，战斗已经快要结束了，蒯聩和孔悝登上了高台。

子路走上前去对蒯聩说：“君子哪里用得着孔悝这等违背仁义的小人，请让我杀了他。”蒯聩不听，于是子路要放火烧台。蒯聩害怕了，就命令贴身护卫进攻子路。子路虽然英勇，但身被刺伤数处，被砍断其冠缨。

冠是古代礼仪的象征，只有贵族才能戴冠，成年后要行冠礼，而平民只能戴巾。儒家弟子更视戴冠为礼之大端。

危急时刻，子路想起老师的教诲，便扔掉了手中的剑，昂然地说：“大丈夫死不免冠，容我结缨再战！”然而敌人并没等他理好帽子，便一拥而上把他剁为肉酱。君子可以死，却不可以不戴冠而死，这是儒家礼制的规定，在生命攸关的时刻，子路也没有忘

俸禄 中国古代朝廷按规定给予各级官吏的报酬，主要形式有土地、实物、钱币等。中国古代俸禄制度的发展可分为三个时期。商周时期因官职同爵位相一致，并且世代相袭，俸禄实际上是封地内的经济收入。即俸禄表现为土地形式。春秋末期至唐初主要以实物作为官吏的俸禄。唐初以后，主要以金银钱币作为官吏的俸禄。

孔子及弟子画像

记践行儒家的学说。

孔子弟子三千，其中贤者七十二，其弟子主要来自北方，尤其来自鲁国的居多，只有言偃一人是南方人。儒学在南方的传播，言偃起到了非常重要的作用。孔子曾说："吾门有偃，吾道其南。"因此言偃被称为"南方夫子"。

言偃精通于礼，是孔门弟子中公认的礼学专家，一次，曾子到卫国一个叫负夏的地方去吊唁。主人已经行过祖奠，正要出葬。见到曾子来，深感荣幸，就又把灵柩车掉头向内，但让家中妇女仍然停留在两阶之间，然后行礼拜谢。

随从问曾子："这样做合乎礼节吗？"曾子说："祖奠的'祖'字是暂且的意思，既然是暂且的意

礼 在中国古代中，礼是社会的典章制度和道德规范。作为典章制度，它是社会政治制度的体现，是维护上层建筑以及与之相适应的人与人交往中的礼节仪式。"礼"作为道德规范，它是领导者和贵族等一切行为的标准和要求。

■曾参夜晚挑灯著书

思，把车掉头向内有何不可呢？”

随从者又去请教同来的言偃，言偃回答道：“在正寝的当门处小殓，在表示主位的东阶上大殓，在表示客位的西阶上停柩，在祖庙的堂下举行最后告别的祖奠，最后葬于野外的墓地里。从始到终是一步步由近而远的，所以办理丧事，应有进无退。”

言偃晚年回到故土，继续讲学传道，与之学习的吴中弟子数以千计，声势浩大，为儒学在南方的传播做出了巨大的贡献。

曾子是孔子晚年最重要的弟子之一，儒家学说的重要传承人。曾子积极宣扬、发展老师孔子的学说，并以躬身实践而闻名。

一次，曾子的夫人要去集市，他们的儿子吵着闹着要跟着去。曾子的夫人对儿子说：“好孩子，你在家里玩耍，一会儿母亲从集市回来，给你杀猪吃。”

孩子听完之后，便留在家中玩，也不再吵着跟着去了。过了一会

曾参画像

儿，曾子的夫人从集市上回来了，曾子便去捉猪准备宰杀。夫人阻止说："我只不过说说而已，你怎么还当真了呢？"

曾子却一本正经地说："可不能跟孩子撒谎啊，小孩子没有很强的思考和判断能力，父母便是孩子的老师。现在你骗他，这是教孩子撒谎啊！母亲欺骗孩子，孩子就再也不会相信母亲了，这不是教育的方法。"

说完，曾子把猪杀掉，煮肉给孩子吃。儒家学说十分重视信誉，曾子以身作则，很好地践行了儒家的这条处世准则。

曾子晚年，卧病在床，病情严重，一会儿清醒，一会儿糊涂，随时有离世的可能。他的一个弟子坐在床边，儿子曾元、曾申坐在床脚下，还有一个童仆坐在墙角，手持火烛。

在火烛的映照下，童仆发现曾子所用的竹席华丽光洁，便脱口说道："这是大夫用的席子吧？"

曾子的弟子忙阻止童仆，但为时已晚，话已出口。曾子听到了这句话。他用尽力气说："什么？"

童仆说道："您现在铺的席子，应该是大夫用的席子。"

曾子努力张开嘴，断断续续地说道："是的，这

君子 特指有学问有修养的人。"君子"一词出自《易经》，被全面引用最后上升到士大夫及读书人的道德品质始自孔子，并被以后的儒家学派不断完善，成为中国人的道德典范。"君子"是孔子的人格理想。君子以行仁、行义为己任。《论语》一书，所论最多的，均是关于君子的论述。

是季孙送给我的，只是我现在没有力气换掉它。曾元啊，你过来把我扶起来，把席子换掉。”

曾元满面泪花，忍着悲痛说：“您老人家的病，现在已经很危急了，不能再动，还是等到天亮，我再把它换掉吧。”

曾子急切地说道：“你爱我还不如那个童仆爱我，君子爱人是用德行，小人爱人是姑息迁就。对于我来说，现在还要求什么呢？我只是盼望死得合乎礼啊！”

于是，大家扶起曾子，把席子换掉。当大家再一次把曾子扶到床上时，还没有放安稳，曾子就去世了。

曾子在病危之际，还坚持更换与自己身份相符的竹席，在更换没有全部完成时就离世了，这充分表现了曾子以身作则、恪守儒家礼制的坚定信念。

阅读链接

据说子路年轻时生性粗野，穿着另类，经常头戴雄鸡帽，身佩公猪形的饰物，并曾凌辱过孔子。有一次，他拿了一把剑，跑到孔子的课堂上乱舞，剑锋好几次差点碰到孔子的鼻尖，孔子却不气不恼，无动于衷。

子路自觉无趣，便把剑收起，准备离去。孔子这才对他说：“你与其这样胡混日子，不如来我这儿读书吧！”子路却说：“我生来就像一支好箭，读书干什么？”孔子说：“读了书就会有学问，就像在竹箭上装上了羽毛，箭头又安上了箭镞，这样的箭就更厉害了。”子路听了不以为然。孔子很有耐心，用礼节一步一步地对子路进行潜移默化的诱导。子路也渐渐为孔子的执着所感动，偷偷地在外面听孔子讲了几堂课之后，佩服得五体投地，就穿着儒服，带着礼物，通过孔子学生的引荐，拜入了孔子门下。

子思对儒学思想的发展

子思画像

子思姓孔，名伋，是孔子的嫡孙，子思受教于孔子的弟子曾参，孔子的思想学说由曾参传子思，子思的门人再传孟子。因此二者的思想有某种一致性，所以人们往往将其联系在一起，称为思孟学派。

同孔子一样，子思也很重视礼，并且身体力行遵守礼。子思得知父亲的前妻，自己的母亲去世后，就在孔氏之庙痛哭，他的门人对他说：

庶民之母死，何为哭于孔氏之庙乎？

意思是您的母亲已经改嫁，怎么还能在孔家的庙堂前哭泣呢？子思恍然大悟，连连承认是自己的过错，马上跑到别的房子里面去哭。

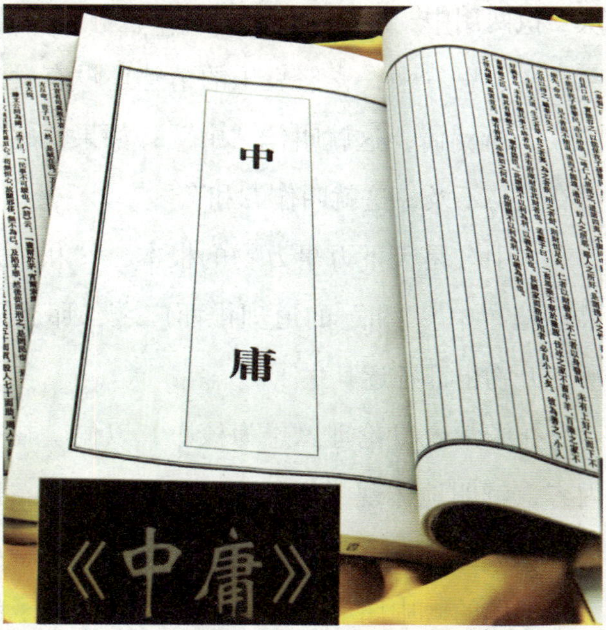

■《中庸》书影

子思与其他许多著名儒者一样也向往国家的德治教化，并且努力实现自己的抱负。但他与孔子不同，孔子周游列国，企图游说诸侯，但处处碰壁，甚至在各国受困。子思则不然，鲁穆公请他做国相，子思则以推行自己的学说为由婉言谢绝。

子思的儒学思想中，最重要的就是中庸思想。“中庸”是指以不偏不倚、无过无不及的态度为人处世，“中”是“中和、中正”的意思，“庸”是常、用的意思。

“中庸”作为一种思想方法，有久远的历史。据说，尧让位于舜时就强调治理社会要“允执其中”。周公也力倡“中德”，他曾经强调用刑时要做到“中正”。在古代材料的基础上，孔子进一步提出了“中庸”的概念，把它作为最高的道德准则。

后来，子思作《中庸》一书，对孔子的中庸思想进行了系统阐述。该书全篇以“中庸”作为最高的道德和自然法则，讲述天道和人道的关系，把“中庸”

庙 在古代原是供祀祖宗的地方。那时，对庙的规模有严格的等级限制。汉代以后，庙逐渐与原始的神社混在一起，蜕变为阴曹地府控辖江山河渎、地望城池的神社。“人死曰鬼”，庙作为祭鬼神的场所，还常用来敕封、追谥文人武士。另外，圣贤逝者，可依律建庙，如孔庙、二王庙等。

从“执两用中”的方法论提升到了世界观的高度。

在子思看来，喜怒哀乐的情感还没有发泄出来的时候，心是平静的，无所偏倚，这就叫作“中”；如果情感发泄了出来能合乎节度，没有过与不及，这就叫作“和”。

“中”是天下万事万物的根本，“和”是天下共行的大道。人如果能把“中”“和”的道理推而广之，那么天地之间一切都会各安其所，万物也都各遂其生了。

孔子学说以伦理思想为核心，以仁、礼等道德范畴的阐发为主要内容，鲜明地体现了儒学伦理的思想特色，但不足之处是缺乏哲学论证，思辨性较弱。

子思的《中庸》欲极微妙之致，为孔子的伦理学说提供了哲学依据。同时，也为儒学的伦理思想提供了哲学依据，使之更加完备、系统和富有哲理性。子思就天道与人性两个根本问题展开论证，天道观念由来已久，夏殷两代，天命神权占统治地位。殷商之后，对这一传

孔子讲学图

孔子讲学图

统观念有所修正，提出以德配天思想，把伦理道德观念和传统天命思想紧密结合起来，为人们探索道德问题提出了一条新路。

孔子大讲道德，却回避了性与天道，子思从性和天道的角度深化孔子的伦理思想，为中庸奠定了完善的哲学基础。

在子思看来，中和即为诚，诚与中和在本质上是一致的。诚是一种精神状态，是天之道。他提出诚的概念，旨在论证天人合一。天道和人道由诚达到沟通。子思的天人合一的思想，后来经过孟子的进一步发挥，成为儒学关于天人关系的基本观点。

子思认为，要想治理好国家，管好百姓，必须从修身或诚身入手，为此，侧重于知、行两个方面。他说：

知斯三者，则知所以修身。

三者指仁、知、勇。其中，仁为根本，知是知仁，勇是行仁，发扬了儒家融治学与修德于一体的思想风格。

“知”的五种方法是“博学之，审问之，慎思之，明辨之，笃行之”，其中，前四者，即学、问、思、辨，奉行了孔子学思并重的求

■述圣子思像

知方法，符合人们思维活动的特点。

笃行即忠实地去践行，就是要知行合一。慎独也是致中和的主要方法，即在独处时，同样需要谨思慎行，不能有丝毫疏忽放纵。

在子思身上表现出儒家从道不从君的主张。有一次，鲁国的国君鲁穆公问子思："什么样的人才可以称之为忠臣呢？"

子思不假思索地说："只有那些一直指出国君恶行的人，才可以称之为忠臣。"

鲁穆公没有想到子思敢这样回答，惊愕万分，一时无语，但是心中的不悦之情已经表现在脸上。

"诚"是子思思想体系的最高范畴，也是道德准则，同时还是思孟学派思想的主要内容。子思说，"诚者天之道"，即"诚"就是"天道"，而"天道"即是"天命"。

子思认为，天命就是"性"，遵循"性"就是"道"。也就是说，"诚"既是"天命"，也是"性"，也是"道"。在子思看来，"诚"是产生万物的本源。如果没有"诚"，也就没有万物。

子思在《中庸》二十五章说：

鲁穆公 战国初期鲁国国君，姬姓，名显，是鲁国第二十九任君主。鲁穆公为鲁元公之子，在位33年。在位期间，他注重礼贤下士，曾隆重礼拜子思，咨以国事；容许墨翟在鲁授徒传道，组织学派，鲁国一度出现安定局面。

诚者，物之终始，不诚无物……诚

者，非自成己而已也，所以成物也。

主观上“诚”是第一性的，而客观上存在的“物”是第二性的。以“诚”这种主观精神来说明世界的产生和发展的学说，属于一种唯心主义的思想。

子思提出的“诚”，在思想史上具有重要的意义。它将孔子伦理思想扩大化，从而成为更广泛、更唯心主义化，以至趋向宗教性的思想。这是思孟学派对儒家思想的重大发展，从而为儒家思想奠定了哲学的基础。

子思的“诚”与五行说有密切的关系。《中庸》里的“诚”就是“信”，它包含了五行的内容。子思的著作中虽然没有“金、木、水、火、土”五行字样，但其中五行说的内容的确是存在的。

阅读链接

子思认为任用人才应不拘小节，他曾推荐卫国名将苟变给卫侯说：“他的才能可以率领五百辆兵车。”卫侯说：“我知道他可以当将领，但苟变在做小吏时，曾向百姓征赋，还私下吃了他们的两枚鸡蛋，所以不能用！”

子思说：“聪明仁智的国君选拔人才，拿官职授人，好像工匠用木材，利用它的好的地方，丢舍它的不足之处，所以像梓、杞两种围抱的优质木材，虽有几尺腐烂，能干的巧匠也不会抛弃。现在你生活的时代，迫切需要选拔辅佐的武将，怎能因为私下吃两枚鸡蛋而抛弃捍卫国家的良将，这话可万万不能让周围的国家知道啊！”

孟子对儒学思想的深化

子思的儒学思想后来被很多儒家人士所承袭，其中，以孟子的成就最高，两人的思想在很多方面有很高的一致性。孟子，名轲，字子舆，战国中期邹国人。孟子幼年丧父，由母亲教育成人。

孟子画像

成名后，孟子也效仿孔子周游列国，先后游历齐、宋、薛、邹、鲁、梁等国，宣传他的王道仁政思想。随孟子游历的人很多。所到之处，普遍受到各国君臣的欢迎。

孟子曾任齐国卿相，后因与齐王意见不合，遂辞去卿相职位，离开齐国。孟子晚年生活在邹国，不再出游，最后老死在故乡。

孔丘初创的儒学在内容上比较零散，缺乏严密的论证。子思虽然有所完善，但效果并不显著，孟子在此基础上进行了儒学理论的完善和发展，以“天”为出发点，以“王天下”为归宿，使早期的儒学形成了一套较为细密的治国思想体系。

孟子根雕像

孟子继承并发展了孔子和子思的“仁政”思想，他把是否以德治思想治理国家提升到国家存亡兴废的高度来认识。有一次，魏国的国君魏惠王问孟子：“魏国曾一度称雄天下，我要重振魏国雄风，要怎样做才行呢？”

孟子于是回答说：“其实也不难，只要施行仁政，即使方圆一百里的土地也可以使天下归服。您如果善待百姓，减免他们的赋税，使他们有时间、有精力干农活；在家可以侍奉父母，出门孝敬长辈，这样的话，让他们拿着木棒也可以打败那些穿着盔甲、手持武器的军队。”

孟子认为，当时的诸侯国都可以施行王道仁政，这是因为人性是“善”的，如果把这种善应用到管理百姓上，治理天下则是轻而易举的事情。

究竟如何施行仁政，孟子在一次与齐宣王的对话中，这样对齐宣王讲：

卿相 卿和相的统称，指某朝代的执政大臣、高官。卿是古时高级长官或爵位的称谓。汉以前有六卿，汉设九卿，北魏在正卿下还有少卿。以后历代相沿，清末始废。在古代特指地位最高的官员。

孟子画像

“我以前听说，有一次大王坐在堂上，有人牵着牛从堂下路过。大王看到后问牵牛人要把牛牵到哪儿里去。牵牛人回答说用它来祭钟。

“大王对牵牛人说：‘放了那头牛吧！我不忍心看它惊惧抖个不停的样子！’

“牵牛人听后这样问：‘那么，不祭钟了吗？’大王说：‘怎么能不祭呢？用羊来替代吧！’”

齐宣王听后说：“是有这么一件事。”

孟子说：“凭您这样的心肠就足以统一天下啊，用羊代替牛祭钟，百姓都以为大王吝啬，我知道那是因为大王不忍心啊！”

堂 正房，高大的房子，可以用来表示同祖父的亲属关系。旧时官吏审案办事的地方也被称作堂，还可以用作量词。中国一些老字号的中医药店，多以“堂”相称，如“济生堂”“同仁堂”“长春堂”“四知堂”等。

孟子认为一国之君要施行仁政，就要进行“推恩”，即把自己的不忍之心推广到管理的各个方面，从而实现社会的治理。仁政的具体措施，有保民、养民、教民等几项措施，不仅要让百姓生存，更要让他们有教养，这样就会确保王道仁政。

孟子提出的一套仁政主张，成为儒家政治思想的重要内容。孟子重视民心向背，他提出了君轻民贵的口号。孟子认为君主想实现仁政，应该以使人民心悦而诚服为目标，国君做出重大决定时，应认真听取国人的意见。

随着儒学在社会意识形态中逐渐确立起统治地位，仁政几乎成为所有统治者所尊崇的施政目标。

仁政 一种儒家思想，是儒家思想代表孟子从孔子的“仁学”继承发展而来的，是孟子学说中的“民本”“仁政”“王道”和“性善论”等政治理想之一。

孟子十分擅长辩论，孟子的整个思想体系就在不停的辩论中呈现出来。孟子的“人禽之辨”是其学说中的一个重要组成部分，是孟子思想体系得以建立的前提条件。

孟子认为，人与禽兽的主要区别在于是否有“四心”，即恻隐之心、羞恶之心、辞让之心和是非之心，有此“四心”即为人，否则即是禽兽。

孟子在“人禽之辨”的基础上，又与当时的思想家告子等人进行“人性之辨”的探讨，提出“性善论”的观点，而性善论是孟子整个思想体系的理论基石。

此后，孟子的“王霸之辨”“义利之辨”“经权之辨”“舜跖之辨”等，都是以其性善论为基础展开

孟子孝亲壁画

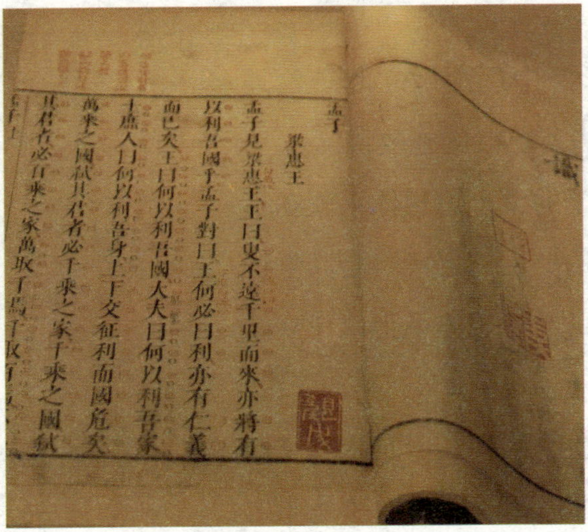

■《孟子》书影

的，从而构成了孟子的整个思想体系。

孟子对于儒家道德哲学有着创造性贡献，他将“仁”推进到“义”，在孔子提出的“爱人”普遍原则的基础上具体解决了如何爱人的问题。孟子认为：仁，人心也、义，人路也。仁义合一，居仁由义，是现实的伦理与合理的道德。

从孟子开始，“义”便在道德哲学体系中具有了特别重要的地位，从而形成了儒家以仁、义为核心和标识的道德哲学体系。

孟子将“羞恶之心”提高到“义之端也”，即提高到“义”的根源地位，也就将羞耻心与道德直接同一，将它当作道德的现实性与道德合理性的基础。孟子特别强调“耻”对于德行的重要意义。他说：

耻之于人大矣！为机变之巧者，无所用耻焉，不耻不若人，何若人有？

此外，孟子还强调说：

人不可以无耻矣，无耻之耻，无耻矣。

孟子强调人的尊严和独立人格的重要性，鄙视依

五行学说 将古代哲学理论中以木、火、土、金、水五类物质的特性及其生克制化规律来认识、解释自然的系统结构和方法论运用到中医学而建立的中医基本理论，用以解释人体内脏之间的相互关系、脏腑组织器官的属性、运动变化及人体与外界环境的关系。

附权贵、屈服威势的行径，他鼓励人们通过道德修养达到崇高的思想境界。在面对强权威势时，要宁肯舍生取义，决不改变人生信念。

孟子还深化了孔子提出的性与天道，为儒学提供了理论根据，并首开儒学哲学化先河，使之成为宋明理学探讨的中心问题。

儒家主要重视追求人生的价值，孔子一生积极倡导和孜孜以求的就是要通过道德培养，以求得理想人格的完善与实现。孟子发挥了这一思想，着力探讨道德的社会作用和道德的修养问题，提倡理想人格的培养，提出了许多影响深远的思想命题。

孟子思想中也蕴含着五行学说，孟子所说的“仁”“义”“礼”“智”“圣”就是五行。“圣”是什么呢？就是“诚”。孟子说“圣人之于天道也”，“诚”就是“天道”，“圣”就是“诚”，就是中道。

子思首先提出“诚”的哲学概念，它是居于五行之中央位置的。孟子继承子思的思想，把“诚”发展为“圣”，并使思孟学派的五行说定型为“仁”“义”“礼”“智”“圣”。

子思和孟子还认为，在“仁、义、礼、智、圣”这五行之中，

宋明理学 亦称“道学”，指宋明时期也包括元及清时代，占主导地位的儒家哲学思想体系。汉儒治经重名物训诂，至宋儒则以阐释义理、兼谈性命为主，因有此称。北宋初胡瑗、孙复、石介并称为“理学三先生”。

孟子画像

“仁、义”是一组，而其中“仁”又是根本的。“智、圣”是一组，其中“圣”更高明。这两组中，前者又是根本，后者是对前者的理解和力行。

在另一方面，他们又认为“仁、义、礼、智”四行，以人为对象，而“圣”独以天道为对象。总之，思孟学派的五行说，把构成世界的金、木、水、火、土五种物质元素赋予了伦理道德的内容，把过去具有朴素唯物主义的五行说唯心主义化了。这种思想对阴阳家有很大的影响。

孟子是儒家学说、儒家思想的集大成者，地位仅次于孔子，被尊为“亚圣”。他的思想主张对于发展和巩固新兴的封建制度，实现全国统一，起到了推动作用。

阅读链接

孟子在学问上取得巨大的成就，与他的启蒙教育关系重大，他的母亲孟母曾为了使他受到良好的教育而三次搬家，这就是闻名天下的孟母三迁的故事。

孟子小的时候非常调皮，最初他和母亲住在墓地旁边。孟子就和邻居的小孩一起学着大人跪拜、哭号的样子，玩起办理丧事的游戏，孟母就带着孟子搬到市集旁边去住。到了市集，孟子又和邻居的小孩学起商人做生意的样子，一会儿鞠躬欢迎客人、一会儿招待客人、一会儿和客人讨价还价，表演得像极了！孟母就又带着孟子搬到了学校附近。孟子开始变得守秩序、懂礼貌、喜欢读书。这个时候，孟母才很满意地点着头说：这才是我儿子应该住的地方呀！

荀子对儒学思想的创新

荀子生活在公元前325年到公元前235年，是继孟子之后，儒家另一代表性人物，对儒家思想的传播和发展做出了巨大贡献。荀子名况，赵国人。西汉时因避汉宣帝刘询讳，且“荀”与“孙”二字古音相通，故改称孙卿。

荀子画像

齐国的国都临淄是一个非常繁华的大都会。在临淄城南有一座山叫稷山，山上苍松翠柏，郁郁葱葱，是个风景秀美的地方。齐国都城面对稷山的那座城门便叫作稷门。

大约在战国齐桓公田午执政时，齐国在稷门之下，距离王宫不远的地方修建了一所学宫，称为稷下学宫。

荀子画像

前来稷下学宫的士人，不分学派，也不论年纪，齐国都给予优待，锦衣玉食，车马迎送，并授予“上大夫”“列大夫”等称号，让他们议论学术、探讨国事，肆意评议时政，而国君对他们的言论不予干涉。

齐国的这个举措，吸引了很多士人来到稷下学宫。士人中包括很多当时有名的学者，邹衍、淳于髡、孟子、鲁仲连等人都曾前往稷下学宫，他们或精于天文、地理，或长于政治、军事，或通于文学、言语，他们的到来，使齐国稷下成为战国时期最为著名的学术重镇。

当时，儒家的另一代表人物荀子，在齐襄王末年，也踏上了齐国的土地，来到稷下。此时的荀子，年已五十，有过长期的游学经历，其声名在当时已颇显赫。

荀子来到稷下时，田骈、邹衍等有名的学者都已去世，从声望以及学术造诣方面来讲，荀子都是当时学术的佼佼者，无出其右者。

荀子曾三次担任学宫祭酒。学宫举行宴会时须先行祭祀，由一人主持祭祀，主持祭祀的人便是“祭酒”。能担任祭酒之职的，通常是公认的年长位尊的学术领袖。

荀子出身于儒家，尊崇孔子的传统，但是，他广泛吸取了诸子百家的思想精华，同时对各个学派做出了深刻述评，也正由于此，荀子的儒学思想和孔子、孟子有很大的不同，他对子思、孟子一派儒家思想持批判态度。

荀子建立了自己独具特色的思想体系，他对于祈神求鬼以求得富贵之事和迷信习俗进行了深入的批判。他写了一篇文章叫“天论”。

他在《天论》中指出：天星坠落、社木鸣叫、日食月食、风雨不调等现象，人们不了解其原因而感到奇怪是正常的，但若畏惧这些现象则是没有必要的。对这些现象，荀子解释说：

> 是天地之变，阴阳之化，物之罕至者也，怪之可也，而畏之非也。

意思是这些现象是天地的变动，阴阳的交替，事物变化的现象罢了，觉得奇怪可以，但对此感到畏惧，就没有必要了。

荀子认为最可怕的是“人妖”，统治者“政令不明、举措不时、本事不理”所造成的灾祸才最可怕。

田骈 战国时思想家，又称陈骈，齐国人，与田齐宗室出于同姓。他本学黄老，借道明法，曾讲学稷下，雄于辩才。他主张“齐万物以为首”，要求摆脱各自的是非利害，回到“明分”“立公”的自然之理，从“不齐”中实现“齐”。

学宫 即现在所讲的学校。“学宫”一词最早在西周时期已经出现，与后世经常使用的“辟雍”一词意义相同，是周天子设立的大学，专门用来讲学的场所。其建筑群的平面布局与孔庙形成的庙学建筑群类似。

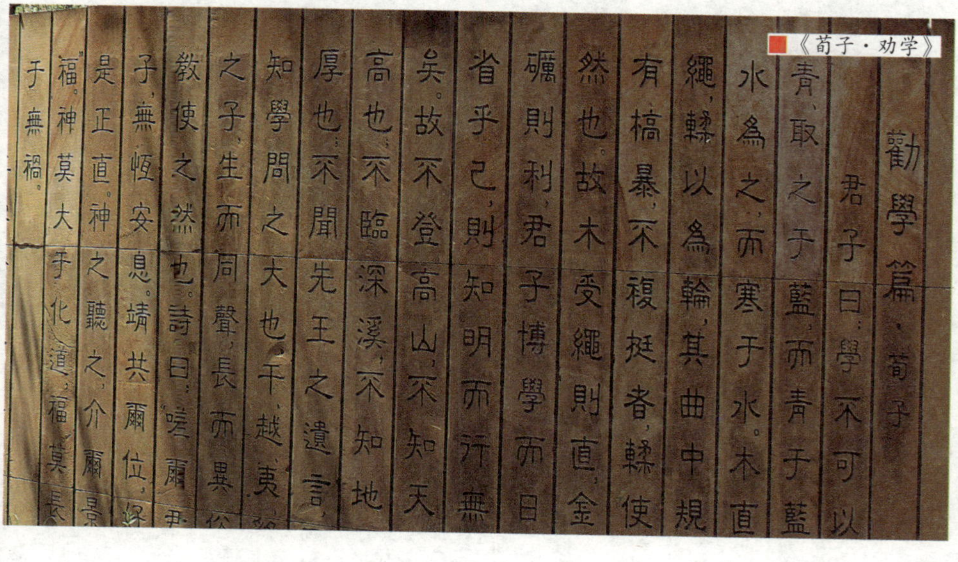

《荀子 · 劝学》

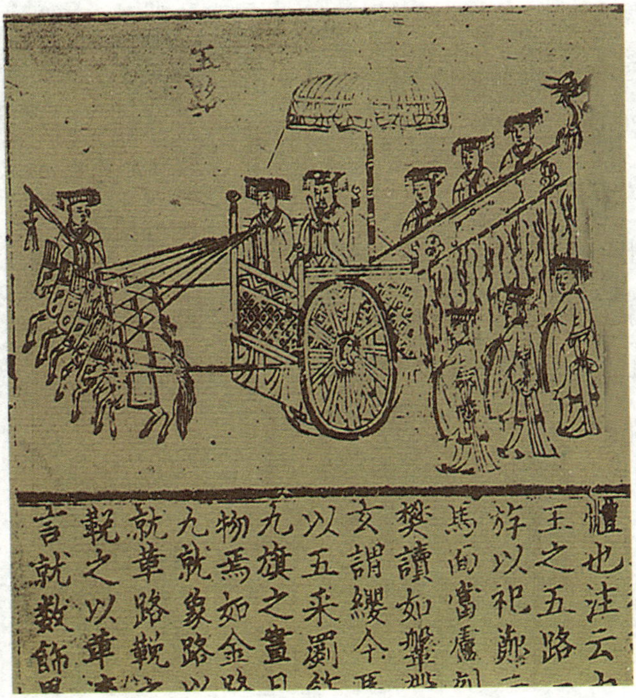

■ 荀子礼论天子大路图

只要政治清明，人们不迷信，就是有了自然灾害也不会造成太大影响。

荀子曾明确地说，天对于所有的人都是一样的，“不为尧存，不为桀亡”，圣王、暴君都与天无关。荀子的这个观点对于传统的天命观显然是巨大的冲击。

荀子的人性论与孔子不同，更与孟子截然相反。孔子只说性相近，习相远，孟子明言人性本善，荀子却指出“人之性恶，其善者伪也”。他批评孟子的性善说是“不及知人之性而不察乎性伪之分”，核心意思是人生来性恶。

如果说，孟子只是看到了在血缘关系中，父子、兄弟之间仁爱的一面，荀子则看到了在现实生活中人与人之间相互争夺的一面。

荀子和孟子对人性的思考有许多共同之处，二人都认为人的本性是先天造就的，与后天的影响没有关系。荀子这样说：

凡性者，天之就也，不可学，不可事。

虽然荀子强调性恶的一面，但他并没有说人性都

性相近，习相远
出自《论语》，意思是人在刚出生时，本性都是善良的，性情也很相近。但随着各自生存环境的不同变化和影响，每个人的习性就会产生差异。

是恶的，相反，他一再论述，人性中也有非恶的一面。

荀子认为人性恶，在人身上表现出的善是后天所为，因此，后天的培养对一个人来说更为重要，人只有通过学习才能获得善。人在不断的后天学习中，培养自己的品德，完善自己的人格，实现自己的理想。

荀子针对孟子“法先王”的思想，提出了“法后王”的主张。他认为，历史不断发展，先王之道渺茫，古代事情很难考察，只有后王制度和事迹明白可见，便于效法。

他强调，在历史的发展过程中，必然存在新旧交替，人们应根据现实需要去对待历史，不要拘泥不化、一味复古。

在儒家思想中，礼是指社会等级制度、道德规范和礼节仪式。在孔孟思想体系中，礼和道德密不可分，这在孟子思想中更为突出。

荀子从物与欲的矛盾入手，分析了由此引起的人与人之间的矛盾。将礼的形成根源追溯到人的经济生活，其中，包含着重视现实生活的深刻见解。

关于礼的本质，荀子认为礼是一种区别等级、划分名分和职分的标准。

关于礼的作用。荀子指出，礼的根本作用就是“天人相分”，他说：

人无礼则不生，事无礼则不成，国无礼则不宁。

荀子浮雕像

大意是人不守礼就没法生存，做事没有礼就不能成功，国家没有礼则不安宁。在荀子看来，礼的作用不仅在于指导个人的修身，也是国家政治的需要，统治者要通过礼来实现自己的统治。礼制对于人、事、国有着重大意义。

荀子在继承儒家礼治基本精神的同时，为了适应中央集权的封建制度即将形成的历史趋势，对礼治思想做了较大改造与发展。

荀子是先秦时期最后一位儒学大师，他综合百家，改造儒学，其学说对后代思想影响深远。他建立了自己独具一格的思想体系，通过毕生的学术活动，为儒学发展做出了巨大贡献。

阅读链接

荀子的思想影响深远，但其哲学思想和政治主张在他生前却很难推行。荀子曾去秦国，他对秦国的山川、风俗、吏治大加赞赏，但同时也指出其不注重儒家礼制的隐患。秦昭王志在天下，强调结果，对儒家的这一套礼乐制度不感兴趣，因此，他对荀子的建议不作理会。

荀子在游秦之后重返齐国稷下，当时齐国社会较为安定，呈现出复兴的转机。荀子向齐相田单进献强国之策。荀子指出，齐国虽复国，但还存在着一些隐患。荀子抨击时政，受到齐人的谗言围攻，无奈之下，荀子只好离开稷下，前往楚国。在楚国，荀子虽然出任兰陵令，但后来也被免职，从此再也没有出仕，以著书讲学为生。

两汉儒学

战国时期，思想文化空前活跃，各种思想流派百家争鸣，其中儒学得到了快速发展。秦代，随着封建国家的统一，中央集权制成了当时社会的政治统治形式。为了利于管理，秦始皇下令焚书坑儒，全国实行法家式管理。进入汉代，汉代统治者努力寻找有利于其统治的思想体系，儒学渐渐被推到了历史舞台中心。

董仲舒“天人三策”全面论述了以儒家礼治思想作为治国根本策略的必要性，并设计了儒学复兴的具体途径，此后，儒学逐渐与汉代政治结合，成为社会的主要思潮，也成为维护君权的理论支持。

董仲舒提出公羊学理论

董仲舒画像

汉初，黄老思想占据统治地位，其清静无为的思想有利于缓和阶级矛盾，治疗战争创伤。

汉武帝时期，国内经济繁荣，政治统一，这种社会状况急需建立一种与其相适应的思想体系。儒学就是在这种情况下被推上了历史舞台。

大约在公元前134年，汉武帝下诏征召贤良文学之士，并由他亲自策问。在征召策问中，一代大儒董仲舒受到了汉武帝的亲自接见。

董仲舒约生于公元前179年，对儒学颇有研究。董仲舒弟子众多，据说，有的弟子甚至没有见过他的面。

在策问中，汉武帝先后以天命、帝王之道及治世之道为题进行策问。董仲舒一一进行了回答，这三个对策，就是著名的《天人三策》。

汉武帝画像

第一次策问中，汉武帝询问：怎样才能得到天帝的授权？

董仲舒对这个问题曾经进行过深入的考虑，他在奏章中把自然的发展变化和上天的意志合为一体，把皇权统治和天的意志结合起来。

董仲舒在奏章的一开头就说，上天总是将自己的意志体现于人世间。随后，他又把儒家的那一套重复了一遍，并提出了自己的主张。

他建议汉武帝广设学堂，在国都设立太学进行教育，在县邑设立县学、乡学实施教化，用仁来教育人民，用义来感化人民，用礼来节制人民。

奏章中，董仲舒一再向汉武帝表明，要想大治天下，实现他的政治理想，必须首先从思想上改变，使全国上下在思想上达到统一，这才有大一统的希望。

汉武帝看到董仲舒的对策，感到十分惊奇，他异常高兴，因为终于发现了最适合自己的思想基础。他对董仲舒非常满意，很欣赏他的才干。

黄老思想 中国战国时的哲学、政治思想流派。传说创始人为黄帝和老子，故名黄老思想。黄老之学始于战国盛于西汉，假托黄帝和老子的思想，实际上为道家和法家思想的结合，并兼采阴阳、儒、墨等诸家观点而成。黄老之学继承、改造了老子“道”的思想，在汉初产生了一定影响。

董仲舒画像

第二次策问，汉武帝就古代帝王的“劳”与“逸”的问题，“奢”与“俭”的问题，还有“质朴”和“雕琢”的问题进行策问。

实质上汉武帝提出了一个非常现实的问题，国君治理国家是“有为而治”，还是要“无为而治”，到底哪一个更正确。

对此，董仲舒在奏章中，进一步阐述了自己的政治观点。字里行间无处不充溢着孔孟的儒家思想。最后得出结论说：“由此看来，帝王治国的道理是一致的，然而之所以有‘劳’和‘逸’之分，主要是因为他们所处的时代不同的缘故。”

君王的“劳”和“逸”是因为时境的变化。对于“奢”和“俭”的问题，他引用孔子的话回答说，“所以孔子说：‘奢则不逊，俭则固。’”用以说明“俭”是自古治国的一项重要原则，对国家的兴亡有着深远的意义。

董仲舒用大量篇幅向汉武帝建议实行有为的政策。他认为历史上有为的帝王能做到“有为而治”的话，便天下升平；相反，如果做不到的话，便会天下大乱。而能做到有为的帝王，正是与儒家的主张相符合的；不能做到的帝王，则与儒家的主张相背离。

这样，董仲舒就又一次把儒家思想灌输给了汉武帝。董仲舒的尊儒兴教的主张渐渐赢得了汉武帝的充分信任。

第三次策问，汉武帝是就治世之道进行策问的。在第三次策问中，董仲舒在奏章的末尾说：

《春秋》大一统者，天地之常经，古今之通谊也。今师异道，人异论，百家殊方，指意不同；是以上亡以持一统，法制数变，下不知所守。臣愚以为：诸不在六艺之科、孔子之术者，皆绝其道，勿使并进。辟邪之说灭息，然后统纪可一，而法度可明。民知所从矣。

其思想的核心是"大一统"，凡是不在六艺之科、孔子之术的各家学说，都要从博士官学中去除。这就是"罢黜百家，独尊儒术"的主张。

董仲舒认为大一统天经地义，不可改变，只有有了统一的思想，才可以制定统一的法制、号令，因此，不利于统一的思想，都必须要加以禁止，然后才能上下一致，保证法制号令、规章制度的畅行。

在三次策问中，董仲舒既回答了皇帝的提问，又

《春秋》 相传是由孔子修订的鲁国的编年史。儒家典籍之一，被列为"五经"之一。语言简练且暗含褒贬之意，被后人称为"春秋笔法"。后来出现很多对《春秋》所记载的历史进行详细记录的"传"，较为有名的是被称为"春秋三传"的《左传》《公羊传》和《穀梁传》。

■董仲舒建言汉武帝

提出了自己的建议。面对董仲舒的回答，汉武帝十分满意。他决定按照董仲舒的建议“罢黜百家，独尊儒术”，并由此采取了一系列改革的措施。

董仲舒的这种“君权神授”和“大一统”的思想在《春秋公羊传》中有明显的体现。《春秋公羊传》简称《公羊传》，又称《公羊春秋》，相传是子夏的弟子公羊高所传，至汉景帝时其后人著于竹帛，写成文本。该书以阐明《春秋》的微言大义为主，在阐释经义时大加发挥，以经典的阐释来解决现实问题。《公羊传》提倡大一统，主张尊奉王室，维护统一。

董仲舒以《公羊春秋》为依据，将周代以来的宗教天道观和阴阳、五行学说结合起来，吸收法家、道家、阴阳家思想，建立了一个新的思想体系，成为汉代的官方统治哲学，对当时社会提出的一系列哲学、政治、社会、历史问题，给予了较为系统的回答。

在以董仲舒为首的儒学家的大力推动和影响下，汉武帝独尊儒术，他所重用的董仲舒、公孙弘等人的学术渊源都出自齐地，属于齐学系统，而且他们都是《公羊传》专家，以致公羊学极为兴盛，影响巨大。

阅读链接

董仲舒30岁时开始招收学生，精心讲授儒学。他讲学时，在课堂上挂上帷幔，他在帷幔里面讲，学生在帷幔外面听。同时，他还经常叫他的得意门生吕步舒等转相传授。这样，很多人跟他学了多年，甚至没有跟他见过面。

通过讲学，董仲舒为汉王朝培养了很多人才，他的学生后来有的当了诸侯王国的国相，有的成了长吏。由于董仲舒广招门生，宣扬儒家经典，他的声誉也日益传播，在汉景帝时当了博士，掌管经学讲授。

董仲舒创立汉代新儒学

董仲舒根据《公羊春秋》的记载，提出了“大一统”论。他在《天人三策》中说：“《春秋》所主张的大一统，是天地的常理，适合古今任何时代的道理。”

董仲舒画像

“大一统”既然是宇宙间最普遍的法则，那么封建王朝当然要遵循。这就是董仲舒所要设立的政治哲学的核心。他根据“大一统”的普遍法则，提出了思想也要“大一统”的论点。

只有思想统一才能有统一的法度，百姓才有行为的准则，这样才能维护与巩固政治的统一。只有政治统一了才能长治久安。当时汉代的政治是统一了，但不稳固。统一

思想成了大一统的关键。于是，董仲舒多次强调要用孔子的儒学统一天下的思想。

汉武帝采纳了董仲舒的思想要大一统的建议之后，施行了“罢黜百家，独尊儒术”政策，在汉代思想界树起了儒学的权威，产生了中国特有的经学以及经学传统。汉代立五经博士，明经取士，形成经学思潮，董仲舒被视为“儒者宗”。

在三次与汉武帝对策后，董仲舒被汉武帝派到江都易王刘非那里当国相。刘非是武帝的哥哥，是个粗暴、蛮横的武夫。但因为董仲舒当时的声望很高，是举国知名的大儒，所以刘非对董仲舒非常尊重。

刘非希望董仲舒要像管仲辅助齐桓公一样来辅助自己，以篡夺中央政权。但董仲舒是主张“大一统”的，因此，对于刘非的请求，他借古喻今进行了规劝，指出“仁人，做任何事情都是为了匡扶正义而不是为了个人的利益，明确了解自己的道义准则而不贪图功劳”。暗示刘非不要称霸。

董仲舒借“天人感应”来说明对国家的管理。他把《春秋》中所记载的自然现象，都用来解释社会政治衰败的症结。

他认为，人君为政应“法天”行“德政”“为政而宜于民”，否则，“天”就会降下种种“灾异”以“谴告”人君。如果这时人君仍不知悔改，“天”就会使人君失去天下。

董仲舒的“天人感应”论借用“天”来戒惧皇帝，限制皇权，使之自敛。他为什么要采用“天人感应”的形式来戒惧皇帝呢？因为，西汉时期社会科学水平低，天命论在人们思想中的影响极深，董仲舒就采用了“天”来限制皇帝个人的私欲。

从这方面来看，董仲舒“天人感应”的思想限制了皇帝的私欲和权力，从而为整个封建社会的长治久安做出了重要的贡献，其意义是深远的。

为了加强封建统治阶级专政，防止社会进一步动乱，防止农民起义，董仲舒吸取秦朝灭亡的教训，提倡德治，革除秦朝时的弊政，进行“更化”。

董仲舒的“更化”思想，是以儒家的礼义仁德来限制对人民的剥削，维持和巩固汉王朝统治阶级专政。他提出：实行礼义，布施仁德的政策，以德治理为主，重视“教化”，主张用仁德来代替严刑。

董仲舒甚至把“德治”视为巩固封建统治的基本治国原则。他上疏汉武帝：作为帝王应该秉承上天的意志行事，因此，应该用仁德的教化而不是用刑法治理，以“德治”为主，“法治”为辅。

汉武帝建元六年，皇帝祭祖的地方长陵高园殿、辽东高庄发生了大火，董仲舒认为这是宣扬天人感应

教化 是一种政治、道德和教育三者有机结合的统治术。它把政教风化、教育感化、环境影响等有形和无形的手段综合运用起来，既有皇帝的宣谕，又有各级官员的面命和行为引导，还有立功德碑、竖牌坊、传播通俗读物等多种形式，向人们正面灌输道理，又注意结合日常活动使人们在不知不觉中达事明理。

管仲 姬姓，名夷吾，字仲，谥敬，被称为管子、管夷吾，今安徽省颍上县人，春秋时期齐国的政治家、哲学家、军事家。管仲少时丧父，生活贫苦，为维持生计，与鲍叔牙合伙经商；后从军，到齐国，经鲍叔牙力荐，为齐国上卿，有“春秋第一相”之誉。

主父偃 汉武帝时大臣。汉武帝为了加强皇帝的专制权力，在宫中设立内朝，主父偃在内朝备武帝顾问。他认为应该加强中央政令的推行，因此向武帝建议，令诸侯不得私自分封子弟为侯，这样王国自析，诸侯王的权力也随之削弱。

的好机会，于是带病坚持起草了一份奏章，以两次火灾说明上天已经对汉武帝发怒。

结果奏章还没上，正巧朝廷大臣主父偃到董仲舒家做客，看见奏章，因嫉妒董仲舒之才，就把奏章草稿偷走，交给了汉武帝。

汉武帝看后大怒，决定将董仲舒斩首。后怜其才，又下诏赦免。从此，董仲舒不敢再说灾异之事，又从事起教学活动，又教了十年的《公羊春秋》。

汉武帝元朔四年，公孙弘又推荐董仲舒做胶西王刘瑞的国相。刘瑞也是汉武帝的哥哥，他比刘非更凶残、蛮横，过去不少做过他国相的人都被其杀掉或毒死。因董仲舒是知名的大儒，刘瑞对他还比较尊重。

董仲舒一直提心吊胆，小心谨慎，唯恐时间长了遭到不测，任职四年后以年老有病为由，辞职回家。这次辞职也就结束了他的仕途生涯。

■ 汉武帝、董仲舒等蜡像

从此，董仲舒只是埋头读书、著作，虽然辞去了官职，但朝廷有大事，还常派人到他家向他请教。后来，张汤把询问董仲舒的部分材料，整理为《春秋决狱》一书。

董仲舒总结了自己五十余年的治学心得，加上对《春秋公羊传》等的研究，最终写成了17卷82篇《春秋繁露》。其中，说《春秋》的共有16篇，讲天道阴阳五行的32篇，其余为郊祀及其他内容。

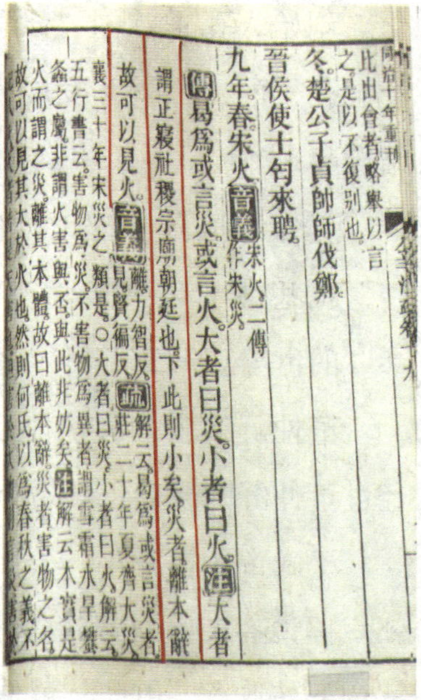

比出會者略舉以言之是以不復別也
冬楚公子貞帥師伐鄭
晉侯使士匄來聘
九年春宋火 音義 宋火二傳作宋災
傳 曷爲或言災或言火大者曰災小者曰火 注 大者謂正寢社稷宗廟朝廷也下此則小矣災者離本辭故可以見火 音義 離力智反見賢徧反 疏 解云曷爲或言災者莊二十年夏齊大災襄三十年宋災之類是○大者曰災小者曰火解云五行書云害物爲災不害物爲異者謂雪霜水旱螽之屬非謂火害與否與此非妨矣 注 解云本實是火而謂之災離其本體故曰離本辭災者害物之名故可以見其大於火也然則何氏以爲春秋之義不

《公羊春秋》书影

《春秋繁露》阐述了以阴阳、五行为骨架，以天人感应说为核心的哲学——神学理论，宣扬“王道之三纲可求于天”的赤、黑、白三统循环的历史观，为汉代中央集权制度的建立奠定了理论基础。董仲舒把“四权”和“三纲五常”在书中做了归纳，在《基义》中用天地、阴阳之道论证了三纲，他说君为臣纲、父为子纲、夫为妻纲是上天的意志。

他的“三纲五常”论是维护封建宗法制度的核心，也是原生儒学的核心，因此，董仲舒一直被宋元明清诸朝代帝王所尊崇。

董仲舒从儒家思想出发，在书中表达了“仁义”的改良主张。在《仁义法》篇中，他解释“仁义”为“爱人”“克己”。在《制度》篇中，他还指出土地兼并是社会等级破坏、农民贫困作乱的原因，还主张废除奴婢制。

儒学从产生之日起，它的内涵就时刻发生着变

上疏 朝官员专门上奏皇帝的一种文书形式。上书言事是儒臣规谏君主、实施伦理制衡的重要方式。臣民上书可以分为“上书”“上疏”和“上封事”三类。“上书”是臣民向皇帝进言所采用的最常见的形式。“上封事”则是向皇帝进谏带有机密性文书。

化。创始人孔子首创“仁学”，把人提到了哲学的高度进行论述。孟子把孔子的“仁学”发展成为“仁政”学说，使儒家学说同齐家治国结合起来。

董仲舒把儒学理论推向了一个新的阶段，他把儒家的“天人合一”的思想，发展成为宇宙构成论体系，使儒家向往的“人与天地参”的世界观得到了具体落实。

董仲舒宇宙构成论体系的建立，是儒学神学化的重要标志。儒学经过董仲舒的改造，开始演变成一个兼综阴阳刑名之学的理论体系。

汉武帝太初元年，公元前104年，董仲舒在家中病逝，葬于长安西郊。据说有一次汉武帝经过他的墓地，为了表彰其对汉王朝的贡献，特意下马致意。由此，董仲舒的墓地，又名为“下马陵”。

在历史上，董仲舒创造的新儒学体系有着重要地位，它不但成为以后众多封建王朝理国治民的宗法性思想，同时，也为下一时期魏晋玄学和宋明心性论做了理论上的充足准备。

阅读链接

董仲舒少年时酷爱学习，读起书来常常忘记吃饭和睡觉。他的父亲董太公决定在宅后修筑一个花园，让孩子能有机会到花园散散心休息一下。

第一年，花园动工，园里阳光明媚、绿草如茵、鸟语花香、蜂飞蝶舞。姐姐多次邀请董仲舒到园中玩。可他手捧竹简，只是摇头，继续学孔子的《春秋》。第二年，小花园建起了假山。邻居、亲戚的孩子纷纷爬到假山上玩。小伙伴们叫他，他动也不动低着头，在竹简上刻写诗文。第三年，后花园建成了。亲戚朋友携儿带女前来观看。父母叫董仲舒去玩，他只是点点头，仍埋头学习。

随着年龄的增长，董仲舒的求知欲愈见强烈，遍读了儒家、道家、阴阳家、法家等各家书籍，终于成为儒学大师。

郑玄融会贯通开创经学

两汉时期，儒学是以经学的形式存在和发展的。汉初的统治者为了给“大一统”寻找适合的理论依据，逐渐形成了研究、解说、注释儒家经典的学术风气，此即汉代经学，也可以说是经学化的儒学。

郑玄雕塑

汉代研究儒学经典有三种形式，分别是今文经学、古文经学和谶纬神学。经学家通过这三种形式，来解读儒家经典，并借助这种解读来为现实政治服务。

今文经学与古文经学相对应，源于汉初，盛行于西汉。主要特点是加入大量的占卜、阴阳学说，提倡天人感应，以符合当时的需要，被列入学官，成为正统。而古文经学不断对其发动挑战。

古文经学产生于西汉末年，盛行于东汉。古文经学与今文经学相对应，认为孔子只是古典文献的整理者，是一位“述而不作、信而好古”的先师。古文经学注重对经文本义的理解和典章制度的阐明。

尽管今文经学和古文经学有所不同，但它们也有共同之处，它们凭依的同属儒家经典，阐发的都是“圣王之道”，都从不同的角度论证封建统治“三纲五常”的合理性。

在汉武帝时，今文经学就置有五经博士，后来又陆续设置，共有十四博士。设置了博士，就成了国家认可的“官学”，博士弟子员（汉朝时太学生的称谓）算作进入了仕途，参与了国家政治。这种地位，比起尚在民间，未立于学官的古文经学而言，自然要高出一筹。

郑玄是经学史上里程碑式的人物，是公认的经学大师，其影响力无人可比。他最终完成了今古经学的融会贯通。

诸多历史事实证明，凡是能成大事者，往往在少年时期便志向流露，迥异于常人。郑玄便是一例。

郑玄从小便是一个与众不同的人。在他十一二岁时，他跟随母亲到外祖父家。那时正是新春佳节，表兄弟们个个都穿着新衣服，喜笑颜开，说起话来口若悬河，出口成章，只有郑玄无动于衷，表情淡然。

《尚书》

他的母亲不免感到有些尴尬，知道郑玄平日读书很多，就让他也显示些才华，免得兄弟们觉得他不学无术，遭人笑话。

谁知郑玄却说：“这并非我的志向所在，我也不愿如此。”拒绝了母亲的要求。

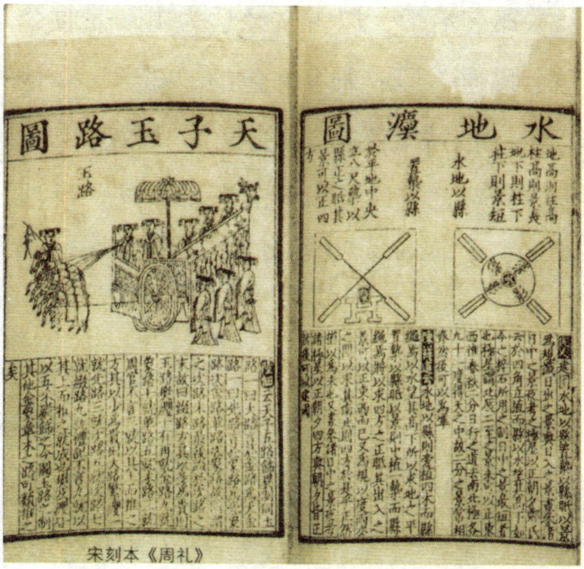

成年后，郑玄在家乡担任乡啬夫的职务，掌管地方诉讼和赋税征收，这是个很有油水的职位。但是郑玄对此并不感兴趣，每逢休假，他就跑到学官那里，求学问道。

■《周礼》书影

对郑玄的这个行为，他的父亲很生气，没少骂他，但郑玄丝毫不予理会。后来，他毅然辞掉了这个令人羡慕的职位，远赴京师洛阳，在太学中跟随名师学习。几年后，他系统掌握了《京氏易》《公羊传》《三统历》《九章算术》。

随后，他离开洛阳，跟随东郡张恭祖继续学习，又系统研习了《周礼》《礼记》《左传》《韩诗》《古文尚书》。此时的郑玄学术造诣已经很深，但仍不满足，因为关东地区已经无人能做他的老师，便西行入关，拜入经学大师马融门下。

几年后，郑玄又离开马融，回到故乡高密。此时，距离他当初离家，已经过去了十多年，郑玄本人也已年过四旬。回家后，因为家境贫寒，他租了一块土地，过着清贫的耕读生活，但是因为学术精湛，声名远播，门下弟子多达数百人。

学官 又称教官，是指主管学务的官员和官学教师。传说夏代就有学校。最早的学校叫庠、序、校，以教武艺为主。汉代开始设置的五经博士、博士祭酒，西晋开始设置的国子祭酒、博士、助教，宋代以后的提学、学政和教授、学正、教谕等，都属学官。

博士 在古代，博士指一种官职。秦汉时是掌管书籍文典、通晓史事的官职，后成为学术上专通一经或精通一艺、从事教授生徒的官职。

郑玄治学，以古文经学为主，兼收今文经学之长，从而将今古文融会贯通，形成兼容并包的“郑学”。他一生勤奋，遍注群经，《毛诗》《尚书》《仪礼》《礼记》《周礼》《周易》《论语》《孝经》等儒家重要经典都有注释。此外，郑玄还广泛涉及图谶、法律等领域，并著有《天文七政论》《鲁礼禘祫义》《六艺论》等学术著作，共有一百多万字。

东汉学术昌盛，但是由于学派林立，异说繁杂，而且今文经学的弊端也逐渐显现，有家法，有师法，解释烦琐，互相责难，使后学者无所适从，劳而无功。在这样的背景下，郑玄能够博通古今，博采众长，删繁就简，刊改漏失，阐明经学宗旨，为当时的学术树立了标杆。

东汉以后世代相传的经学，其主流既不是古文经学，也不是今文经学，而是郑玄开创的调和古今、并以儒家礼教为核心的综合性经学，从中可见郑学的地位和影响。

阅读链接

郑玄学术成就博大精深，但甘于淡泊，在当时有着非常高的声望。一代名士孔融，为人狂放不羁，十分傲慢，对郑玄却十分敬服，他急于拜访郑玄，乃至拖着鞋子登门。

孔融担任北海相时，还专门下令给高密县令，将郑玄所在的乡改名为“郑公乡”，所居里巷的大门名为“通德门”。黄巾起义爆发后，乱兵闯入山东，郑玄到徐州避乱。徐州牧陶谦待之以师友之礼，不敢因其布衣身份而轻视。建安元年，郑玄从徐州回高密的途中遭遇黄巾兵，不仅未遭侵害，数万起义的黄巾兵得知是郑玄后，反而齐齐下拜，并且相约不入高密县境。作为一个读书人，无权无势，却能受到狂士、高官、乱兵的共同礼遇，在中国历史上实属罕见。

宋明理学

由于旧有儒学缺乏理论性、思辨性，使其在发展过程中，不能完全满足需要，面临诸多挑战。为弥补其不足，发展到宋明时期，儒学逐渐吸收了道教、佛教的思想，形成了新儒学，称为理学。理学更富思辨性、哲理性，从更高的层次把握了自然与人的关系，使儒学更加成熟。

在中国哲学思想史上，宋明理学占有极其重要的地位。宋明理学以孔孟之道的儒学为主干，还吸收了道家、佛家的思想精华，建构了融通天、地、人的精致哲学体系。在建构这个精致哲学体系的过程中，涌现了众多儒学大师，他们为新儒学的产生和发展做出了贡献。

理学开山鼻祖周敦颐

儒学在汉代确立正统地位后，经历了魏、晋、南北朝时期和隋、唐代的演变。在这个过程中，由于玄学的兴起、佛教的输入、道教的勃兴及波斯、希腊文化的渗入，儒学的正统地位受到严重挑战。

周敦颐故居

中国在北宋时期结束了分裂割据的局面，重建一统。这时的儒学以儒家纲常伦理为核心内容，以精巧的哲学学说为理论基础，汲取佛、老思想营养，建立起了唯心主义理学。而北宋时期的理学开山鼻祖，就是当时的著名哲学家周敦颐。

周敦颐画像

周敦颐自幼聪慧，喜爱读书，在家乡道州营道地方颇有名气，人们都说他志趣高远，博学力行，有古人之风。

由于涉猎广泛，周敦颐接触到许多不同种类的思想。从先秦时代的诸子百家，一直到汉代才传入的印度佛家，他都有所涉猎，这为他以后精研古代奇书《易经》创立先天宇宙论思想奠定了基础。

在父亲病逝后，周敦颐随同母亲投靠衡阳的舅父郑向。郑向为龙图阁直学士。后来，郑向调任两浙转运使，周敦颐同母亲随迁润州丹徒县。

周敦颐仁义孝顺，深得舅父郑向的喜爱。因舅父的关系，周敦颐被准试做监主簿。在任职期间，他尽心竭力工作，取得了很好的政绩，深得百姓拥戴。

由于尽职尽责，深得民心，在试做监主簿以后，周敦颐历任州县地方官吏。后来，出任南安司理参军。第二年，南安有一囚犯，法不当死，而转运使王逵却决定严加处理。

众官虽觉得不当，但是他们慑于王逵的权势，都不敢出面讲话，周敦颐却据理力争，坚决要求按照律法处理。

周敦颐和他的朋友们雕塑

王逵不作理会，周敦颐便弃官而去，气愤地说："如此尚可仕乎？杀人以媚人，吾不为也。"

意思是，难道可以这样做官吗？用杀不该处死的人的办法来取悦上级的事情，不是我该做的。

王逵终于省悟，放弃了原来的意图，囚犯免予死刑。从这件事情上，可以看出周敦颐是一个办事认真、不畏强权的人。

二程的父亲大理寺卿程珦在南安认识了周敦颐，见他气貌非常人，与之交谈，更知其为学之道，同他结为朋友，随即将两个儿子程颢、程颐送至南安拜周敦颐为师授业。

通判 古代官名。在知府下掌管粮运、家田、水利和诉讼等事项。宋代时，为加强控制地方而置于各州、府，辅佐知州或知府处理政务，凡兵民、钱谷、户口、赋役、狱讼等州府公事，须通判连署方能生效，并有监察官吏之权，号称"监州"。

1056年，皇帝御笔钦点，任命周敦颐为合州，也就是今重庆合川区通判。那时，合州虽然已有一万多户人家，却没有一所全州学府，读书人不多。周敦颐决定把州学办起来，改变合州文化落后的状况。

合州城外嘉陵江东岸有一座山，名叫学士山，地处嘉、涪、渠三江汇合处。由山顶往山下望去，江水悠悠，白帆点点，风景幽美秀丽。

面对如此美景，周敦颐心想：这真是个读书的好地方啊，要是能把州学办在这里就好了。

他向附近的人们一打听，知道这个地方是合州大乡绅张宗范的私家花园。他决定登门拜访，与张宗范共商州学之事。张宗范十分崇敬周敦颐的学识人品，爽快地答应了他的请求，把整座花园无偿地捐献了出来。

州学成功办起来后，周敦颐邀请张宗范主持学政，广招学生千余人，不论贫穷富贵，只要天资聪慧，都一一收录。周敦颐又遍请天下文人学士前来讲学，大文学家苏洵、苏轼、苏辙等都曾应邀前来。

合州学子读书蔚然成风，人才辈出，每年都要出一两个进士，合州州学声名大振。张宗范也由地方乡绅一下变成了开明士绅，成了北宋乡绅的楷模。

据说，张宗范感到十分自豪，请来能工巧匠，在山顶修筑了一座八角亭，本想请周敦颐题写匾额八角亭，周敦颐却挥毫手书了“养心亭”三字，写毕，意味深长地解释：人，贵在养心也。

周敦颐为官三十年中，过着传道授业的生活，他做郴县县令时，首先，做的事就是建学校授徒；在合州时，跟他学

进士 中国古代科举制度中通过最后一级考试者。“进士”意为可以进授爵位之人。这个称呼始见于《礼记·王制》。元、明、清时，进士分为三甲：一甲三人，赐进士及第；二、三甲，分赐进士出身、同进士出身。

周敦颐塑像

习的人很多；在邵州即今邵阳，更是大开讲学之风。

他的立学宗旨，是注重道德修养，为数百年的理学开其端。他提出的一系列理学基本范畴，为二程、朱熹所继承和发展，因此人们才说他是理学的开山鼻祖。

周敦颐对《周易》十分感兴趣，很早就开始了对《周易》的研究，后来终于写出了他的重要著作《太极图说》和《易通》。

《太极图说》继承了道教的《太极图》。这篇短文简洁明了地阐发了他的宇宙生成论、人与自然的关系、修养方法等，提出了一系列理学的概念。

他所说的由无极而为太极，实际上是老子有生于无的翻版。他认为宇宙就是由无极中生出太极而形成的。由太极运动生阳，运动到了极点，转而为静，由静而生出阴；静到极点，又转为动。这样的一动一静，动根于静，静根于动。由此分出阴阳，于是天地就形成了。

阳变阴合，从而产生水、火、木、金、土五行，由五行之气的顺序流布，从而推动春、夏、秋、冬四季的运动。五行就是阴阳，阴阳就是太极，而太极又本于无极。这就是周敦颐的宇宙生成论。

《太极图说》还表明了周敦颐对人道的看法。他认为，在世间万物之中，只有人能得到天地的秀气而成为万物之灵。形既然产生，就有了神，而且有了知觉和思维能力。五行之性因感于外物而动，便分出善与恶，从而生出万事万物。

在《太极图说》中，周敦颐提出了“性五品说”。他认为，刚、柔、善、恶是人性的几个主要表现形式，刚柔与善恶相配而形成了刚善、刚恶、柔善、柔恶几种主要的人性类型。

周敦颐在《易通》中进一步指出了诚、神、几的范畴。诚指人的本性，神指人的思维能力。精神活动刚刚萌发而尚未明显时叫作几。

诚是《易通》中最主要的思想。在周敦颐看来，诚是圣人的根

本，是万物生命的根源。也可以说诚就是太极，是宇宙的中心，是一种绝对精神，是寂然不动的根本。

周敦颐把诚作为儒家修养的中心。他认为，诚是一切道德行为的根源，凡是不基于诚的行为都是不道德的。静无动有就是诚的内容，寂然不动即静虚，是诚的主体。

周敦颐的性五品说与诚、神、几范畴构成了他的伦理学说，建立了“立人极”的道德伦理思想，即指做人的最高标准，符合这最高准则的便是“圣人”。其内容是中、正、仁、义，其方法是“无欲”“主静”“迁善改过”等。这些思想开理学家重道德伦理之端，并且影响深远。

颜渊是孔子称赞的最有修养、最能吃苦、最善于学习的弟子，他终生贫困，但毫不在意，以读书学习为乐。由于颜渊的突出表现，他位居孔子弟子七十二贤人之首，后世称为“亚圣”。

周敦颐将颜渊推为洁身型贤人，并提出“学颜子之所学”，就是提倡对“圣人之道”要有坚定的信念，在各种环境与场合中，自觉坚持仁义忠信的原则。即使在箪食瓢饮、身居陋巷的极端贫困中，也能不改其乐，做到“心泰而无不足”。

周敦颐让受学于他的二程“寻孔颜乐处，所乐何事”，即让二程学习颜渊的这种学习精神和学习态度。“二程之学亦由此而发端”。“孔颜乐处”从此随着理学的产生、发展而逐渐家喻户晓。

周敦颐的“孔颜乐处”思想具有重要的理论价值，其历史价值促进了儒家学说的完善与发展，使儒学顺利发展到理学阶段。

周敦颐创立了理学的哲学体系，他从佛、道二教中汲取了许多儒学所没有的东西，建构了一个容纳自然、社会、人生为统一体系的格式，提出了宋明理学的主要概念范畴，后来的理学家所做的工作，只是使这个体系更加严密、更加系统而已。

阅读链接

周敦颐酷爱雅丽端庄、清幽玉洁的莲花，在出任知南康军时，在府署东侧挖池种莲，名为爱莲池，池宽十余丈，中间有一石台，台上有六角亭，两侧有“之”字桥。他盛夏常漫步池畔，欣赏着散发出缕缕清香的莲花，口诵《爱莲说》，自此莲池名震遐迩。

《爱莲说》是一篇议论散文。1063年，周敦颐与沈希颜、钱拓共游雩都罗岩，有诗刻石。后来沈希颜在雩都善山建濂溪阁，请周敦颐题词，周敦颐遂作《爱莲说》相赠，表明了他对莲花“出淤泥而不染，濯清涟而不妖，中通外直，不蔓不枝；香远益清，亭亭净植，可远观而不可亵玩焉”的赞赏。

儒学的集大成者朱熹

理学发展到南宋时期，终于迎来了一位集新儒学思想之大成的哲人，他就是南宋中期学术成就最高、影响最大的一代名儒朱熹。

朱熹，小名沋郎，字元晦，号晦庵，祖籍南宋江南东路徽州府婺源县，出生于南剑州尤溪。朱熹受教于父，他的父亲朱松曾得充福建政和县尉小官，携全家赴任，后调任尤溪县尉。朱熹降生不久，朱松升任朝廷秘书省正字职，但因反对秦桧主和，被逐出朝廷。

朱熹画像

朱松回到福建建阳家中。朱熹随父在建阳度过了他的童年。朱熹从小聪

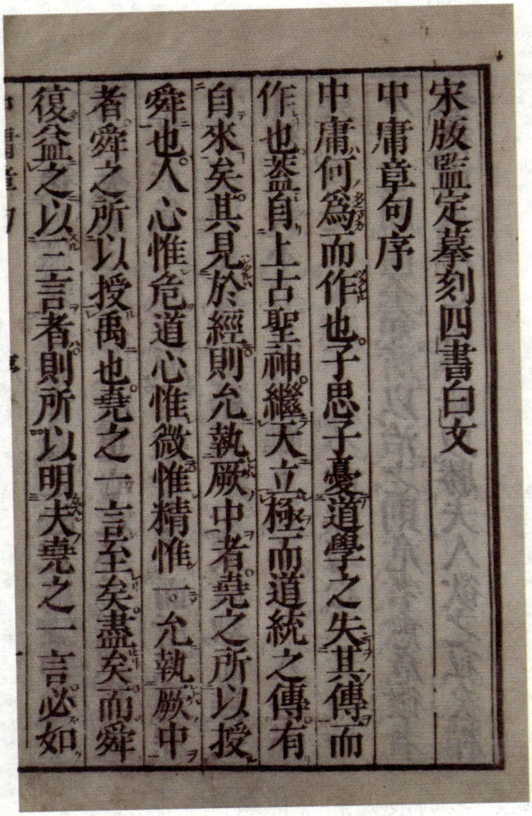
宋版監定摹刻四書白文
中庸章句序
中庸何爲而作也子思子憂道學之失其傳而作也蓋自上古聖神繼天立極而道統之傳有自來矣其見於經則允執厥中者堯之所以授舜也人心惟危道心惟微惟精惟一允執厥中者舜之所以授禹也堯之一言至矣盡矣而舜復益之以三言者則所以明夫堯之一言必如

■朱熹《中庸章句序》书影

慧过人，且勤于思考，学业大进，8岁便能读懂《孝经》。

他入学之后跟从老师读书，老师便教他读《孝经》，他看过一遍，就在书上写道：“不能像这样去做，就不能算作一个人！”

朱熹14岁时，父亲去世，他从父命受学于父亲的友人胡宪、刘勉之等。胡宪、刘勉之所授的皆为道学。当时的道学家一部分排佛，一部分醉心学佛，胡宪、刘勉之等皆属后者。朱熹既热衷于道学，同时于佛学也有浓厚兴趣。

1148年，经过科举考试，朱熹进士及第，授予左迪功郎、泉州同安主簿，开始了仕途生涯。

1160年，朱熹31岁时，正式拜程颐的三传弟子李侗为师，专心儒学。李侗非常欣赏这个学生，替他取字“元晦”。从此，朱熹开始建立理学这一套客观唯心主义体系。

在宋金关系紧张之际，朱熹上奏皇帝，提了三项建议：一是讲求格物致知之学；二是罢黜和议；三是任用贤能。

朱熹的奏章获得了宋孝宗的赞赏，他召见了朱熹。朱熹由此声名鹊起，更为人所关注。

秘书省 古代官署名，又名兰台、麟台，东汉桓帝始置秘书监一官，掌管图籍，先属太常寺。三国魏时曾属少府。南朝梁后改为省，置监、丞等官；唐代秘书省曾改称兰台、麟台。元代并入翰林国史院，明代时归属翰林院。

1167年，八月金秋，秋高气爽，朱熹偕学生林用中、范念德从福建赶赴湘江畔的长沙城。一路上，朱熹一行无暇他顾，渡过湘江，赶往岳麓书院，与张栻会讲三月。

考虑到所讨论问题的重要性，朱熹和张栻决定采取会讲的方式，公开辩论，以求得更大范围的解惑。

会讲的主要议题是“太极”和“中和”。朱张会讲，盛况空前，学生多达千人之众，其声势为全国之最。据说，岳麓书院的走廊、庭院到处都是前来听讲的人，他们骑来的马匹，竟然将大门前水池中的水都喝干了。

朱张会讲，双方你来我往，辨析质疑，议论风声。会议持续三天，三天里，许多重要的儒学概念，如“中和”“太极”“仁”，都在讨论之列。

一人先立论陈述，另一人则指出其不足，前一人

岳麓书院 中国古代著名的四大书院之一。976年，潭州太守朱洞在僧人办学的基础上，正式创立岳麓书院。之后，历经宋、元、明、清各代，至清末光绪二十九年，即1903年改为湖南高等学堂。

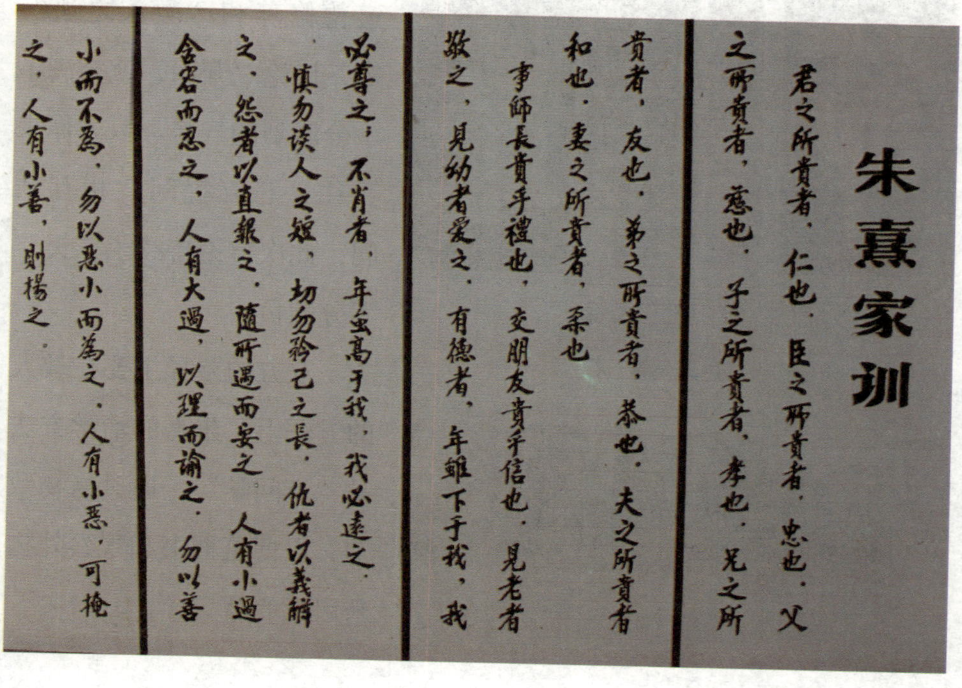

朱熹家训屏风

或辩驳，或补充，如此循环往复。会讲妙语、妙论迭出，令听者大呼过瘾，并为之拍案叫绝。

会讲中，朱熹接受了张栻的部分观点，而张栻也接受了朱熹的部分观点。这次会讲对扭转湖南学风起到了重大作用，从此，湖南学者逐渐抛弃了急迫争强好胜之风，开始注重涵养，心态日趋平正。

会讲后，四方学生接踵而至，岳麓书院地因人重，名扬天下，大批游学的士子前来研习理学。自此之后，儒学才去短集长，臻于成熟。

1180年，张栻不幸离世，弟子转投他人门下，书院一时寥落。1194年，朱熹任湖南安抚使，重整岳麓书院，亲自讲学。岳麓书院东山再起，再度繁荣。

北宋朱熹手迹

1175年，朱熹与吕祖谦、陆九渊等会于江西上饶铅山鹅湖寺进行学术讨论，是为著名的“鹅湖之会”。

鹅湖之会的讨论中心是道德修养和“教人之法”等，讨论一开始，就充满了十分激烈的气势。双方你来我往，相互提问，相互诘问，此次辩论持续了三天，不分胜负。

双方的差异主要在教人的方法上。朱熹的治学方法是“道问学”，通过格物致知，以博览群书和观察外物来启发心智。

而辩论的另一方陆九渊则主张“尊德性”，要“发明本心”，认为一味读书穷理，不过如同蛆虫吞食书本，对人认识自己的本心毫无裨益。可以说，双方各有优胜之处，需要相互融通互补。

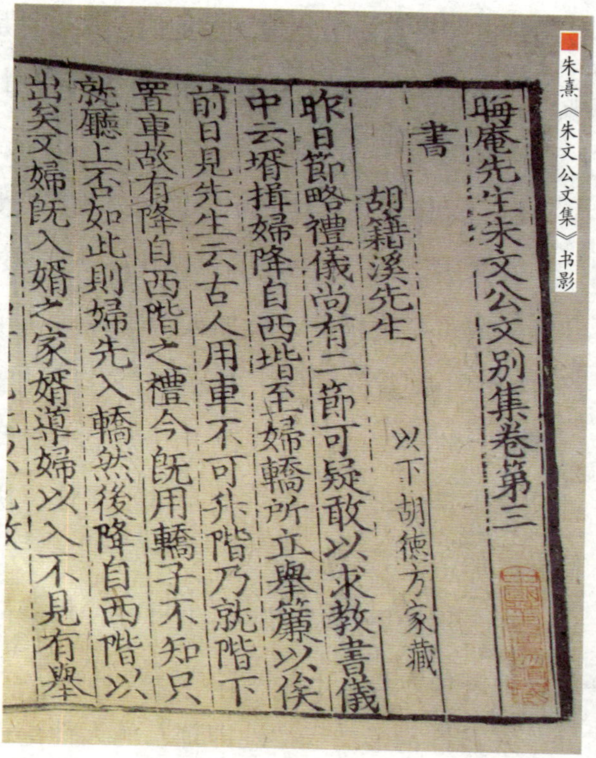
晦庵先生朱文公文别集卷第三
書
胡籍溪先生　以下胡德方家藏
昨日節略禮儀尚有二節可疑敢以求教書儀
中云壻揖婦降自西階至婦轎所立舉簾以俟
前日見先生云古人用車不可升階乃就階下
置車故有降自西階之禮今既用轎子不知只
就廳上否如此則婦先入轎然後降自西階以
出矣又婦既入婿之家婿導婦以入不見有舉

朱熹《朱文公文集》书影

鹅湖之会虽无定论，朱熹和陆九渊的分歧也没有弥合，但这种良性的学术互动，对理学发展却产生了推动作用。

朱熹讲学以穷理致知、反躬践实以及居敬为主旨。他继承二程，又独立发挥，形成了自己的体系，称为程朱理学。

朱熹在从事教育期间，对于经学、史学、文学、佛学、道教以及自然科学，都有所涉猎或有著述，著作广博宏富。

朱熹学说的最高范畴是“理”，他认为“理”是宇宙万事万物的本原。理在天地之先就有了。有了“理”才生出天地，要是没有理就没有天地，也没有人物，而“理”又是永恒不变的。

朱熹认为“理”相当于“道”，是无形的。“气”也是“理”产生出来的；“气”再生万物。关于“理”与“气”的关系，“理”在“气”中，“气”体现了“理”。“理”与“气”两者是相辅相成的，分不开的，故天下之物莫不有“理”。

朱熹所说的“理”相当于周敦颐所说的“太极”，朱熹认为天地之中有“太极”，万物之中也有“太极”。这就是说，天地万物都有“太极”，也即只有一个“理”。他说：太极只是天地万物之理，在天地来说，则天地中有太极；在万物来说，则万物中各有自己的太极。

即总的说来，天地万物之“理”，就是“太极”，它本身只有一个，但它又体现在天地之中，因此万物之中也有它。

朱熹用“一月映万川”做比喻，形象地说明了这个问题。他说“理”或者“太极”，就如天上的月亮一样，只有一个，但体现在万事万物之中，就像月亮映在无数江河湖泊里一样，到处都能看得见。

朱熹使儒家的伦理规范上升为宇宙之理，获得了形而上学的普遍性和至上性。他对“理”的宇宙本体地位从理论上展开了比其他宋代儒学更加精密的论证。

在二程的思想基础上，朱熹进一步论证天理与人欲。对于儒家道统，他解释为要真正掌握恰到好处的道理，就是要达到无过无不及。

朱熹肯定了二程“性即理”的人性论，认为人性是先天赋予的，从这个角度来看，人性是没有不善的，但实际上人有善与不善的区别。朱熹认为，其原因在于各人所禀受的“气质”有清浊的不同，禀受其清者性善，禀受其浊者不善。

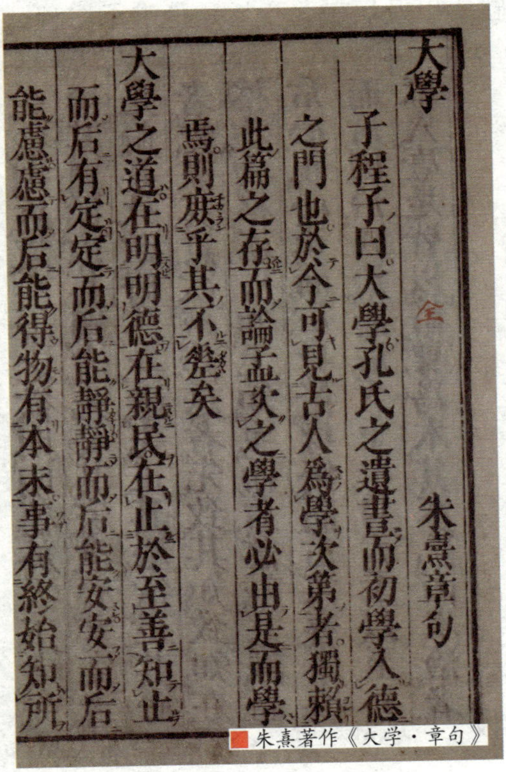
大學 朱熹章句
子程子曰大學孔氏之遺書而初學入德之門也於今可見古人爲學次第者獨賴此篇之存而論孟次之學者必由是而學焉則庶乎其不差矣
大學之道在明明德在親民在止於至善知止而后有定定而后能靜靜而后能安安而后能慮慮而后能得物有本末事有終始知所

朱熹著作《大学·章句》

朱熹的哲学思想具有辩证法的因素，他看到了某些矛盾运动的现象，比如人的呼吸运动：如果只往外呼气而不吸气的话，就会气绝；如果只吸气，而不往外呼气的话，也必然会阻塞。这就是矛盾双方的相互依存。

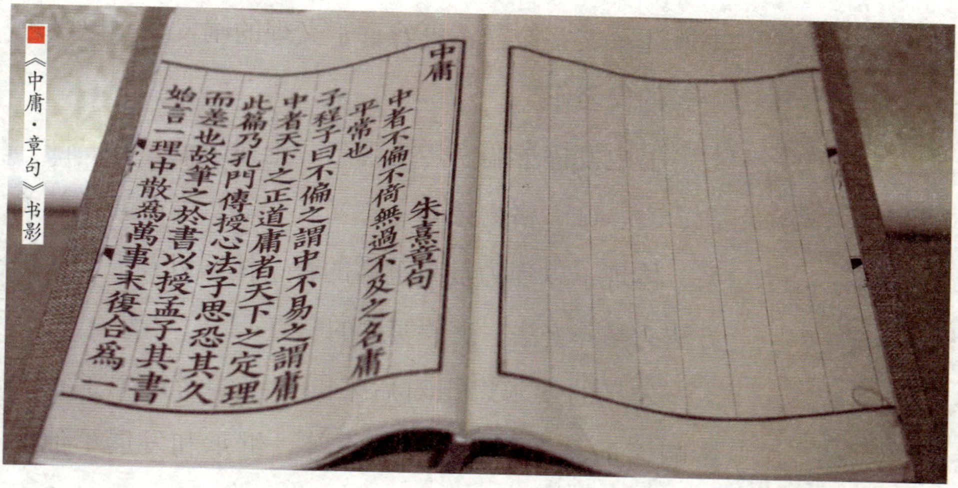

《中庸·章句》书影

朱熹也认识到事物有逐渐变化的规律，从而提出了阴阳互相消长的渐变说。他认为，任何形气的变化都不是突然发生的，不是突然地前进，也不是突然地亏损。比如，平时经常见面的人，并不会感觉到对方长得很快。

朱熹还把事物的发展分为“元亨利贞”四个阶段。他以谷的生长为例说，萌芽是元的阶段，苗是亨的阶段，穗是利的阶段，结谷是贞的阶段。然后谷子又能再萌芽，以至于循环无穷。他把发展归结为无限的循环，从而堕入循环论。

朱熹的新儒学思想远承孔孟，近学二程，同时吸收佛、老哲理方法，融入儒学，形成儒学思想的成熟理论形态。宋明理学发展到朱熹，已趋于成熟阶段，此后便走向衰落和瓦解。

朱熹总结了以往唯心主义在与唯物主义做斗争时的经验教训，把中国的唯心主义哲学推向了一个新的高度，虽然在他以后，不乏优秀的唯心主义理学家，但从思想深度和高度来看，没有人超过他。

在南宋以后，朱熹的理学成为各个封建王朝的御用儒学思想，他所作的《四书集注》成为各朝开科取士的金科玉律。

《四书集注》是朱熹为《大学》《中庸》《论语》《孟子》所作的注，是朱熹哲学思想的重要代表作，也是宋明理学的权威性著作。该书既注重文字诠释，更着重于义理的阐发，是以义理解经的代表作。

书中发挥了儒家传统观点，论述了道、理、性、命、心、诚、格物致知、仁义礼智等哲学范畴及其关系，体现了以理为最高范畴的哲学体系以及强调认识方法、修养方法、道德实践的特点。

朱熹的学术思想对后来的一些学者产生了重大影响，王夫之、李恭、戴震等，继承和发展了他的“理”与“气”、“道”与“器”、“致知”与“格物”、“天理”与“人欲”等的有关思想，开辟了清代的儒学风气。

朱熹一生著作甚丰，且门类很多，《诗》《书》《易》《礼》《春秋》无不涉及，《四书章句集注》

《大学》 儒家经典“四书”之一，《大学》原是《礼记》第四十二篇，撰成在战国末期至西汉之间，相传为孔子的弟子曾子所作。宋代程颢、程颐曾分别将它从《礼记》中抽出来加以改编，使之独立成篇。朱熹将它和《论语》《孟子》《中庸》合编为“四书”。

■朱熹蜡像

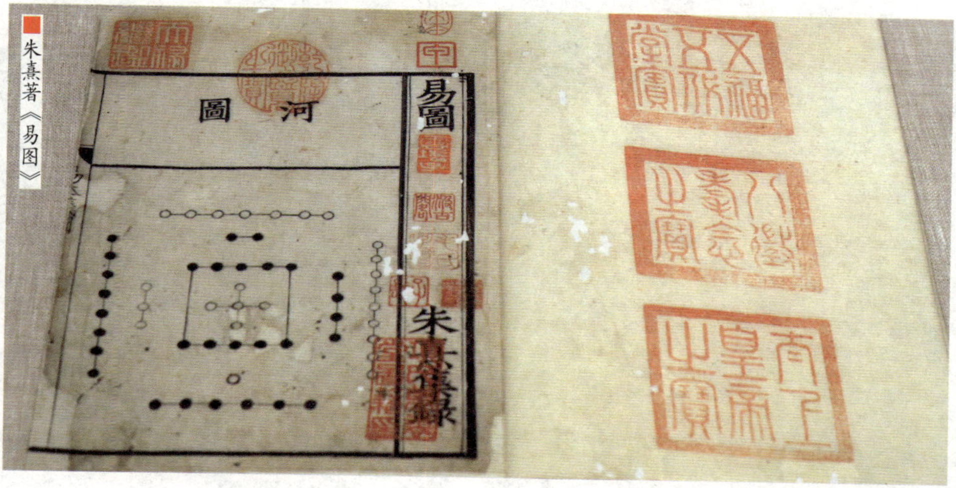

朱熹著《易图》

《四书或问》是其代表作。经学方面有《诗集传》《周易本义》《易学启蒙》《孝经刊误》等。史学方面有《资治通鉴纲目》《八朝名臣言行录》等。

他编纂的《伊洛渊源录》《近思录》及《程氏遗书》《程氏外书》《太极图说解》《通书解》等，可看作理学史著作的萌芽。

此外，朱熹的诗、奏章、书信、论著被汇编为《朱文公文集》，他的学生将他讲学的问答编成《朱子语类》。

阅读链接

朱熹是个虚怀若谷之人，具有博大的胸怀，对于异己之见，能够吸收，对于对手，也能做到尊重接纳。鹅湖之会五年后，朱熹任职南康军，重修白鹿洞书院后，邀请陆九渊前去讲学。陆九渊的讲学非常成功，很多人都当场落泪，朱熹也很受感动，命令门人将陆九渊的讲稿刻在石碑上，并亲自作跋，赞扬他讲得透彻明白，切中学者心病，令听者倏然心动，并表示自愧不如。

理学家吕祖谦对这次讲学也非常关注，他给朱熹写信询问陆九渊跟鹅湖之会时相比，观点是否有所改变。朱熹欣然回信。从信中可知，尽管二人仍然存在很大的“门户之见”，但彼此已能坦诚相待，从善而归。

心学集大成者王守仁

宋代之后，理学继续发展，至明代，心学的出现，标志着理学发展到了一个新阶段。而集明代心学之大成者当属王守仁，他精通儒家、道家、佛家之学，将心学发展成为“知行合一”的哲学理论，使其更易于社会实践。

王守仁画像

王守仁于1472年10月生于浙江绍兴府余姚县，幼名云，字伯安，别号阳明。

王守仁母亲早亡，父亲又忙于科举考试，因此11岁前在祖父王伦的培养下成长。读书时，抱着“读书学圣贤”的志向。

王守仁后随父亲王华到北京任所，一度热心骑射，继又研习兵法。在京读书时，有一

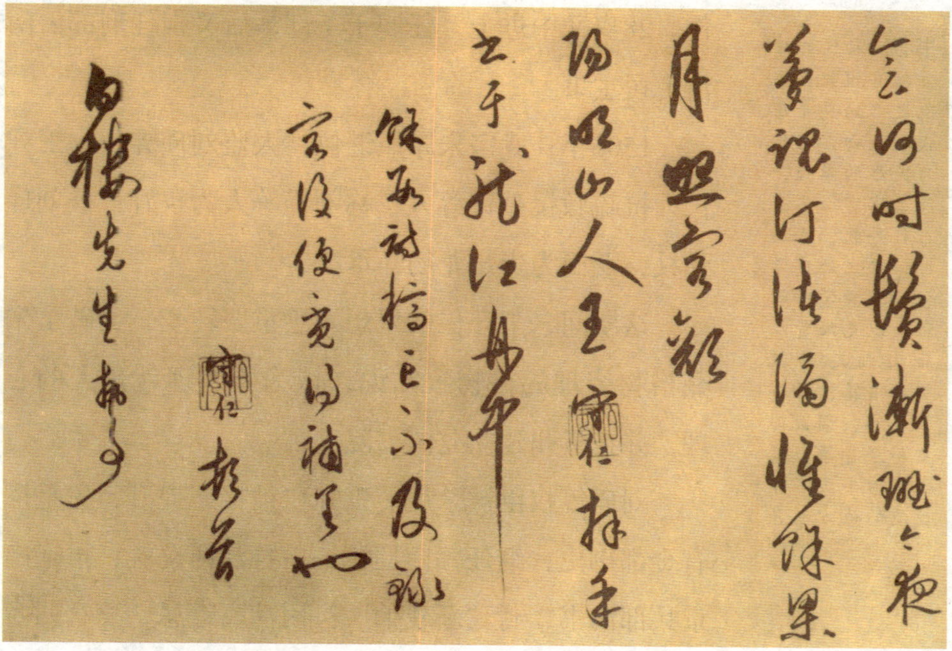

■王守仁书法

次，他问老师：“人生最重要的事情是什么？”老师回答道：“莫过于科举中进士！”

王守仁不以为然，反驳说：“举进士不能算第一等事，读书学做圣贤，才是头等大事。”言谈中可见其志向远大，此时，王守仁仅仅12岁。

王守仁18岁时在回余姚的途中拜访程朱派学者娄谅，娄谅向他介绍了朱熹的格物说和圣人可学而至的思想，使他很受启发。

为了实践朱熹的“格物致知”，有一次王守仁下决心穷竹之理，“格”了七天七夜的竹子，什么都没有发现，人却因此病倒。从此，他对“格物”学说产生了极大的怀疑。

格物不得其门，王守仁遂转向“词章之学”，这一时期，他的主观唯心主义世界观开始形成。

21岁时，王守仁便中乡试，于是遍读了朱熹著

乡试 中国古代科举考试之一。唐宋时称“乡贡”“解试”。由各地州、府主持考试本地人，一般在八月举行，故又称“秋闱”。金代以县试为乡试，由县令为试官，取中者方能应府试。明清两代定为每三年举行考试一次，考中者原则上即获得了选官的资格。

作。28岁又中进士，任职于工部，后又担任刑部云南清吏司主事。

1506年，武宗朱厚照继位，太监刘瑾弄权，王守仁因抗疏救援戴铣等人，称刘瑾等人为权奸，被刘瑾廷杖，贬谪为贵州龙场驿丞。

这期间，王守仁的思想发生重要转变，突破了朱熹格物穷理的格物致知说，认为所谓理就是人的心理，并在贵州建立龙冈书院。

刘瑾等权臣被杀后，王守仁被接连提升，先是擢右佥都御史，继任赣南巡抚，后拜江西巡抚，再迁南京兵部尚书，封“新建伯”。因功高遭忌，辞官回乡讲学，在绍兴、余姚一带创建书院，宣讲“王学”。

王守仁从34岁开始，就从事讲学活动，直至去世。其中绝大部分时间均是一面从政，一面讲学。他

书院 宋代的地方教育组织。书院之名始见于唐代。最初，书院为民办的学馆，原由富室、学者自行筹款，于山林僻静之处建学舍，或置学田收租，以充经费。后由朝廷赐敕额、书籍，并委派教官、调拨田亩和经费等，逐步变为半民半官性质的地方教育组织。

王守仁书法

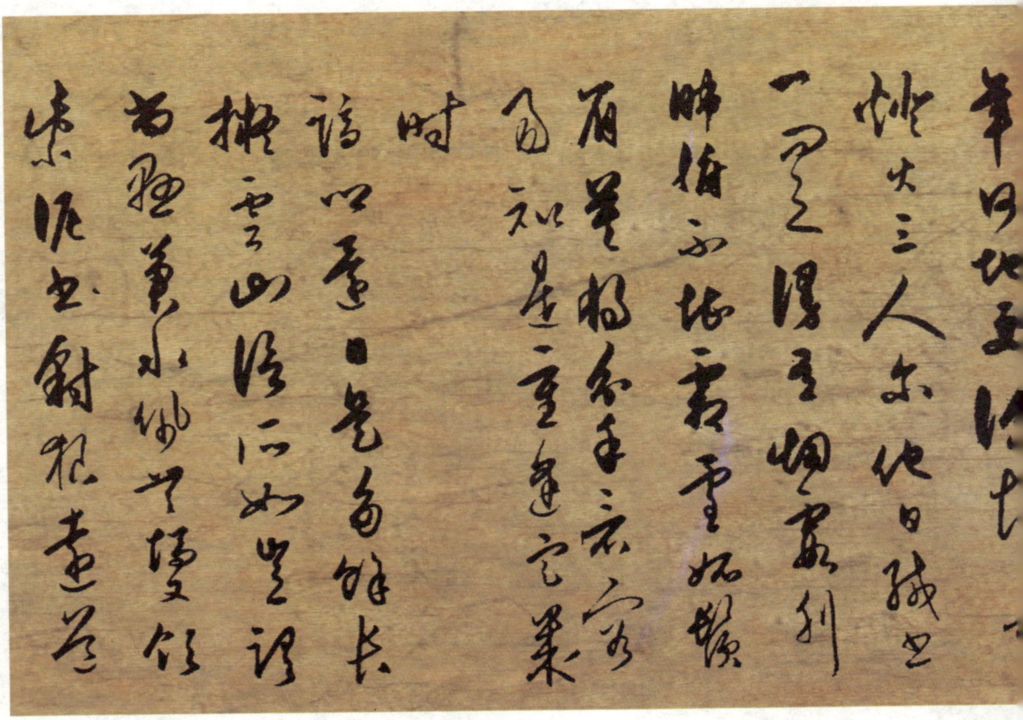

所到之处，讲学活动不断，并热心建立书院、兴办社学、建立学校，对明代中期讲学之风的兴起和书院的勃兴起到了一定的推动作用。

明代中期，程朱理学仍然是官方哲学，王守仁在青年时代曾信奉朱熹的哲学。但是，由于他遭受贬谪，有机会接触下层社会，对程朱理学的弊病便有了深刻的认识。

当时朱熹等理学家注释的“四书”“五经”，成了科举考试的标准答案。读书人只有背熟《四书集注》，才能考取功名。

至于理学家们身体力行的道德修养，由于其方法的烦琐和陈腐，逐渐被人们抛到脑后去了，从而形成了空谈性理而道德沦丧和腐败的学风，并由此而影响到社会风气的颓废与败坏，致使明王朝的统治面临严重的危机。

这个弊病使王守仁抛弃程朱理学而向陆九渊的心学靠拢，并大大地发展了陆九渊的心学。王守仁的诸多观点与朱熹的观点大相径庭，朱熹将《大学》一书分为经传，并补写格物致知传；王守仁则认为原

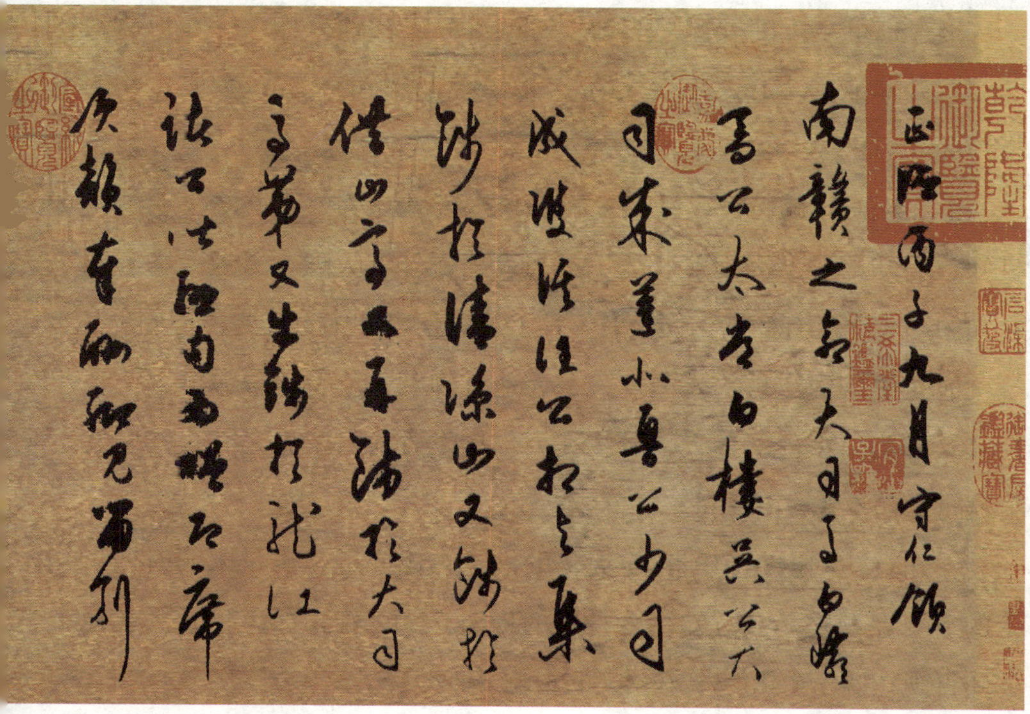

王守仁画像

无经传可分，更无经传可补。

朱熹重视“格物致知”，把它置于“诚意”之先；王守仁则认为格致本于诚意，以诚意为主。朱熹将心与理析而为二，把知与行分离开来；王守仁则主张心与理一，知与行合。朱熹以格物为穷理，注重外界一事一物之理，要求对经典的一字一句细心理会；王守仁则认为朱熹这种方法是务外遗内、博而寡要，他以格物为正心，要求发挥良知的作用，以良知为评判事理的标准和解释经典的根据。

王守仁继承了陆九渊“心即理”的思想。同陆九渊一样，他认为“心”并非血肉之心，是指人的感性认识和更高的支配人视听言动的指挥部。

王守仁心学的特点是他的“良知说”。他认为，人心之灵明就是良知，良知即是“天理”，故不可在良知之外求天理。天地万物皆从良知中产生。没有良知，便没有天地万物，但良知为人心之所固有。

他又说，良知是“天渊”，是天地万物发育流行的根源，因此，良知又称为“太虚”。天地万物在太虚中发育流行，就是在良知中发育流行，而不在良知之外。

“知行”问题是中国哲学史上的一个古老问题，也是宋明时期讨论的重要课题之一。“知行合一”的提法，为王守仁所首创，因此他的知行观在儒学史上产生了较大的影响。

王守仁不赞成朱熹的知先行后说，他认为“知”与“行”两者是合二而一的。他的“知行合一”以“心即理”，也就是以心理合一为理论基础。

他认为把知行分为两件事，就会产生不良的后果。当人有某种意念萌发时，这种意念虽然是不好的，但因为并没有付诸行动，就不去禁止，所以他要提倡“知行合一”。

王守仁认为，要做到“知行合一”，首先要能够静下心来，摒弃自己的私心杂念。光是自己坐在那里想还是不行的，如果人老是坐在那里“冥思苦想”，坐久了就会出现一些问题，比如“喜欢安静，讨厌活动”，因此人还要多多“事上磨炼”，做到“知行合一”，这才是道德的完成。

王守仁曾经举过一个例子来说明他的“知行合一”的观点。例子是这样的：

当有一个人看见一个小孩子掉到井里面，必然会动恻隐之心，倘若顺着这种恻隐之心的自然发展，他必定会奔走呼救，这就是“知行合一”，也就是王守仁所说的“知是行之始，行是知之成”。

但是，倘若这个人此时转念，畏惧艰险，或者因为和孩子的父母关系不好而不施援手，那就说明是有“知”而“无行”了。

王守仁（1472—1529），明代著名的思想家、文学家、哲学家和军事家，陆王心学之集大成者，精通儒家、道家、佛家。他和孔子、孟子、朱熹并称为孔、孟、朱、王。他的学术思想传至日本、朝鲜半岛以及东南亚等地。谥文成，故后人又称他为王文成公。

■ 王守仁碑刻

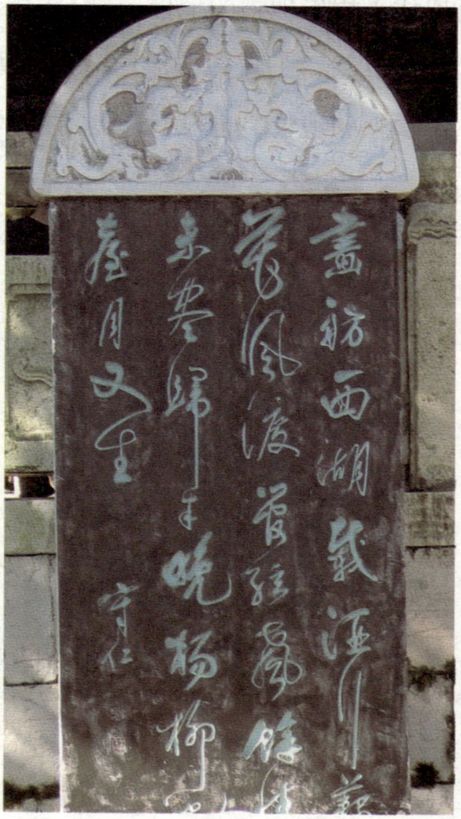

王守仁的“知行合一”说混淆了“知”与“行”的差别，仍然是唯心主义的。但是比朱熹的“知先行后”说，更重视了“行”在认识中的作用。这种知行观在当时的出现是有积极意义的，可以说促进了知行观的发展。

在为学问题上，王守仁同陆九渊一样，主张“简易”，反对“支离”“简易”到连“六经”也不必多读，而应把重点放在发展“心学”上面。

像陆九渊一样，王守仁把自己的学说标榜为心学。他所构建的以“致良知”为核心内容的心学体系，在理论形态上把宋明理学推向了最高的顶峰。

王守仁的心学思想突破了“天理”的一统局面，打破了人性品级的区别、等级的划分，有着巨大的现实意义，产生了重大影响，一度取代了程朱理学的地位，左右中国思想界长达百年之久。

虽然，王守仁的心学思想体系存在某些弊端，但这并不影响它在儒学上的地位，也没有减弱对后世的巨大影响。

阅读链接

王阳明的文学成就也很高，他一生中写过许多文章，著作有《王文成公全书》，全书共38卷，这本书比较集中地反映了他的心学思想。另外，他被收入《古文观止》的文章有两篇，都是在贵州所作。一篇是千古不磨的《瘗旅文》，激情所至，一气呵成，哀吏目客死他乡的悲凉，叹自己落魄龙场之不幸，抒发忧郁愤懑之情怀，如泣如诉，句句是泪，字字是血，令人读后莫不黯然垂泪。

另一篇是《象祠记》，这是受贵州宣慰司宣慰使安贵荣之托而写的，阐述了“天下无不可化之人”的哲理，萌发出“致良知”的思想。

经世致用

走向实践

从明末到清末，儒学朝着经世致用的方向发展。经世致用指学问必须接受实践，有益于国家。这个口号由明清之际思想家顾炎武等提出。顾炎武等人认为学习、征引古人的文章和行事，应以治事、救世为急务，反对理学家不切实际的空虚之学，对后人影响很大。

清初，顾炎武正式提出了“经学即理学”的说法．黄宗羲提倡学者必须首先研究经学，到清代中期，经学考证已成风气。“道问学”在儒学中居主导地位，戴震是其重要代表之一，体现了不凡的作用。

顾炎武的经世致用之学

顾炎武，原名绛，字忠清，号亭林，学者尊其为亭林先生。明朝灭亡后，改名炎武，字宁人，江苏昆山市人。顾炎武知识渊博，与黄宗羲、王夫之并称“明末清初三大儒”。

顾炎武画像

顾炎武生于1613年，那个时候的处于明万历年间，由于明代封建王朝衰败，国力削弱。东北满族领袖努尔哈赤乘机而起，不再接受明代朝廷的统辖，先于1616年建立地方性政权，国号大金。

后来，努尔哈赤的儿子皇太极将金改称为清。明王朝为了同实力不断扩大的后金作战，导致国内矛盾加剧。顾炎武的童年时代，所面临的就是这样一个严峻的社会现实。

顾炎武出生于一个没落的官僚世家，自幼过继给孀居的叔母。叔母知书达理，不仅以《大学》之道教其立身，而且时常给他讲述明初刘基、方孝孺、于谦等人的报国业绩，在做人方面给他启迪。

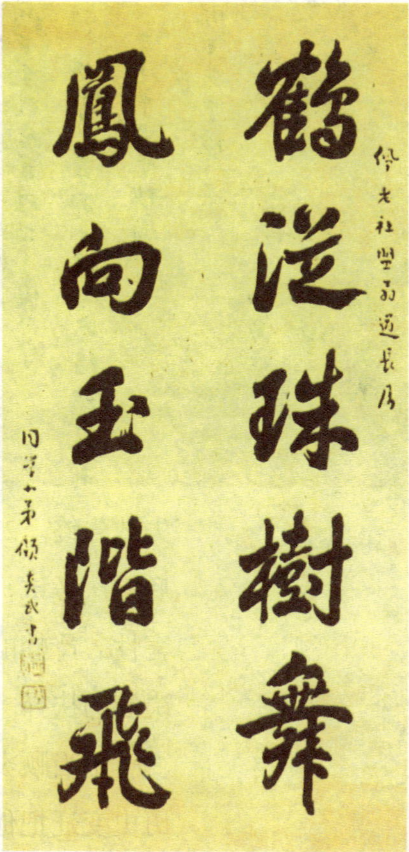

顾炎武手迹

顾炎武从9岁起，便不间断地读古代的历史名著如《史记》《左传》《战国策》《国语》《资治通鉴》等，还认真地读了像《孙子》《吴子》一类古人谈军事的书。这和他以后儒学思想的形成有着很大的关系。

14岁时，顾炎武取得诸生资格后，与同窗归庄兴趣相投，遂成莫逆之交。到18岁时二人前往南京参加应天乡试，共入复社。二人个性特立耿介，时人号为“归奇顾怪”。

实际上，顾炎武和归庄是当时称得上优秀之才的年轻人。他们对社会现状有着同样的看法，对当时败坏的社会风气都深恶痛绝，志向远大，两人可以说是志同道合，并非是特立独行的孤傲之人。

借助于进步组织复社，顾炎武和归庄同各地来的读书人一道，既论文又议政，抨击朝廷中的贪官污吏，议论国家大事。

顾炎武连续参加了几次举人的资格考试，但均以

《吴子》 又称《吴子兵法》《吴起兵法》，是一部兵法著作。提出的以治为胜，赏罚严明，主张在军队实行“进有重赏，退有重刑”。

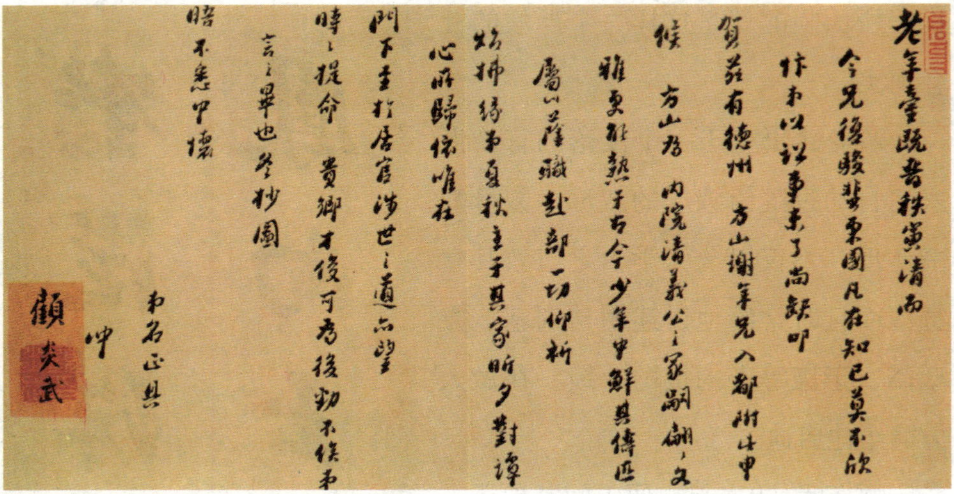

顾炎武手迹

失败告终。27岁时，是他为取得举人资格而进行的最后一次考试，在遭受失败后，他认识到科举制度的危害性。严峻的社会现实，更促使他做出了同科举制度决裂的抉择。

正当顾炎武在求学道路上探索之时，明清更迭的历史变迁把他赶出了书斋。他辗转于太湖沿岸与各地抗清志士秘密往来。1657年秋，45岁的顾炎武将家产全部变卖，只身北上，开始了此后二十多年转徙不定的游历生涯。

有时直接走过平原旷野时，没有什么值得留意的，顾炎武就在马背上默读各种经典著作的注解疏证；偶尔有忘记的，就立即在附近街市中的客店打开书仔细认真地反复查看。从中可见顾炎武的勤奋和务实的精神。

在这期间，顾炎武除陆续撰写大量的诗文杂著外，把很多时间都用于他一生最重要的代表作品《日知录》的写作上。

科举制度 历代封建王朝通过考试选拔官吏的一种制度。由于采用分科取士的办法，所以叫作科举。科举制从隋朝大业三年，即607年开始实行，到清朝光绪三十一年，即1905年举行最后一科进士考试为止，经历了约一千三百年。

顾炎武广泛涉足经学、史学、方志舆地、音韵文字、金石考古以及诗文等学，在众多的学术领域取得了卓越的成就。除《日知录》外，相关著作还有《音学五书》《军制论》《天下郡国利病书》《金石文字记》等。

顾炎武可以说是清朝的“开国儒师”“清学开山”的始祖，他在性与天道、理气、道器、知行、天理人欲诸多范畴上，都显示了与程朱理学不同的为学志趣。

他提倡经世致用，反对空谈，注意广求证据，提出：“君子为学，以明道也，以救世也。徒以诗文而已，所谓雕虫篆刻，亦何益哉？”

此话的大意是：大丈夫之所以学习，是为了明白事理，为了济世救民。如果只是为了吟诗作赋，玩文字游戏，那就成了所谓的雕虫小技，又有什么用处呢？

顾炎武为学以经世致用的鲜明志趣，朴实归纳的考据方法，创辟路径的探索精神，及其在众多学术领域的成就，开启了一代朴实学风的先路，给予后世学者以极为有益的影响。

顾炎武锋芒所向，首先便是王阳明心学。在他看来，明末的国家动荡

顾炎武手迹

■顾炎武像

不安，政权不稳，以致亡国，正是王阳明心学空谈误国的结果。

在他看来，心学不是儒学的正统，不符合孔孟之论。因为以“性与天道”为论证对象的宋明理学不顾国家安危，不去考经据典，而是津津乐道于性与天道，实际上就已经堕入禅学泥潭。

在宇宙的本体这个问题上，顾炎武同张载一样，主张气本论。他认为充满天地间的是气，一切存在的都是气的聚散，人心不过是物质的精气。这是一种“唯物”的观点，这种观点明显要先进于宋明理学的唯心论。

程朱理学讲“格物穷理”。顾炎武也讲“格物致知”，在他看来，“格物”之“物”，既不是“鸟兽草木”，也不是性与天道，而是国家治乱的源泉、人民生活的根本，是保卫国家民众的责任。

这样的“格物观”表明，它既不同于王守仁的“致良知”，也不同于朱熹的“穷理”，实际上已冲破理学的藩篱，将视野扩展到广阔的社会现实中去了。

顾炎武把经学视为儒家正统，在他看来，不去钻研儒家经典，而沉溺于理学家的语录，就叫学不知本。

因此，顾炎武主张要“博学于文”，意思就是要饱读圣人之学，熟读儒家经典。顾炎武“博学于文”为学宗旨的一大特色，他不仅强调读书，而且提倡走

禅学 禅主要是人的一种精神修持方法，是信奉者的一种体悟真理或最高实在的方法，是其摆脱外界干扰，保持内心平静的方法。禅学从印度传入中国后，在中国发展十分迅速。

出书斋、到社会中去考察。他说：

> 人之为学，不日进则日退。独学无友，则孤陋而难成。……犹当博学审问。……若既不出户、又不读书，则是面墙之士，虽子羔、原宪之贤，终无济于天下。

士大夫 旧时指官吏或较有声望、地位的知识分子。士大夫出现于战国，在此以后，通过竞争性考试选拔官吏，形成了一个特殊的士大夫阶层，即专门为做官而读书考试的知识分子阶层。士大夫是中国历史上的一个特有产物。

他提倡读书与考察相结合的方法，就是后来所说的理论和实践相结合的方法。这个方法的提出和运用，开创了清初实学的新风。

有鉴于明末清初有些学人和士大夫寡廉鲜耻、趋炎附势而丧失民族气节，顾炎武把“博学于文”与“行己有耻”结合起来。

“行己有耻”，即要用羞恶廉耻之心来约束自己的言行，是对于立身或修身的要求。顾炎武强调“博学于文”和“行己有耻”二者的关系。他说：

顾炎武故居一隅

士而不先言耻，则为无本之人；非好古而多闻，则为空虚之学。以无本之人而讲空虚之学，吾见其日是从事于圣人而去之弥远也。

因此，他认为只有懂得羞恶廉耻而注重实学的人，才真正符合“圣人之道”。否则，就远离了“圣人之道”。“博学于文”“行己有耻”，既是为学宗旨和立身处世的为人之道，也是其崇实致用学风的出发点。

顾炎武以一生的实践，表明其学以致用，反对内向主张外向的务实学问。比如，他认为史籍的编纂根本之点在于征实去伪，继而他提出治史就是要经世致用。

经过顾炎武与其他学者的共同倡导，清初的儒学在为学方法上，形成了有别于宋明理学的朴实考经证史的历史特征。

顾炎武开创的严谨务实的学风，经世致用的治学宗旨，朴实简洁的为学方法，对其后的学风和治学起到了积极的作用和重大影响。

阅读链接

顾炎武的家中收藏有很多图书，他日以继夜地从这些书籍中收集有关农业、水利、赋税、矿产、交通等方面的材料，打算编成一部分量很重的书。这部书虽然因为社会动荡而没能编写成功，但是，基本材料都完整地保存下来了。

后来，顾炎武把这些重要资料一分为二，其中，有关经济资料的汇编叫《天下郡国利病书》，有关地理资料的汇编就叫《肇域志》。这两部资料汇编性质的书，内容丰富，史料翔实，对于后世学者研究中国古代尤其是明代的经济史和历史地理学，都具有十分重要的参考价值。

黄宗羲的儒学思想体系

黄宗羲和王夫之是继顾炎武之后，清初思想界的重要代表人物，他们二人与顾炎武并称为“明末清初三大儒”，其思想对后世有着巨大的影响。

黄宗羲画像

黄宗羲，字太冲，号南雷，又号梨洲，后世称南雷先生或梨洲先生，浙江宁波余姚人。

黄宗羲于1610年出生在一个官僚家庭，他的父亲黄尊素是万历年间进士，为东林党人。黄尊素曾任明熹宗天启监察御史，因弹劾阉党，被阉党诬陷，冤死狱中。

1628年，年仅18岁的黄宗羲怀揣着铁锥，千里迢迢赴京为父鸣冤。审讯阉党党人许显纯时，黄宗羲以铁锥击刺许显纯。之后，又以铁锥刺审讯阉党党人李实。黄宗羲因此声名四

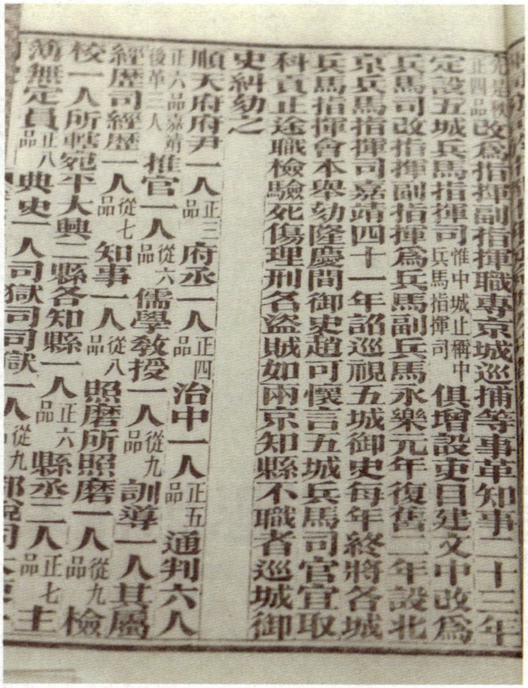
改爲指揮副指揮職專京城巡捕等事革知事二十三年
定設五城兵馬指揮司惟中城止稱中兵馬指揮司俱增設吏目建文中改爲
兵馬司改指揮副指揮爲兵馬副兵馬永樂元年復舊二年設北
京兵馬指揮司嘉靖四十一年詔巡視五城御史每年終將各城
兵馬指揮會本舉劾隆慶間御史趙可懷言五城兵馬司官宜取
科貢正途職檢驗死傷理刑各盜賊如兩京知縣不職者巡城御
史糾劾之
順天府府尹一人正三品府丞一人正四品治中一人正五品通判六人
正六品嘉靖後革二人推官一人從六品儒學教授一人從九品訓導一人其屬
經歷司經歷一人從七品知事一人從八品照磨所照磨一人從九品檢
校一人所轄宛平大興二縣各知縣一人正六品縣丞二人正七品主
簿無定員正八品典史一人司獄司司獄一人從九品

■《明史》书影

起，人称“姚江黄孝子”，明思宗叹其为“忠臣孤子”。

黄宗羲遵从父亲的遗命，拜晚明儒学殿军刘宗周为师。同时，又苦读史书，由明代《十三朝实录》开始，进而遍读“廿一史”。

明代中叶以后，王阳明的心学盛极一时，至明末，王阳明之学融入佛学，致使禅学弥漫。黄宗羲年轻气盛，邀请文士壮大刘宗周的实力，以对抗王阳明之学。在明朝灭亡之后，黄宗羲参加抗清活动，屡次遭受追捕。后来隐居著述讲学。清康熙皇帝曾接连两次征召黄宗羲赴京任博学鸿儒，但是均遭到了黄宗羲的拒绝。

康熙欲编修《明史》，又一次想起黄宗羲，他邀请黄宗羲主持这项工作。黄宗羲又一次拒绝了。但在编修《明史》时，编修人员经常来请教他，黄宗羲会把自己的意见提出来，编修人员则根据其意见修改。

康熙年间，黄宗羲游历浙东各地讲学，致力于刘宗周的遗书整理，并宣讲刘宗周一派的学术主张。浙东各地一时间人才辈出，经史之学蔚为大观，渐渐形成了浙东学派。

黄宗羲从古代儒家思想的学说中汲取了丰富的营养，构筑起了自己具有时代特色的思想体系。

《明史》 二十四史最后一部，共332卷，包括本纪24卷，志75卷，列传220卷，表13卷。它是一部纪传体断代史，记载了自朱元璋洪武元年即公元1368年至朱由检崇祯十七年即公元1644年共二百多年的历史。

黄宗羲从“民本”的立场来抨击君主专制制度。“君为臣纲”是封建伦理道德，居于三纲之首。黄宗羲对“君为臣纲”的封建伦理关系及等级制度进行了无情的批判。

自古以来“天子受命于天，天下受命于天子”的理论，给君权蒙上了一层神秘色彩。黄宗羲抹掉了君主头上的神圣光圈，揭开了历史真相，认为君主历来都是“天下之大害”，为了一己之私，“敲剥天下之骨髓，离散天下之子女”，这是对封建专制的有力控诉。

黄宗羲还痛诉了“君要臣死，臣不得不死”这种不合理的君臣关系，认为做臣子的不应对皇帝盲目顺从，做官的应是“为天下，非为君也；为万民，非为一姓也”。在总结明代学术发展史的过程中，黄宗羲提出了一系列具有思想解放意义的新见解。他反对宋学中“理在气先”的理论，认为“理”并不是客观存在的物质实体，而是“气”的运动规律，认为“气质人心是浑然流行之体，公共之物也”，这个观点具有唯物论的特色。

在《明儒学案》中，黄宗羲提出要冲破“成说”的束缚，反对沿袭“先儒之语录”，提倡学贵在于自得，学贵在于创新。

在《孟子师说·题辞》中，提出了对待儒家经典的十六字原

《明儒学案》是一部系统总结和记述明代学术思想发展演变及其流派的学术史著作。全书一共62卷。全书列出了17个学案，每个学案都有较为固定的结构，有案序、传和语录。其中，案序为概说该学派的基本情况，传是学者传记，语录是收录该派名言至理并附有评论。

■黄宗羲像

则，即“当身理会，求其着落”“屏去传注，独取遗经”。核心意思是不应把经典教条化、僵化，也不应苟同于某人某家之说，而应当自己各有见解。

黄宗羲认为要探求真理，必须学术殊途，学派纷争，这样真理才能不断发展，人的认识才能不断提高，否则便会阻碍学术的发展。他还指出由于学术的不同，对真理的认识并非独家所专有，要获得真理，不认真读书钻研，靠空疏无用的夸夸其谈，是难有作为的。

黄宗羲对在程朱理学独尊的思想文化专制主义统治下，许多人毫无创见，碌碌无为，缺乏真知灼见而感到十分痛惜，他呼吁人们要勇于创新，敢于创新。他的见解与宋明理学的主旨有着迥然不同的地方，其中贯穿着“经世务实”的指导精神，突破了宋明理学的独尊地位。

黄宗羲著述多至五十二种，三百多卷，其中重要的有《明儒学案》《宋元学案》《明夷待访录》《孟子师说》《易学象数论》《明文海》《行朝录》《四明山志》等。

阅读链接

黄宗羲渊博的学问来自于他的丰厚藏书。他嗜好藏书，喜欢抄书、借书。他读遍家中所有的藏书后仍感到不足，便借抄于范钦“天一阁”、曹溶“倦圃”、徐乾学“传是楼”、钱谦益“绛云楼”、祁氏“澹生堂”、钮氏“世学楼”等藏书楼之书。每次借书回来时，常带一书童携书同返。

黄宗羲访求足迹几乎遍及大江以南所有著名的藏书家。祁氏“澹生堂”藏书散出，精华图书大部分都被黄宗羲所得。黄宗羲提倡藏书在于致用，反对只藏不用、视为珍玩的鉴赏家。他告诫学者：“当以书明心，勿玩物丧志也。”历经几十年的辛勤收集和整理勘校，黄宗羲的藏书达七万卷之多。他收集史料的方法，也影响了同代的学者如全祖望、厉鹗等人，对清代文化、学术的发展有一定影响。

王夫之的儒学思想体系

王夫之，字而农，号薑斋，别号一壶道人。1619年，王夫之出生于一个儒学世家，他的父亲王朝聘十分尊尚程朱理学。

王夫之自幼天资聪明，对古文化的兴趣令人不敢置信，7岁时就初步通读了文字艰深的十三经，在父亲和兄长王介之的教育影响下，读了不少儒学经典，他广泛涉猎，上至《诗》《书》《礼》《易》《春秋》和先秦诸子，下至两汉经学、魏晋玄学、隋唐佛学、宋明理学，都加以研读和探讨。

王夫之画像

乐府 本是汉武帝设立的音乐机构，用来训练乐工，制定乐谱和采集歌词，包括采集了大量民歌。后来成为一种带有音乐性的诗体名称。今保存的汉乐府民歌五六十首，真实地反映了下层人民的苦难生活，如《东门行》《十五从军征》《陌上桑》等。

14岁那年，王夫之考取了秀才，然后开始致力于诗文，在短短的两年间阅读了《离骚》《乐府》历代诗人的佳作名篇十万余首。23岁，又与哥哥同时考中举人。这个时候，可以说是王夫之风华正茂、意气风发的时期，但活生生的现实却将他的这种昂扬气势击得粉碎。

王夫之关心现实生活，注重实际考察社会，从小就喜欢向旁人问四面八方的事情，对于江山地利之学、食货经济之学、典章制度之学，都很感兴趣，并着意研究。

明朝灭亡后，各地的抗清活动此起彼伏，受其影响，王夫之也于1646年在衡阳举兵，但很快就被清政府击败。兵败后，王夫之开始著书立说，总结明亡的教训，构建自己的思想体系。

王夫之学识极其渊博，对经学、子学、史学、文学、政法、伦理等各门学术，造诣无不精深，天文、历数、医理、兵法乃至卜筮、星象，亦旁涉兼通，且

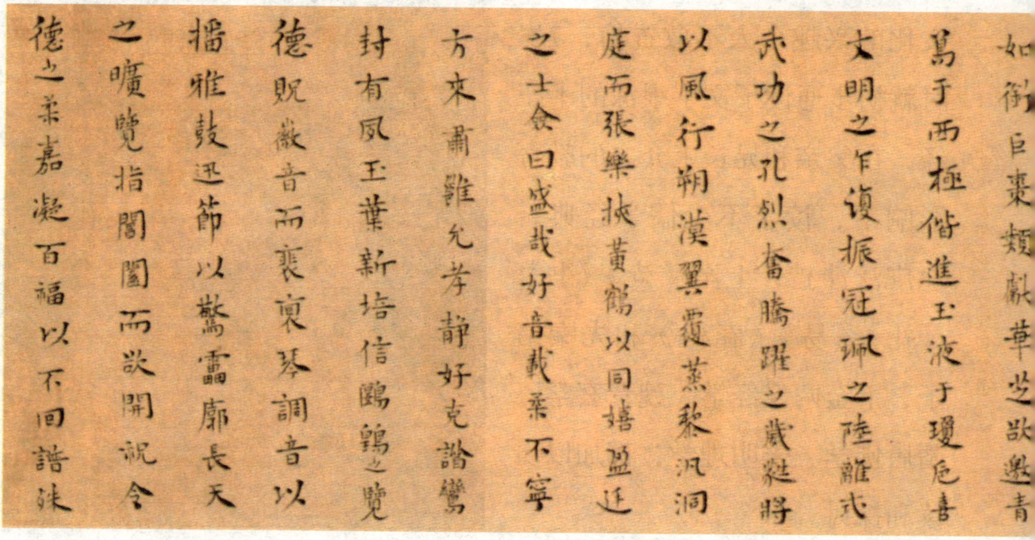

留心当时传入的“西学”。

他通过对传统学术的批判继承，冲破了朱、王学的束缚，他总结并发展了传统的唯物主义，将张载的学说加以完善和发展，形成了以完整的元气本体论、“变化日新”的辩证思维和“理气合一”的历史观为核心的思想体系。

王夫之认为，整个宇宙除了“气”，更无他物。他说：“尽天地之间，无不是气，即无不是理也。”这句话的大意是：在整个天地之间，没有不是表现出阴阳变化的实体“气”的，也就没有不是体现出变化过程所呈现出的规律性的“理”的。

王夫之提出的“实有”范畴，极大地丰富了张载的“唯气论”，把中国古代思想家进步的宇宙观推向一个新的层次，成为近代实证科学的先导。

王夫之强调“天地之化日新”，把荣枯代谢、推移吐纳看作是宇宙的根本法则。他认为任何生命体都经历着胚胎、流荡、灌注、衰减、散灭诸阶段，前三

卜筮 指用龟甲、筮草等工具预测某些事项。不同的时代，卜筮使用的方法有所不同。古人认为，经过神圣的求卜过程，那些自然物也就获得了神圣的象征意义，它们呈现出来的形状不是人为的结果，而是神灵和上苍的赋予，是神灵的启示或告诫。

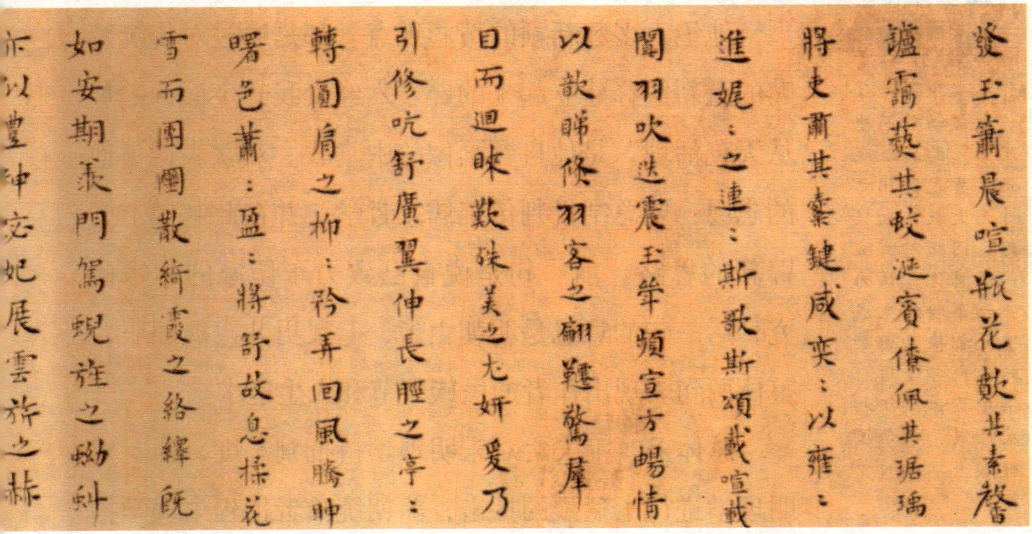

王夫之楷书《双鹤瑞舞赋》卷局部

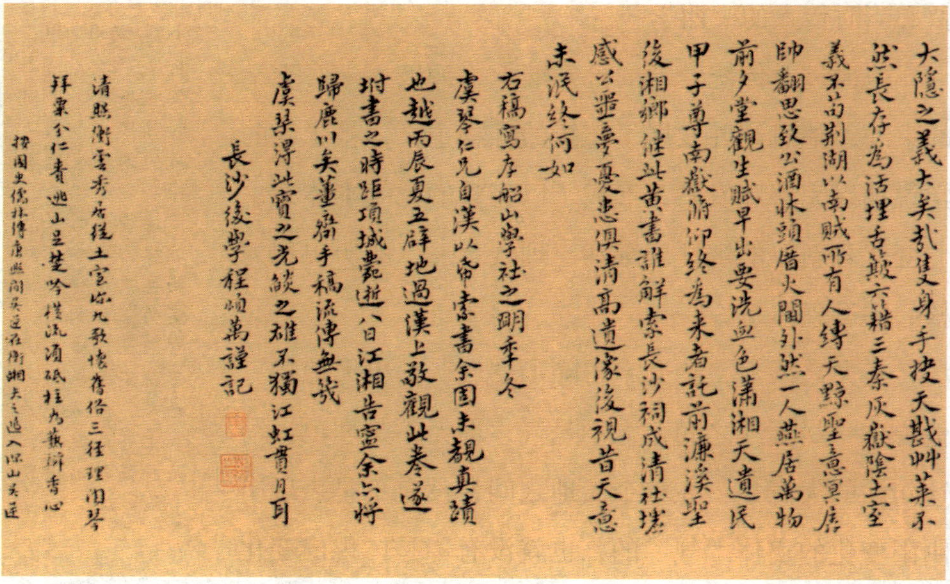

王夫之楷书《双鹤瑞舞赋》卷局部

者是生长过程，后二者是衰亡过程。

“变化日新”的辩证思维纠正了张载关于物质运动形式的形而上学，对近代思维起了重要的启蒙作用。

同顾炎武一样，王夫之的为学也是经世致用，他在全面总结和清算传统儒学思想时，采取“学思并进”的方法，无论是他肯定的“正学”，还是他排斥的“异端”，他都采取批判与继承相结合的原则。

他绝大多数新颖的精彩观点，都是通过对传统范畴的重新解释建立起来的。“六经责我开生面，七尺从天乞活埋”是他自题画像的中堂联。对联表达了他的志愿：要总结批判传统儒家哲学，并在此基础上开辟新的思路。前一句是说自己致力于儒家的学术研究，后一句的意思是明朝亡了，七尺男儿岂能屈服，整体两句表现出作者的民族气节和人生追求。

总体上，王夫之对宋明理学持批判态度，他对宋明理学进行了猛烈的抨击，前朝统治者把程朱理学抬

《周易外传》
王夫之阐发易理的重要哲学著作。书中驳斥了“太极动静而生阴阳”的传统观点，肯定阴阳之外无太极，太极乃是阴阳对立统一的总体，认为一切事物的生成变化都根源于事物的内部矛盾。书中指出阴阳相反相成，揭示了朴素辩证法的矛盾观。

高到官方统治思想的地位，并不说明其兴盛。

在他看来，无论是程朱理学，还是陆王心学都是异端邪说，“存天理，灭人欲”是宋明理学提倡的理论，儒学大家朱熹认为“天理”与“人欲”不容并立，鼓吹只有“革尽人欲”，才能“复尽天理”。

王夫之针锋相对地提出“理在欲中”的理欲统一说，认为“人欲”是人人都有的，不仅一般人有，就是圣人也有，人的“饥则食，寒则衣”的欲望完全是合理的，是无可指责的。

在此基础上，王夫之还把“人欲”和“大志”联系起来，对欲望做了历史的具体分析，肯定了振兴国家的“大欲”，充斥了为己的“私欲”，站在这样的高度来处理问题，在当时显然是很进步的。

王夫之著述众多，主要哲学著作有《周易外传》《周易内传》《尚书引义》《思问录》《读通鉴论》《宋论》等。

阅读链接

王夫之对于美学的贡献也非同一般，他对美学问题的论述，不但直接见于他的文艺批评著作《姜斋诗话》《古诗评选》《唐诗评选》《明诗评选》，而且见于他的哲学著作《周易外传》《尚书引义》等。

他很强调亲身经历对于美的艺术创造的重要性，认为作家所创造的艺术美，就是运动着的事物所产生的美经过审美主体的择取淘选的一种创造。因此，对于作家来说，最重要的就是要经过作者主观的艺术创造，去反映客观事物的本质和规律。他对艺术创作中情与景的关系，曾有精辟的论述，他认为二者“虽有在心、在物之分”，但在任何真正美的艺术的创造中，景生情，情生景，二者又是相辅相成、不可割裂的。精于诗艺者，就在于善于使二者达到妙合无垠、浑然一体的地步。

戴震反理学树考据学风

儒学发展到清代中叶，以考据学的面目出现，并发展到鼎盛。考据学是一种治学方法，又称考证学或朴学，主要的工作是对古籍加以整理、校勘、注疏、辑佚等。

戴震画像

自雍正时期大兴文字狱之后，清朝的知识分子不得不钻进故纸堆，大兴考据之学。清政府用编修《四库全书》的方式，笼络天下知识分子。考版本、纠错谬、辨音义，终使考据之学大盛。

考据学是相对于“宋学”而言的，“宋学”，特别是其中的理学，着重于义理，而考据学内容包括音韵、文字、训诂、校勘等。

考据学者不仅对传统儒家经典

■《四库全书》书影

进行了全面的整理和研究，而且对诸子百家、史部、集部等更大范围内的传统文化典籍进行了清理。

他们通过校勘、辨伪、注疏、考订史实等多种手段，对浩如烟海的古代文化典籍做了去伪存真、正本清源的工作，使许多真伪混杂的文献基本上恢复了本来面目，使许多晦涩深奥的典籍，基本上可供阅读研究。

考据之学又称为汉学，它以复兴“汉学”为己任，认为研究经学要先考证文字的意义，然后才是文章本身。

考据学派大体上可分为吴、皖两派。吴派以惠栋为首，皖派以徽州戴震为主。两派各有侧重，前者着重在复原汉《易》，后者侧重在名物典章制度的考证。

考据学派中，皖派的代表人物戴震取得的成就最大，对后世的影响也最大。

戴震，字东原，安徽屯溪人，号杲溪，1723年12

《四库全书》 乾隆皇帝组织编纂的中国历史上一部规模最大的丛书。1773年，清朝开设《四库全书》编纂馆。由总纂官纪昀率360位学者编纂。该书成书于1782年，包括经、史、子、集四部，3461种书目，79039卷，总字数将近10亿，可谓超级文化大典。

翰林院 唐朝开始设立，初时为供职具有艺能人士的机构，自唐玄宗后，翰林分为两种，一种是翰林学士，供职于翰林学士院，一种是翰林供奉，供职于翰林院。晚唐以后，翰林学士院演变成了专门起草机密诏制的重要机构。宋朝后成为正式官职，明以后被内阁等代替，负责修书撰史，起草诏书。

月生于一个贩布的行商的家庭中。据说，他出生那天雷声震天，所以父亲为他取名为震。

戴震自幼聪敏，过目成诵。据说，戴震10岁时才会说话，他日读书数千言不休，一天读《大学章句》至“右经一章”以后，问私塾老师：

> 此何以知其为“孔子之言而曾子述之”？又何以知其为“曾子之意而门人记之”？

意思是问：“这凭什么知道是孔子的话，而由曾子记述？又怎么知道是曾子的意思，而由他的学生记下来的呢？”

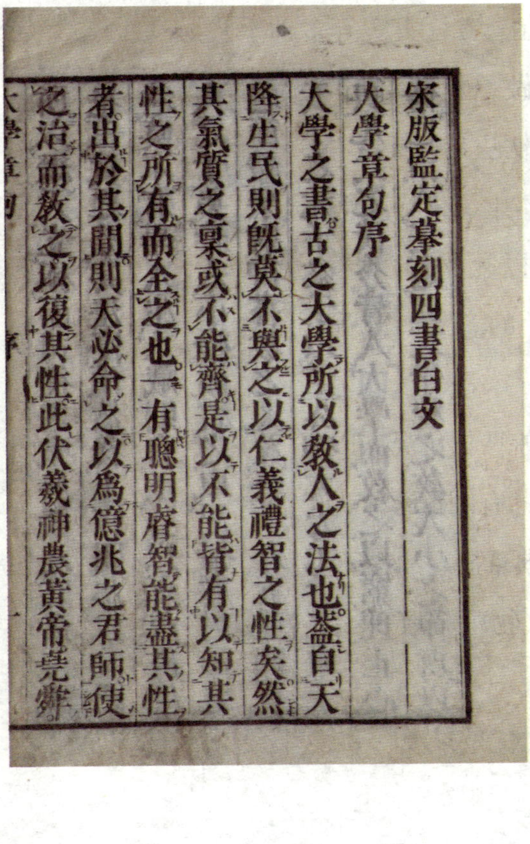
宋版監定摹刻四書白文
大學章句序
大學之書古之大學所以教人之法也蓋自天
降生民則既莫不與之以仁義禮智之性矣然
其氣質之稟或不能齊是以不能皆有以知其
性之所有而全之也一有聰明睿智能盡其性
者出於其閒則天必命之以爲億兆之君師使
之治而教之以復其性此伏羲神農黃帝堯舜

■《大学章句》序书影

老师回答道：“这是朱熹说的。”但戴震马上指出周朝离宋朝有两千年之遥，为什么朱熹能知道这些事情呢？

老师被问得瞠目结舌，无言以对，事后，老师不禁赞叹道：“这个孩子不是一般人，是非常人啊！”

戴震一生充满坎坷与传奇，18岁时跟随父亲走南闯北经商，广泛接触社会生活，见多识广，从小就养成了独立思考、追本溯源的思维习惯，这

■古代书院的学生

种思维习惯与他日后成为考据一派的宗师有着莫大的关系。

20岁那年，戴震偶遇年过六旬的音韵学家江永。江永精通三礼，旁通天文、地理、算学及声韵等。戴震钦佩江永的才学，遂拜江永为师。从江永那里，戴震学到不少知识，学问大进。

戴震22岁时写成《筹算》两卷，24岁写成《考工记图注》，30岁到33岁完成《勾股割圜记》《周髀北极璇玑四游解》等文，都属自然科学著作。此外，还著有《六书论》3卷，《尔雅文字考》10卷，以及《屈原赋注》《诗补传》等。

29岁那年，戴震始入学为秀才，到40岁才乡试中举，以后六次入京会试，但都没有考中，这对众望所归的戴震不啻为一次较大的打击。

会试 金、元、明、清四代科举考试名目之一。所谓会试者，共会一处，比试科艺。由礼部主持，在京师举行考试。应考者为各省的举人及国子监监生，录取者称为"贡士"，第一名称为"会元"。

戴震书法

1773年，乾隆朝开四库全书馆，戴震被召为纂修，赐同进士出身，入翰林院入职。在四库馆中，戴震做出不少成绩，从《永乐大典》辑出宋代张淳的《仪礼识误》3卷，把宋代李如圭的《仪礼集释》厘定为30卷。

戴震在四库全书馆，利用藏书条件，对凡是天文、算法、地理、文字声韵等方面的书，均加以考订，精心研究。

十七、十八世纪时，反理学思想泛起，当时思想家大都鄙夷谈心说性的理学，这就形成了朴学时代。戴震对程朱理学的批判较为彻底，他认为理学的病根在于不肯抛弃谈心说性，而尊崇理，抛弃气，又保留理而抛弃欲。

戴震认为阴阳五行才是道的实体，金、木、水、火、土五行的五种物质都含有阴阳的对立，而每一种物质又都是阴阳二气的统一体，所以离开了矛盾而统一的物质实体，就没有道的存在。

戴震在反理学的过程中建立起自己的学说，他认为理是事物的条理，理在情中，而不在人心之中。人心只有血气心知，而心知只是可以求理的官能。戴震把他的学说建立在正视人欲的基础上，这是对理学“存天理，灭人欲”的最大挑战。

在反理学的过程中，戴震树立起考据学风，他侧重名物典章制度的考证，其目的在于探讨社会治乱的根源，他认为由于训诂可得典章制度的历史意义，由此可以获得见识。

戴震主张用考据的方法，恢复四书五经的原始含义，进而阐明儒家文化。在他看来，连起码的识字都要反复考证才行：“每识一字，当贯群经，本六书，然后为定。”

戴震在校勘《水经注》时，分别经、注，并归纳出三种原则。他用以校勘通行本，共补其缺漏2128个字，删其妄增1448个字，改3715个字。该校本最终获得了乾隆皇帝的赞赏。

此外，戴震所撰写的《声类表》《声韵考》等，将入声及祭、泰、夬、废四韵独立，析古韵为十六部，对古音学的发

训诂学 中国传统研究古书中词义的学科。用通俗的语言解释词义叫“训”，用当代的话解释古代的语言叫“诂”。训诂学在阐释古代词义的同时，也分析古代书籍中的语法、修辞现象。广义的训诂学包括音韵学和文字学，狭义的训诂学只是小学中与音韵、文字相对的学科。

■《水经注》书影

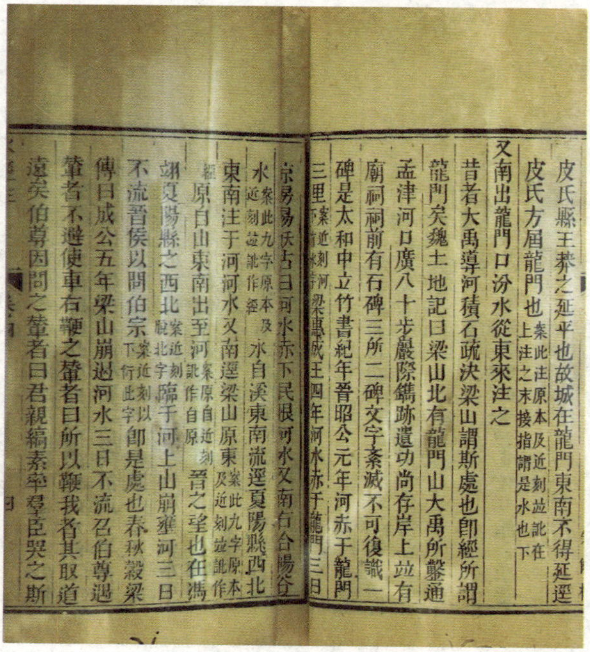

展做出了贡献。他所提出的“故训、音声恒相因”“因声而知义”等训诂学主张，对于清代训诂学的发展影响深远。

中国的校勘学有几千年历史，仅在戴震和考据学派手里，才在“识文字，通训诂，明声假”等文字学的基础上，使用科学方法精核考证，成为科学的理论。

戴震从字义、音韵等方面重新审视两千年来儒学所依托的经学典籍，这对儒学的发展有着重要的推动意义。

与清代中叶其他经师钻故纸堆不同的是，戴震考据学的出发点在于有意识地继承并发扬顾炎武以来的新儒学学术传统，他既反对程朱理学空谈义理的虚玄无物，又反对乾嘉考据的矫枉过正。

戴震先后撰成《筹算》《六书论》《尔雅文字考》及《考工记图注》《原善》《尚书今文古文考》《春秋改元即位考》《诗经补注》《声类表》《方言疏证》《声韵考》及《孟子字义疏证》等。

阅读链接

戴震在四库全书馆时，认真考订，精心研究，全力以赴。55岁时，乾隆四十二年，即1777年，殁于北京崇文门西范氏颖园，可以说是以身殉职。他的弟子段玉裁说：“谓先生鞠躬尽瘁，死于官事可也。”

《四库全书》总纂官纪昀题诗怀念：“披肝露胆两不疑，情话分明忆旧时。”乾隆时学者洪榜为戴震写行状称：“抱经世之才，其论治以富民为本。”学者王昶后来为戴震作墓志铭。史学家钱大昕后来作《戴先生震传》，详细记录了戴震一生活动及学术成就。

天人合一的

精神信仰

淡定人生

禅宗历史与禅学文化

禅法起源

大约在公元前后两汉之际，佛教由古印度正式传入中国，自此佛教在中国传播开来。佛教中关于“禅”的思想也由此开始了发展演变。

中国禅宗的出现，是中国古代佛教徒对古印度传来佛教思想的创新结果，体现了中国传统思想文化同印度宗教学说的融合与吸收。南天竺高僧菩提达摩祖师是中国佛教禅宗的初祖，他开创了中国禅宗一脉，之后，他把禅宗衣钵传给弟子慧可，于是绵延不绝的禅宗历程由此开始。

早期的依教修心禅

释迦牟尼佛像

东汉末年，西域安息国太子安世高只身东来。当时正值中原动荡，安世高避祸江南，弘扬佛法并翻译佛经，成为将小乘佛教带入中国的第一人。

其实，在安世高来中原之前，佛教就已经传入中国，并且已经有了一定的影响。那时的佛教信徒对于佛教的了解还很肤浅，主要还是把它当作一般的方术，以祈求福佑并希望借以满足一些现实需求。

随着来到汉地的僧人增多，信徒们已经知道，域外僧徒有一

■ 燃灯佛授记释迦画卷

种被称为“禅”的修行方法，大家都觉得很神奇，也希望自已能如法修行，但就是不知道怎样进行。

在这种情况下，安世高根据信徒的需求和自己的学问所长，译出了早期的一批佛经，主要有《安般守意经》《阿毗昙五法四谛》《十二因缘》《禅行法想》《阴持入经》《修行道地经》等。其中的《阴持入经》，是提倡由禅定退治烦恼，由戒、定、慧三学控制贪、瞋、痴三毒之方法的小乘经典。

“禅”一词，本是梵文“禅那”的略称，其意译为静虑、思维修等，即安静地坐在那儿，集中思虑，排除杂念，沉思默想。通过精神高度集中，使心的思虑集中到某一点，从而达到内心宁静，不受外界各种因素干扰的作用，属于一种精神和意念的修炼方法。

佛陀全部佛学，可以概括为戒、定、慧三学。其中“定”，梵文音译为“三昧”或“三摩地”，意为

《阴持入经》
东汉佛教学者安世高翻译的佛经，被认为是最能代表安世高系的禅经，重视概念的推演，透过对佛教基本概念的论述以表达禅法思想，主张通过止息杂念与斩除烦恼以得到智慧，使人从无明与爱欲中得到解脱。其禅定与禅观之论，为中国禅学思想之初传。

古画《佛传图》

“等持”，就是指集中全部精神，使心专注于一境而不散乱。佛教认为这是获得正确认识和智慧的先决条件。

禅的修行方法就属于定的内容。由于禅与定有着密切的联系，因此，在中国佛教中往往将两者合称为“禅定”。

佛陀的“慧”指智慧，这里所说的慧是一种宗教智慧，是通过宗教修炼、内心的体验和证悟，才能得到的佛教最高智慧，即宇宙的终极真理。这种宗教智慧能使修持者断除烦恼，得到解脱。

“禅”是静虑之意。“静”即寂静，就是止、定的意思，也就是止息杂想，心注一境；“虑”即思虑、审虑，也就是观、慧的意思。这样，“禅”就包括了止和观，也即“定”和“慧”两个方面。

安世高翻译讲授的《安般守意经》专门介绍安般禅，即数息修禅。数息修禅，也可称为数息观，为佛陀所教导的禅定修

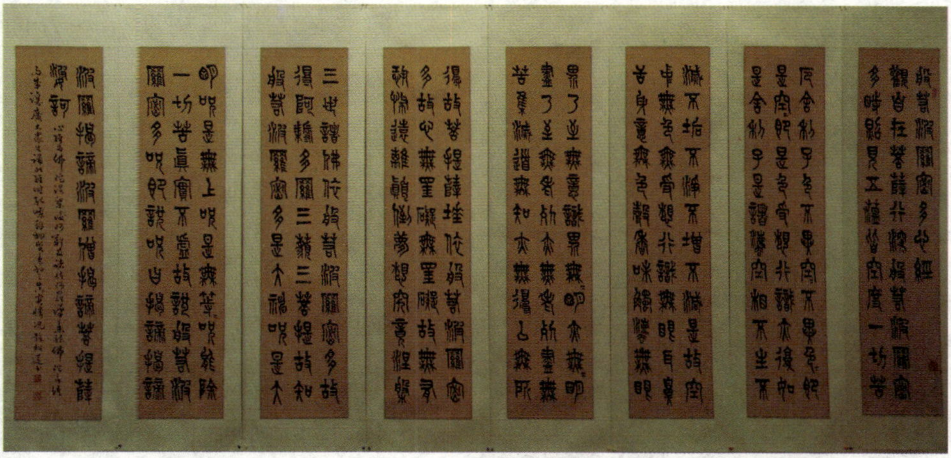

经文篆书

行法门之一。“安般”指呼吸，就是佛家所说的“守意”，即为守持自己的意念，专注于一心而不散乱的意思。它是用数息的方法，令烦躁不安的散乱之心慢慢平复下来。

由于这种要求调息止意的修行方法，与当时道家提倡的导气、守一吐纳呼吸功在形式上有些类似，所以成为当时流行的一种禅法，传习者也很普遍。

安世高禅学的主旨在修炼精神，守意明心。他认为“心”本身是极其微妙的，但由于“五蕴”积聚而形成的形本，使“心”产生了意念，纷繁的意念又使人怀有各种欲望，从而遮蔽了“心”的本来面目。好像明镜被蒙上了污泥尘垢，失去了本来的明亮和清澈，只有擦去镜上的泥垢，才能恢复明镜本来的明亮。

同样，只有通过不断的修炼，澄清一切意念欲望，如同擦去明镜上的污垢，才能使“心”复明，复归于本然。所以，这种禅法是以专注一心而求明心去垢的精神修炼。

道教 中国土生土长的宗教。道教以“道”为最高信仰，追求自然和谐、国家太平、社会安定、家庭和睦，充分反映了中国古人的精神生活、宗教意识和信仰心理。对中国的学术思想、政治经济、文学艺术、科学技术、伦理道德、思维方式、民风民俗、民间信仰等方面都产生了深远的影响。

楞严经书书影

禅法传入中国初期，一方面凭借佛法的理念解脱，吸引徒众，另一方面也借助其神秘的定力、奇异神通，增加其吸引力。

后汉末年，西域大月氏僧人支娄迦谶来汉译出《首楞严三昧经》，弘扬念佛三昧法门。由此，中国开始有了念佛禅的概念。念佛禅就是指为修习禅定而念佛的法门。

大乘佛教扩大了禅的范围，不再拘泥于固定的静坐形式。大乘禅的种类很多，其中主要的是念佛禅和实相禅。

至两晋时期，佛教很盛，译经和传禅的人很多。当时，成就大而影响深的有竺法护、慧远禅师、鸠摩罗什法师和跋陀罗。

竺法护，梵名昙摩罗刹，西晋僧人，世居敦煌郡，8岁出家，拜印度高僧为师，随师姓“竺”，具有过目不忘的能力，读经能日诵万言。

竺法护博学强记，刻苦践行，深深感觉到当时佛教徒只重视寺庙图像，而忽略了西域大乘经典的传译，实是缺憾。因此发心弘法，随师西游。

竺法护通晓了西域的36种语言文字，收集大量的经典原本，译出了150余部经论。184年，竺法护在敦煌译出《修行地道经》7卷、《阿唯越致遮经》3卷；186年，在长安译出《持心梵天经》4卷、《正法华经》10卷、《光赞般若波罗蜜经》10卷；189年，在洛阳译出《文殊师利净律经》1卷；294年，在甘肃酒泉译出《圣法印经》1卷；297年，在长安译出《一切渐备智德经》5卷等。

竺法护的译本，有般若经类、华严经类、宝积经类、大集经类、涅槃类、法华经类、大乘经集类、大乘律类、本生经类、西方撰述类等，种类繁多，几乎包括了当时西域流行的重要的佛教典籍，这就为大乘佛教在中国的传播打开了广阔的局面。

道安（314—385），东晋时期杰出的佛教学者。道安重视般若学，一生研讲此系经典，同时重视戒律，搜求戒本至勤，又注意禅法。他使原本零散的佛学思想，得以较完整的面目呈现于世，因此被视为汉晋间佛教思想的集大成者。

到了东晋时期，当时的道安法师是一位得道高僧，他在佛教领域里的贡献是多方面的。关于禅学，道安对安世高所传的小乘安般守意禅十分重视，曾经撰有《安般注序》《十二门经序》等有关禅学经典的注序多篇，而这些禅学经典又多是由安世高翻译介绍过来的。

道安所著的这些经序，反映了他对于禅学和禅修的看法。道安认为安般守意是修行达道的必要途径。他认为在安般守意的禅法修行过程中，有六阶四级之别，也就是说，要经过六个阶段、四个等级循序渐进修行，才能最终达到“无为”“无欲”的境界。这是

庐山东林寺山门

■《观无量寿经图》局部

一种以般若思想和禅学修行相结合的禅观。

跟随道安法师修行的有一个弟子叫慧远。慧远精读佛学经典，并能够倾心领会其中的玄妙义理，很快对佛教禅理的领悟就非同一般了。他的师父道安大师常常赞叹说："使佛道流布中国的使命，就寄托在慧远身上了！"

慧远专心念佛禅。381年，慧远大师率弟子路过庐山，发现庐山是修行的好地方，遂决定在此弘法。

江州刺史桓伊于386年在庐山东建东林寺，慧远就以东林寺为道场修身弘道，著书立说。

402年7月，慧远在东林寺创莲社。莲社共123人，他们在般若台精舍弥陀的佛像前，建斋立誓，专修念佛三昧，共期往生西方。

慧远大师所创的莲社以修念佛三昧为主，其所依

北魏（386—557），是由鲜卑拓跋氏建立的封建王朝，是南北朝时期北朝的第一个朝代，又称拓跋魏、元魏。534年，北魏分裂为东魏与西魏。550年，北齐建立。557年，北周建立，北魏历史结束。北魏时期，佛教兴起，佛教得到空前发展。

据的经典是《无量寿经》与《般舟三昧经》。《无量寿经》所示“发菩提心，一向专念阿弥陀佛”，乃是慧远及莲社众人共修的纲宗。

慧远大师居庐山30年，未曾下山，送客亦足不过虎溪。其参禅念佛，不是口唱念佛，而是一心专念，他弘扬念佛禅而开禅净合一之端，遂成了后世念佛禅之祖。

慧远大师之后，专心念佛禅者有昙鸾、善导等僧人。昙鸾法师本为北魏人，因求长寿之术，来到南朝梁地，在洛阳遇到菩提流支法师。菩提流支法师授予他《无量寿经》，并告诉他依此修学必得长寿。昙鸾法师遂专修《无量寿经》，并广为弘传。

隋代道绰法师原修习禅定，因读昙鸾法师遗著，遂决定专修净土，持久念佛。此念佛法门唐代善导法师弘扬最盛，后为日本净土宗所继承。

后秦时期，天竺高僧鸠摩罗什应邀来到长安译经弘法。在长安，鸠摩罗什翻译了大量佛经，其中有《中论》《百论》《十二门论》《般若经》《法华经》《大智度论》《维摩经》《华手经》《阿弥陀经》《无量寿经》《坐禅三昧经》等。

鸠摩罗什翻译的《禅法要略》开启了实相禅法。实相禅是把禅法和空观联系起来，即在禅观中既要看到一切事物

后秦（384—417），十六国之一，羌族政权，又称姚秦。前秦龙骧将军姚苌所建，建都长安，即今陕西西安。极盛时辖有今陕西、甘肃、宁夏及山西、河南的一部分，占据关中多数的重要政治、经济城镇和关东大片领土。历三主，共34年。

鸠摩罗什雕像

的空性，又要看到事物的作用。

将实相禅应用到实地修行的有北齐禅师慧文、慧思等。慧文禅师学徒数百，他依《中论》《大智度论》而修禅。《中论》从空、假、中的理境上修止观；《大智度论》倡导“三智一心”，即诸法实相，亦即实相禅。

慧思跟从慧文修学，得初禅，后忽然悟入法华三昧，深达实相，遂在南朝弘法实相禅。

与鸠摩罗什差不多同时在长安传授禅法的，还有佛陀跋陀罗，即觉贤。他所传的则是流行于西域地区的大乘佛教说一切有部的禅法。

据《出三藏记集》卷十二的《萨婆多部记目录》记载，佛陀跋陀罗是有师承的著名禅师。他来长安时，正值鸠摩罗什在西明寺译经。

在当时，佛陀跋陀罗所传的禅法，已经在长安产生了一定的影响。但他所传的小乘有部禅法，与鸠摩罗什所传的大乘菩萨禅有很大区别。因此，佛陀跋陀罗与鸠摩罗什门下产生了矛盾，最后不得不于410年带领弟子慧观等人离开长安，来到江南。

佛陀跋陀罗翻译的禅经，主要有《修行方便禅经》，这是部重要禅经。此经以数息观、不净观、界分别等“五停心观”对治贪、瞋、痴、慢等。其中，特别强调数息观与不净观，将此二者称之为“二甘露门”，加以详细说明。

《修行方便禅经》中要求修行者通过循序渐进，渐渐开导迷蒙，最后达到“原妙反终，妙寻其极”的效果。它比以前所流行的安系禅经更加组织化、系统化。因此，此经一译出，就受到相当的重视。

这几种禅法大体上都是依佛教经典而修，故名“依教修心禅”，这些禅法都离不开如来佛典，可称为如来禅。它不同于师徒授受、以心传心、不立文字的“祖师禅”，与有一定宗旨、道场、道风、传承的禅宗有很大的距离，但它又为汉地禅宗的创立奠定了基础。

后来的汉地禅宗主定慧双修。定而无慧，易走火入魔，陷入邪定；慧而无定，则不能成就功德，无法真正得到解脱。依《中论》《大智度论》《法华经》《维摩经》而修实相禅，为定慧结合提供了理论上的可能。

上述早期依教修心禅在中原的传播，对后来达摩来汉地创立的禅宗做了必不可少的准备工作，对汉传佛教的传扬产生了历史性的影响。

阅读链接

安世高是东汉末年西域安息国的太子，他年幼时以孝行闻名，聪敏好学，深知世间疾苦，并精通各国典籍。有一次，他走在路上，仰头看见一群飞翔的燕子，忽然转身告诉同伴说：“燕子说，等会儿一定有送食物的人来。”不久，他的话果真应验了，众人都感到非常奇异，这件事使他名震西域。

安世高的青少年时代，国内政治斗争尖锐复杂。他对统治集团的奢侈腐化和尔虞我诈深感厌倦，所以蔑弃荣华富贵，服膺佛教，虽然居于王宫，却自觉地严格尊奉佛教戒律，并时常举行法集宣讲佛理，同时尽力向佛寺施舍。

达摩东来汉地开禅宗

达摩石刻

南朝梁武帝时，印度禅宗第二十八祖师菩提达摩为了传播佛法，带领一行人远涉重洋，在海上颠簸三年之后，终于到达了中国南海。

菩提达摩，又称菩提达磨，意译为觉法，原名叫菩提多罗，成年之后依照习俗更名为达摩多罗，简称达摩。据说他是南天竺香至王的第三子，属刹帝利种姓，也有说属婆罗门种姓，还有的说是波斯人。

达摩自小就聪明过人，因为香至王对佛法十分虔诚，因此，从小达摩就能够遍览佛经，而且在交谈中会有精辟的见解。

在达摩成长的过程之中，禅宗第二十七代祖师般若多尊者游历天竺国时，一路弘扬佛法教化众生。达摩被般若多尊者普度众生的理想和丰富的佛学智慧所吸引，就拜在般若多尊者的门下，成为禅宗的门徒。

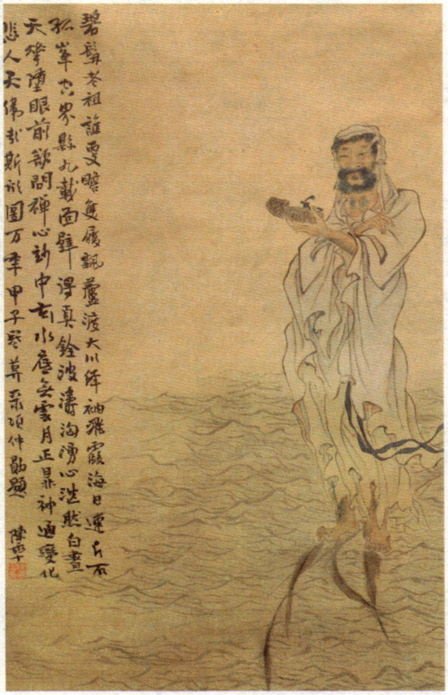

■ 达摩渡江（古画）

达摩出家后，发愿要将当时印度分裂的佛法思想统一起来，使佛法在印度振兴起来。有一天，他向师父般若多尊者求教："我得了佛法以后，该往哪一国去做佛事呢？听您的指示。"

般若多尊者说："你应该去震旦。"然后又说，"你到震旦以后，不要住在南方，那里的君主喜好功业，不能领悟佛理。"震旦指的就是中国。

达摩遵照师尊的嘱咐，准备好行李，驾起一叶扁舟，乘风破浪，漂洋过海，用了三年时间，历尽艰难曲折，来到了广州。

那个时候，南方正处于梁武帝萧衍执政时期，梁武帝是个笃信佛教的皇帝。在他执政的48年内，国内平静无战事，长江流域进入经济文化的发展时期，佛教也因此达到鼎盛。

据统计，梁朝的佛寺多达2846座，僧尼有82万人。佛经翻译、佛教诗文、绘画、造像，都有了相当的发展。后来唐代诗人杜牧在《江南春绝句》中描

梁朝 历史上南北朝时期南朝的第三个朝代。502年，梁王萧衍正式在建康称帝，史称梁武帝，国号定为大梁。他即位以后厉行俭约，令南梁前期国势颇盛。然而，武帝过于信奉佛教，曾三次出家为僧，又大建佛寺及翻译佛经，令佛教大盛，可是佛事太过损害经济，令梁朝国势开始衰弱。

梁武帝萧衍

写南朝佛教中心京都建康（今江苏南京）佛寺之盛时这样说："南朝四百八十寺，多少楼台烟雨中。"实际上当时的建康建有佛寺500座。

达摩来到广州以后不久，广州刺史萧昂备设东道主的礼仪，欢迎达摩，并且上表奏禀梁武帝。

梁武帝原本笃信佛教，听到这件事，立即派使臣把达摩接到京都，为其接风洗尘，以宾客之礼相待。

席间，梁武帝问达摩："朕继位以来，营造佛寺，译写经书，度人出家不知多少，有什么功德？"

达摩说："并没有功德。"

梁武帝大惑不解，问道："为什么没有功德？"

达摩说："这些只是世间的福德，因为福德与功德不同，外修诸善事的只是福德，倘若不能自己内证得自性即是无功德。"

梁武帝又问："那怎样才是真功德呢？怎样才能修行成佛？"

达摩说："洁净圆满的得道者才算是有功德。功德原本在法身中，不在修福的事上求。功德是要靠内心修炼，明心见性，方成正果。心若背觉合尘即是众生，心若背尘合觉即是佛，从而达到精神永驻、万劫不变的最高境界。"

杜牧（803—约852）字牧之，号樊川居士，京兆万年（今陕西西安）人。是唐代杰出的诗人、散文家。其诗歌以七言绝句著称，人称"小杜"，以别于杜甫。

达摩见梁武帝还没有明白，又进一步解释说：“一句话，心即是佛，佛在心中。功德是要靠内心修炼，明心见性，方成正果。”

梁武帝似乎还没有明白，于是又问：“得道高僧至高无上的真理圣谛，什么是圣谛第一义？”

达摩说：“境本非境，界也无界，世界本是空廓无相，也无圣道存在的境界。”

梁武帝茫然不知所云，又问：“既然无圣，那么现在与朕说话的人是谁？”

在达摩的眼中，空无一物，哪有什么皇帝。因此，达摩答道：“不知道。”

这是充满禅机智慧的回答，意思是说，我本非我，你也非你，世界本来便是空寂、圆融、清静、妙密的无相。

梁武帝缺乏悟性，没有领悟到达摩的话中禅理。达摩自知无法度化这位皇帝，便告别回到驿馆。

几天后，达摩悄然走出城去，来到了长江边，渡江北上来到了北魏都城洛阳。在洛阳，达摩来到了永宁寺，在看到永定寺十分精美的宝塔后，叹为各国所无，由此合掌连日。之后，达摩手持禅杖，信步而行，见山朝拜，遇寺坐禅。

这一天，达摩来到河南嵩山少林寺。他看这里群山环抱，森林

梁武帝 （464—549），萧衍，字叔达，小字练儿，江苏常州人。南北朝时期梁朝政权的建立者。父亲萧顺之是齐高帝的族弟。梁武帝在位时间长达48年，在位时曾采取多种措施促进佛教的发展。

初祖达摩塑像

茂密，山色秀丽，环境清幽，心想，这真是一块难得的佛门净土。于是，他就把少林寺作为传教的道场。

在少林寺，达摩广集僧徒，首传禅宗。自此以后，达摩便成为中国佛教禅宗的初祖，少林寺被称为中国佛教禅宗祖庭。

由于达摩经常长时间面壁修习禅定，共计9年，人们不知道他葫芦里卖的什么药，就管他叫“壁观婆罗门”。

达摩在传教时，跟随他的弟子有很多，知名者说法不一，其中，道育、慧可、僧副、昙林、尼总持等是各种典籍中所同认的。

道育也叫慧育，原先叫道房，为人朴实，他受道的方式是采取心行，而不立言语文字。

慧可跟随达摩参禅悟道六年，后接受了达摩禅宗衣钵，成为禅宗代的表性人物之一。

僧副，俗姓王，太原祁县人，精于禅定。受到达摩的教诲后，长期保持着生死随缘的生活，其思想与达摩是一致的。

昙林又称昙琳、法林。昙林曾编辑师尊菩提达摩的《略辨大乘入

少林寺石牌坊

道四行》，还撰写了序文。他博学善讲，在邺都常讲《胜鬘经》。

少林寺僧人壁画

尼总持原本是山西怀州王屋山飞云岭人，姓冯名新萍，是个猎户的女儿。她与达摩的弟子道育关系匪浅。道育曾先后两次救过冯新萍的性命，于是冯新萍决定与道育一同出家。

道育把冯新萍带进了少林寺，同拜达摩为师。因冯新萍一贯学佛认真，严持戒律，达摩遂为其取法名为尼总持。

后来，道育同尼总持都被师尊达摩视为高足，他们精通禅学，是禅宗得道高僧，为后人所铭记。

阅读链接

据传说，达摩和梁武帝对话后，梁武帝深感懊悔，得知达摩离去的消息后，马上派人骑骡追赶。追到幕府山中段时，两边山峰突然闭合，一行人被夹在两峰之间。达摩正走到江边，看见有人赶来，就在江边折了一根芦苇投入江中，化作一叶扁舟，飘然过江。在江北长芦寺停留后，又至定山如禅院驻锡，面壁修行。

达摩“一苇渡江”的传说在明代时被做成石刻，后被考古工作者发现于定山寺遗址中。定山寺至今留有“达摩岩”“宴坐石”、达摩画像碑等遗迹。定山寺成为禅宗的重要场所，被誉为“达摩第一道场”。

达摩祖师的禅法精要

达摩修行雕像

达摩作为印度禅宗第二十八祖师，他所传的教义精要简明，充分显示出印度大乘佛教的真面目。对于达摩的禅法，禅宗五祖弘忍的再传弟子杜砒在《传法宝纪》中曾说：

今人间或有文字称《达摩论》者，盖是当时学人随自得语以为真论，书而宝之，亦多谬也。若夫超悟相承者，即得之于心，则无所容声矣，何言语文字措其间哉！

这段话的大致意思是说，达摩

是以心传心，从来不立文字的，而且，所流传的有关达摩禅的文字，是达摩的学人凭自己的理解而记录下来的，因此这些不能代表达摩的心传。

达摩弘法图

尽管如此，有些文献中还是留下了有关达摩禅的资料。敦煌本《楞伽师资记》就记载了曾受学于达摩的昙林所记的《略辨大乘人道四行及序》，较为详细地介绍了达摩“二人四行”的“大乘安心”禅法，并称“此四行是达摩禅师亲说”。

此外，唐代学风较严谨的佛教史专家道宣撰《续高僧传·菩提达摩传》，也引用了“二人四行”的内容。故一般认为，这大致能代表菩提达摩的禅法。

达摩祖师东来中国时，中国佛教正处于由译经进入研究的阶段。佛教界偏重于教理的研讨，疏忽对生命的解脱。

达摩祖师针砭时弊，特地提出以心传心，不立文字，见性成佛，阐明佛教的本质不在经教言语，当以解脱人生为本务。

事实上，达摩的禅法渊源于佛陀释迦牟尼。相传，佛陀经常在摩揭陀国首都王舍城之东北侧的灵鹫山上，聚集众弟子演说佛法。

有一次，经常前来听闻佛陀说法的大梵天王，为

大梵天王 印度神话中世界万物的创造者。因为他善恶不分，所以既是世间万物的创造者，也是魔鬼、灾难的制造者。他高兴的时候，世间安稳，万物兴盛；他愤怒的时候，世间不安，灾难丛生，众生苦恼，就连草木也不能幸免。

释迦牟尼佛的两位护法

了表示对佛陀的尊敬，同时也是为了能使众生获得更多的利益，他把一枝金色波罗花献给了佛陀。

波罗是梵语音译优波罗或优钵罗的简称，是莲花的一种。古代印度习俗，以莲花代表纯洁、高贵，因此，后来的佛教中常以莲花代表佛法。

大梵天王隆重行礼之后退坐一旁。佛陀仪态安详，未发一言，拈过这枝金波罗花然后高高举起，向与会大众展示。

当时，在座的诸佛弟子、诸护法天王及其他前来听佛说法者，都对佛陀这一举动不解。大家面面相觑，默默无语。唯有侍立于释迦牟尼身边、一直在用心听他说法的大弟子摩诃迦叶心领神会，悟解了他的意思，便破颜微微一笑。

见此情形，佛陀已知摩诃迦叶能够担当护持佛法的大任，于是便向大众宣布："我有普照宇宙、包含万有的精深佛法，能够摆脱一切虚假的表象修成正果，其中妙处难以言说。我不立文字，以心传心，于教外别传一宗，现在传给摩诃迦叶。"说完，把平素所用的金缕袈裟和钵盂授予摩诃迦叶。

表象 事物的外形和状态。佛教认为：一切事物都是在一定因缘条件下形成的，都是空幻无实的；空是一切事物的本质，虽然体现于具体的万物，然而它本身却是没有形象、没有聚散生灭、超越于一切万有之上的，难以用文字来表达。

佛陀在灵山会上拈花示众，是有深刻含意的。他要弟子们懂得掌握佛法，必须领会佛教的根本精神。这种根本精神，不是语言文字所能表达出来的，需要用“心”来感悟。

涅槃 佛教用语，又译为般涅盘、涅磐、波利昵缚男、泥洹等，亦译为圆寂、灭度、寂灭、无为、解脱、自在、安乐、不生不灭等。最早来自于古印度婆罗门教，指清凉寂静，恼烦不现，众苦永寂，具有不生不灭、不垢不净、不增不减的极高境界，意即成佛。

佛陀所传的其实是一种祥和、宁静、安闲、美妙的心境，这种心境纯净无染、淡然豁达、无欲无贪、坦然自得、不着形迹、超脱一切、不可动摇且与世长存，是一种“无相”“涅槃”的最高的境界，只能感悟和领会，不能用言语表达。

摩诃迦叶领会了佛陀的这种思想精髓，而这种思想精神的感悟和领会就是禅。因此，佛陀把衣钵传给了他，而摩诃迦叶也就成了传承禅宗的第一代祖师。

摩诃迦叶尊者

作为印度禅宗第二十八代祖师，达摩以四卷《楞伽经》和“二入四行”的理论作为禅宗宗旨和经典依据。

达摩认为，一切众生同一佛性，为烦恼所障而不能显现，而只有《楞伽经》可以印心度世。《楞伽经》为佛说第一真实要义。它将禅分为四等，即凡夫所行禅、观察义禅、念真如禅和诸佛如来禅。其中，凡夫所行禅为小乘禅，其余为大乘禅，诸佛如来禅是诸禅的最高境界。

顿悟渐修 佛家用语。顿悟是对于一件事或者一个道理因为某个因素或者原因突然领悟，即有醍醐灌顶功效，豁然开朗，顿悟需要的是特定的环境和因素。渐修则不同，如静坐参禅，经过内心空灵状态下长时间的思考而领悟。

达摩告诉众多弟子，入道有很多种，要而言之，不出两种：一是理入，二是行入。“理入”也称为壁观或坐观，即面壁静坐，以达到舍伪归真、无自无他的境界。相传，达摩曾在少林寺面壁静坐9年，终日默然。

“理入”是凭借经教的启示，深信众生同一真如本性，但为世俗妄想所覆盖，不能显露，所以要舍妄归真，修一种心如墙壁坚定不移的观法，扫荡一切差别相，与真如本性之理相符。

“入道”就是“心如墙壁”，径直趋入菩提道。入道后就会“见道”。本着悟见的道去“修道”，就是“行入”。这种先悟后修，是后来禅宗顿悟渐修说的渊源。达摩所说的“行入”，包括报怨行，即放弃一切反抗心理；随缘行，即放弃辨别是非心理；无所求行，即放弃一切要求和愿望；称法行，即依照佛教教义去行动，这样就可达到直指人心、见性成佛。

■ 达摩面壁图

达摩还讲“四行”。“四行”是指报怨行、随缘行、无所求行、法行四种修行方式。这四种修行方式是紧密地联系在一起，是所有修行方法的概括，即达摩说的“行入四行万行同摄”。

写经和尚蜡像

“二入”是心灵方面的修习，而“四行”则是讲行为方面的修习。“四行”与“二入”相辅相成，共同构成了达摩禅法的基础。

达摩的理论和修持方式，给中国禅门吹进了一股清新之风。它不同于此前的“依教悟心禅”以经典修习禅法，因此，具有划时代的开拓意义。达摩作为中国禅宗的初创者，在禅宗历史上有着崇高的地位。

阅读链接

自以古来作为达摩学说而传的许多著述之中，只有“二入四行说”似乎是达摩的真正思想所在。对于现在流传下来的达摩《略辨大乘入道四行》，唐僧人净觉说：“此《四行》是达摩禅师亲说，余则弟子昙林记师言行。”

昙林是达摩弟子，与慧可为同门。达摩为慧可、道育传授“大乘安心之法”时，昙林负责记录下来，这便是《略辨大乘入道四行》。据昙林的序文说，他把达摩的言行辑成一卷，名为《达摩论》。而达摩为坐禅众撰《释楞伽要义》一卷，亦名为“达摩论”。这两论文理圆净，当时流行很广。

慧可承上启下受衣钵

达摩祖师在嵩山少林寺开宗立派之初，洛阳有个博学旷达，且有一定佛学根基的僧人叫神光。神光俗姓姬，虎牢人。虎牢位于今河南荥阳县汜水镇。神光其父名寂，在慧可出生之前，每每担心无子，于是便天天祈求诸佛菩萨保佑，希望能生个儿子，继承祖业。

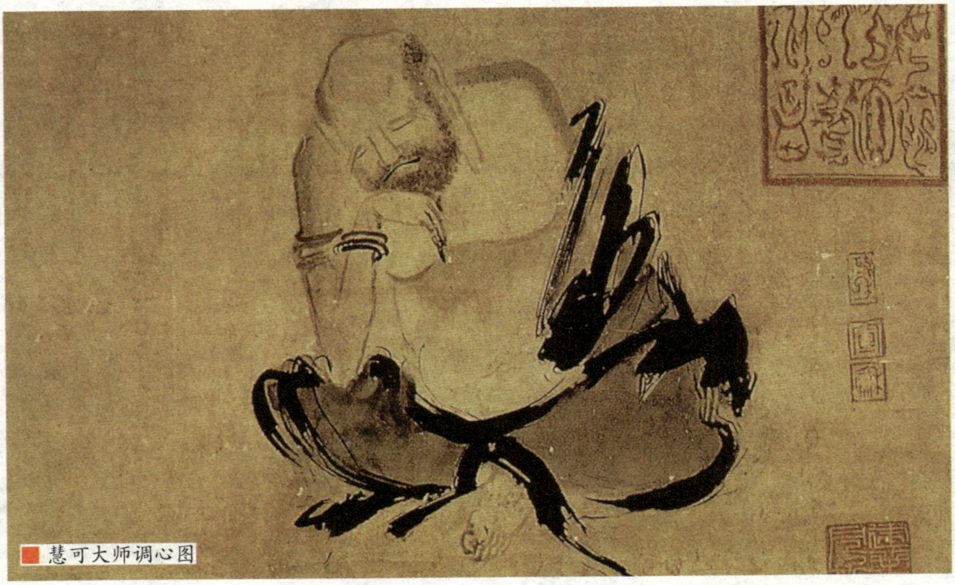

慧可大师调心图

僧人讲经学法

就这样虔诚地祈祷了一段时间，慧可的母亲便怀孕了。为了感念佛恩，慧可出生后，父母便给他起名为“光”。

姬光自幼志气不凡，博闻强记，广涉儒学，对《庄子》《易经》都十分精熟。他喜欢谈论玄妙的道理，后来接触了佛典，被佛典中蕴含的义理所打动，于是决定出家探寻人生的真理。

姬光的父母见其志气不可改移，便允许他出家。于是，他便来到洛阳龙门香山出了家，并改名神光。此后，他遍游各地佛学讲堂，了解并悉心研习大小乘佛教的教义。经过多年学习，神光虽然对经教有了充分的认识，但是个人的生死大事对他来说，仍然是个难解之谜。

神光在32岁那年，放弃了过去那种单纯追求文字知见的做法，回到洛阳龙门香山，开始实修。他每天从早到晚都在打坐，希望能够借禅定的力量来解决生死问题。

这样过了8年。有一天，在禅定中，他朦胧中听到有人跟他说：“如想证得圣果，不要执着于枯坐，大道离你不远，你可往南去！”

就在苦恼没有答案之际，神光听说有个叫达摩的天竺僧人在河南嵩山少林寺弘传佛法，风范尊严，于是便来到少室山少林寺，早晚参见达摩，恭候在旁，以求获得真知和教诲。

开始时，达摩祖师只是面壁打坐，根本不理睬他，更谈不上有什么教诲。但是，神光并不气馁，反而越发恭敬和虔诚。他用古时的大德为法忘躯的精神激励自己：“昔人求道，敲骨取髓，刺血济饥，布发掩泥，投崖饲虎。古尚若此，我又何人？”就这样，他每天从早至晚，一直待在达摩面壁的洞穴外，丝毫不敢懈怠。

腊月 指农历十二月，古时候也称“蜡月”。这种称谓与自然季候并没太多的关系，主要是以岁时的祭祀有关。所谓“腊”，本为岁终的祭名。不论是打猎后以禽兽祭祖，还是因新旧之交而祀神灵，反正都是要搞祭祀活动，所以腊月是个“祭祀之月”。

有一年腊月初九的晚上，天气陡然变冷，寒风刺骨，下起了鹅毛大雪。神光依旧如每天那样站在洞外，一动也不动。天快亮的时候，积雪居然没过了他的膝盖。

这时，达摩祖师才回过头来，看了他一眼，心生怜悯，问道：“你在雪中站这么久，要求何事？”

神光流着眼泪虔诚地说：“希望和尚慈悲，开甘露门，广度群品。”大意是希望师尊教我如来之法，好让我教化芸芸众生。

达摩祖师道：“诸佛所开示的无上妙道，必须累劫精进勤苦地修行，行常人所不能行，忍常人所不能忍，方可证得。岂能是小德小智、轻心慢心的人所能证得？若以小德小智、轻心慢心希求佛法，只能是痴人说梦，徒自勤苦，不会有结果的。”

神光拜师于达摩

听了达摩充满禅机的话，神光已然明白其中的含意。为了表达自己求法的殷重心和决心，他暗中

■ 二祖调心图（局部）

拿起锋利的刀子，“咔嚓”一下砍断了自己的左臂，顿时，鲜血殷红了雪地。神光却全然不理会，他面不改色地把断臂放在达摩的面前。

达摩祖师被神光的虔诚所感动，于是就说：“诸佛最初求道的时候，都是不惜生命，为法忘躯。而今你为了求法，在我跟前，也效法诸佛，砍断自己的手臂，有此至诚之心，求法之事有何不可呢？”于是，达摩祖师将神光收为门人，并将他的名字改为慧可。

就在这个风雪之夜，刚刚成为达摩弟子的慧可就迫不及待地问师尊达摩：“佛法的道理，您能讲给我听吗？”

达摩说：“诸佛法印，非从人得。”意思是你不能从别人那儿求得佛法。

慧可心中茫然，便说：“我的心不安宁，那就请师为我安心吧。”

达摩答道：“当你感觉不安时，那个不安早就过

法印 道教与佛教术语。在佛教中，法印是佛教徒用以鉴别佛法真伪的标准。又译法本、本末、忧檀那等。法指佛法，印喻能印证真伪的佛法之印。凡符合法印的为佛法，不符合的为非佛法。道教法印面上刻着具有道教含义的文字。

《达摩六代祖师图》局部

去了。可是你还要拼命地去找这个不安，去找一个方法来去除这种内心的不安。”

慧可沉思良久，答道：“我寻找我的心，然而我找不到。”

达摩答道：“我已经为你安定了心境。”

慧可当即恍然大悟，明白了只有断除妄想，彻底无心，才能无牵无挂，脱体无依，也只有如此，才是解脱之道。

慧可开悟后，继续留在达摩祖师的身边侍奉，时间长达六年之久。

达摩在去世之前，召集弟子们说：“我的寿命快到了。死之前，我想证实一下你们的禅法修为到底如何，请你们将自己所悟到的说给我听听吧。”

听到达摩的命令，道副首先站起来说：“我们应该不执着文字，也不舍弃文字，而是应该把文字当作求道的工具。这是我悟到的。”

达摩怒声说：“你只得到了我的皮。”

尼总持一见道副不行，连忙站起来说：“依我所了解的，就像庆喜看到了阿佛国，一见之后便再也见不着了。”

达摩又厉声说：“你只得到了我的肉。”

道育随后起来说：“地、水、火、风本来是空的，眼、耳、鼻、舌、根也非实有，整个世界无一法可得。”

达摩回答：“你只得到了我的骨。”

最后轮到慧可，只见他站起身来，向菩提达摩三拜行礼，然后便站着不动了。达摩哈哈大笑，说：“你已得到了我的髓。”于是，慧可便成为禅宗的二祖，接替达摩进行传法的工作。

其实，禅宗推崇的境界是一种无差别的境界。道副虽然口口声声说不要执着文字、不弃文字，表面上似乎超越了语言的差别，而其内心中却还存在着文字差别，否则他也就不用把那种不执不弃的想法表达出来了。所以达摩给他的评语是只得到皮，不过是刚入禅法之大门而已，离真正开悟的境界还远得很呢！

尼总持虽然超越了语言文字的差别，但又堕入有与无、见与不见的对立之中。如其心中超越了有与无、见与不见，那便没有什么庆喜与阿佛国，也没有什么一见之后便不再见的差别了。所以达摩给他的评语是只得到肉。

道育所说的已是佛法的基本道理。认识到世间无一法可得，一切皆假而不实，精神上自然可以超越差别与对立。但禅宗的精神不只是体现在认识的飞跃之上就算完了，更重要的是要知行合一，要把那种超越认识与实际生活结合起来，把精神融于生活之中。道育的认识已超越了，认识到了佛法的真理，但其行为却还滞涩难通，还是要说、要想，所以达摩说他只得到了骨。

《达摩六代祖师图》局部

慧可则不说不动，己身与意合，超越了认识与行为之间的差别，与禅合一了。所以，

袈裟 汉语意译为莲服、袈裟野、迦逻沙曳、迦沙、加沙等，梵语意译作坏色、不正色、赤色、染色，指缠缚于僧众身上的法衣，以其色不正而称名。袈裟具有杜防法衣他用及避免他人盗取等功用。

他便得到了菩提达摩的髓。

这个故事的含义表达了达摩的禅意：要超越一切差别，而更关键的是，这种超越不能只停留在认识的层次上。超越认识与行为的差别，那才是禅所追求的最高境界。

经过这次考问，达摩祖师在依法授衣时对慧可说："我有《楞伽经》四卷交付给你，这是通达如来佛大觉圆满之心的要门。我观汉地，唯有此经，仁者依行，自得度世。望你弘传，开悟众生。"

于是，慧可承受大法并接受袈裟，继承了达摩祖师的衣钵，然后就在黄河近边一带韬光晦迹，隐居不出。由于早年已名驰京师，因此前往问道的人络绎不绝，慧可随时为众开示心要，因而声誉越来越大。

慧可的禅学思想直承达摩，特别是达摩传授他的四卷《楞伽经》，重视念慧。此经的主旨是以"忘语忘念，无得正观"为宗。这个思想，经过慧可的整理发展，对后世禅宗有很大的影响。

■ 达摩六代祖师之慧可弘法

达摩的壁观禅法，是以理入和行入为入道途径的。"理入"即"壁观"；"行入"指万行同摄的"四行"。"四行"着重于劝人在日常生活中去除一切爱憎情欲，严格

■ 少林寺立雪亭

按照佛教教义苦下功夫。

“理入”属于宗教理论，“行入”属于宗教实践，即禅法的理论和实践相结合。慧可继承了达摩的这个思想，指出众生与佛无差别的义理，直显达摩正传的心法。

达摩所传的安心禅法，成了慧可毕生心血所系。自此慧可独立弘法以来，他便一心一意地弘传安心禅法。虽然当时被认为是“魔说”，但丝毫没有影响慧可弘传此法。

达摩“理入”的根本意义在于深信一切众生具有同一真性，如能舍妄归真，就是凡圣等一的境界。慧可继承了这一思想，指出生佛无差别的义理。

慧可的禅法思想源于《楞伽经》，但他却对其中的“专附义理”做了许多自由的解释，因此将佛法向前推进了一步。

黄河 中国北部大河，世界第五大长河，中国第二长河，同时也是华夏民族的母亲河，人类文明的发源地之一，全长5464千米，流域面积75.24万平方千米。黄河发源于青海省青藏高原的巴颜喀拉山脉北麓约古宗列盆地的马曲，自西向东分别流经青海、四川、甘肃、宁夏、内蒙古、陕西、山西、河南及山东九个省区，最后流入渤海。

慧可曾用诗句来表达他的禅学见解，他在答一居士的函中说：

本迷摩尼谓瓦砾，豁然自觉是真珠。
无明智慧等无异，当知万法即真如。
观身与佛不差别，何须更觅彼无余？

从中可见，在慧可看来，万法一如，众生与佛不二。慧可承袭了达摩“理入”之旨，悟此身与佛并无差别，即身是佛，可谓得到了达摩的真传。

慧可在禅宗中的地位十分重要，为达摩后中华禅传人第一人，是公认的禅宗二祖，为中国禅宗真正的实践者。也可说，慧可虽不是中国禅宗的开山，但他把印度佛法教义与中国的国情相结合，使佛教彻底地中国化，成为适合中国士大夫与百姓口味的中国佛教，这是慧可对中国文化最伟大的贡献。

阅读链接

据河北省《成安县志》客籍人物篇记载：慧可在107岁的高龄时，于隋开皇年间的593年来成安县讲经传法，为此特在匡教寺前修筑了两丈多高的说法台。因慧可所讲的禅理非常好，四面八方的老幼听者甚众，匡教寺的和尚也听得入了迷。

慧可说法甚大，这一来惹恼了这里嫉贤妒能的法师辨和，他便到县衙诽谤慧可散布异端邪说，要县里治罪。知县翟仲侃听信了辨和的诬告，将慧可迫害至死，尸体投入漳河。民间传说，慧可从水里漂出，盘腿打坐，双目微闭，安详如生，逆流而上十八里到芦村以北，被葬在那里。唐代时，在此修造元符寺，并建二祖灵骨塔，以示纪念。这里形成的村落也称为二祖村。

禅宗传承

一脉相传

中国禅宗从初祖菩提达摩开始，历经二祖慧可、三祖僧璨、四祖道信、五祖弘忍、六祖慧能，一脉相传。经过历代禅师们的发扬光大，很快使禅宗发展成为中国佛教的主要宗派之一。

这六代禅宗衣钵传承，每一代禅宗传承都具有那个时代的特色，衣钵传人也都将自己的理解、感悟和创新融进禅法里去，这就使得禅宗在中国不断衍变，不断发展，直至六祖慧能开创直指人心、顿悟成佛的南宗禅，中国佛教禅宗最终得以正式确立。

僧璨受法成禅宗三祖

阿弥陀佛像

534年，慧可禅师来到东魏的邺都，即今河南安阳，大弘禅法。在安阳弘传禅法时，引起了当时有些不理解他学说的学者，以及固守经文的僧徒们的争辩。

有个叫道恒的出家人就指斥慧可所说的法要是“魔语”，他派遣上座弟子向慧可质难。然而双方辩论的结果却是道恒的那个弟子听慧可说法后，竟心悦诚服地倒向慧可，这就使道恒更加不满。后来，他贿赂官吏，企图暗害慧可。

为了免于迫害，慧可离开了邺都，四处流离，后来到了今河南安阳、卫粹之间。再后来慧可又和同门昙林南下隐居于舒州，即今安徽潜山县内皖公山。

此后不久，慧可又携始祖达摩所传袈裟和四卷《楞伽经》，来到安徽安庆司空山，掘石窟而修禅。

576年，有一个年已不惑的居士来到司空山礼拜慧可。他对慧可说：“弟子身缠疾病，请和尚为我忏悔罪孽。”

慧可禅师塑像

慧可说：“拿罪孽来，我替你忏悔。”

这个居士考虑了一会儿，说：“我觅求罪孽而不可得。”

慧可说：“我已经为你忏悔完了，你当皈依佛法僧三宝。”

居士说：“今天见到和尚，知道僧是什么了，但还不知道什么是佛，什么是法。”

慧可说：“是心是佛，是心是法，佛、法无二，佛、法无边。”

居士沉思一会儿，然后接着说：“我今天明白了，罪孽不在内，而在外，不在中间，这就正如人的本心一样。”

这位居士的罪孽本空的思想，成为后来禅家最为乐道的一种说法。这个居士能有这样的见地，说明其很有慧根。慧可听了他的回答，非常欣喜，并当即为

居士 既指旧时出家人对在家信道信佛人的泛称，亦指古代有德才而隐居不仕或未仕的隐士，同时，还是众多文人雅士的自称，如李白自称青莲居士，苏轼自称东坡居士，等等。在佛教中，一位名副其实的居士，该是一位大乘的菩萨，或者是名副其实的得道高人、隐士。

光福寺 原名“大佛寺”，始建于唐天祐年间，距今约一千一百年，总建筑面积约两万平方米。整个建筑群落依山势分七级建造，由天王殿、望海楼、观音殿、大雄殿、蒙段祠、三圣殿组成。它是泸山宗教建筑中历史最悠久，规模最庞大，香火最兴旺的佛教建筑群。

他剃发，收他为弟子，赐名僧璨，并说道：“是吾宝也。宜名僧璨。”

576年阳春三月，僧璨前往光福寺受了具足戒。僧璨为了感谢师尊为他忏罪的深恩厚德，就放下身心，侍奉师尊慧可达两年之久。

有一天，慧可告诉僧璨：“菩提达摩远自天竺来到此土，以正法眼藏及证信之物密付于吾，吾今授汝。汝当守护，无令断绝。”说完后，他把正法眼藏与衣钵传给了僧璨，并再三叮嘱，“你当隐居深山，不可行化，避开国难。望你善去善行，等待时机，依法授人。”

僧璨禅师道：“师既预知，愿垂示诲。”这样僧璨就成了禅宗衣钵传人，即禅宗第三祖。

慧可在将衣钵传给弟子僧璨后，便离去了。

在慧可离去后，僧璨禅师谨遵师旨，没有急于出来大肆弘扬祖师禅法，而是韬光养晦，往来于司空山和皖公山之间，过着一种隐修的生活，长达十余年。

古代佛教经卷书影

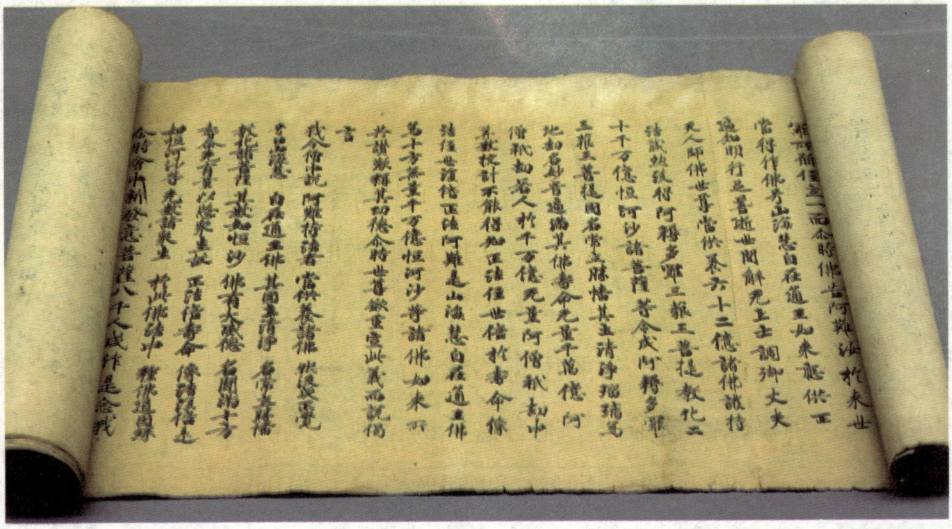

在这期间，僧璨禅师只有道信一个弟子。

■ 僧璨禅师像

僧璨虽然没有公开弘扬祖师禅法，但是他撰写的《信心铭》却对后世禅宗的发展，产生了极为深远的影响。这篇短短的文字，是僧璨当年的所悟所证，更重要的是，它可以帮助门人更好地树立起修习祖师禅法的正知正见。

《信心铭》是440字的偈语，诠释达摩理入称法之旨，至为深切。《信心铭》虽然文字不多，但可以说是字字珠玑，对禅修者来说，极富指导意义。

僧璨秉承达摩祖师的思想，坚持佛和身不二，佛性和人心是合一的。一心论是僧璨禅学的中心，他在《信心铭》中说：

一心不生，万法无咎；无咎无法，不生不心。能由境灭，境逐能沉；心随境灭，境逐心沉；心本无生，因境而有。境由能境，能由境能。境因心有，心能显境；境本无分，因心而别。欲知两段，无是一空；一空同两，齐含万象。缘起性空，一空同两；

皖公山 安徽境内名山，位于安徽潜山县境内，又叫天柱山。西周时期曾立皖国。汉武帝元封五年，即公元前106年南巡，登祭皖公山，封号“南岳”，皖公山由此声名大噪。安徽省简称“皖”就由此而来。

性空缘起，齐含万象。不见精粗，宁有偏党。

僧璨禅师的这段论说，概括了禅的崇高境界，就禅的崇高境界来说，与《庄子·齐物论》的思想是相通的。

《信心铭》是禅宗的法典，也是中国禅宗修学指导的原则。虽然在禅宗是指导原则，实际上在大乘佛法的修学，无论是哪一宗哪一派或者是佛家常讲的八万四千法门，门门要想成就，都不能违背这个原则。

僧璨禅师以《信心铭》，上承达摩、慧可，下传道信、弘忍，对于禅宗的建立、发展起了承前启后的重要作用。

阅读链接

在二祖慧可传僧璨禅宗衣钵时，正值北朝动乱期间。当时南朝和北朝环境不同，在南方，各学派充分发展，百家争鸣。佛教、儒学、道教相互抗衡；在北方，争论涉及华夷之辩，在少数民族统治的北朝，宗教之争就含有了政治意义，于是，支持佛教、反对佛教的运动贯穿了这一期间，这也就是慧可所说的“国难”。

北朝的这一乱局，直到隋王朝统一南北后才得以改变。由于隋文帝杨坚自幼在寺庙长大，做皇帝后，深信自己得到佛祖的保佑，因此大力提倡佛学，佛教遂开始了恢宏的阶段，三祖僧璨也于这个时候开始大力弘法。

四祖道信的弘法禅修

隋文帝杨坚建立隋朝之初，便开始致力于佛教的推广和发展，采取了度僧、建寺、造像、写经等一系列大规模的复兴佛教的措施。

佛教剃度仪式

在这样的形势下，禅宗三祖僧璨广为四众宣传《楞伽经》的教义，名声在外，人们奔趋礼拜。此时，有一个年方14岁名叫道信的沙弥，前来礼谒僧璨大师。

道信俗姓司马，生于今湖北省武穴市梅川镇。年少聪慧，自幼即对大乘空宗诸解脱法门非常感兴趣。7岁时即皈依了佛门，法名道信。

道信的剃度师戒行不清净，道信曾多次劝谏，但是对方却听不进。道信只好洁

古代佛教艺术壁画

身自好，私下持守斋戒，时间长达五年之久。

后来，道信听说皖公山有两个名僧在隐修，便前往皈依。原来这两僧就是著名的禅宗三祖僧璨和他的同门昙林。

礼拜过三祖僧璨后，道信便问："愿和尚慈悲，乞与解脱法门。"

僧璨反问道："是谁捆绑了你？"

道信道："没人捆绑我。"

僧璨道："既无人捆绑，何求解脱乎？"

道信闻言，当下大悟。原来，自己所感到的束缚不在外面，而在内心。束缚完全来自于自心的颠倒妄想，如果看破了这些妄想，知道它们来无所来，去无所去，即不再会被它们所束。如果内心不解脱，到哪儿都不会自在的。因此，解脱在心，不在外。于是，道信在皖公山拜僧璨为师，侍奉左右。

斋戒 包含斋和戒两个方面。"斋"来源于"齐"，主要是"整齐"，如沐浴更衣、不饮酒、不吃荤；"戒"主要是指戒游乐，比如减少一些娱乐活动。后来以此指称相似的宗教礼仪。在佛教历史中，清除心的不净叫作"斋"，禁止身的过非叫作"戒"。

道信拜僧璨为师后，跟随僧璨学习禅法，这一学就是10年。在此期间，僧璨不时地点拨道信，并不断地加以锤炼，直到有一天，僧璨感到道信已经堪能大任，才把禅宗法衣传给他。道信由此成为禅宗四祖。

付法的时候，三祖说了一首偈子：

华种虽因地，从地种华生。
若无人下种，华地尽无生。

然后，僧璨语重心长地对道信说："当年慧可大师传法给我之后，行游教化，长达30年，一直至入灭。如今，我已经找到了你这个继承祖业的人，为什么不去广行教化而要滞留在这里呢？"僧璨讲完这些话，便离开了皖公山，南下罗浮山弘法。

法衣 道教与佛教的法事专用服饰。佛教制度允许出家僧人为养活自身可以持有如法合度的衣服，包括重复衣、上衣、下衣等十三种服饰，并且可以根据不同的时间和场合适当穿用。法衣的原料以及颜色也是有选择的。凡僧尼所穿的被认为不违背戒律、佛法的衣服，皆可称为法衣。

■ 道信禅师像

道信希望能随师前往，继续侍奉祖师僧璨，但是没有得到祖师的同意。祖师告诉他："你就住在这里吧，不要跟我走了，将来要大弘佛法。"

僧璨走后，道信继续留在皖公山，日夜精勤用功。在皖公山居住了一段时间之后，道信觉得弘法的时机已经来到，于是也离开此地，四处游化弘法。

大林寺 庐山三大名寺之一。为4世纪僧人昙诜所创建，位于大林峰上，所以又叫大林寺。“人间四月芳菲尽，山寺桃花始盛开。长恨春归无觅处，不知转入此中来。”这是唐代诗人白居易登庐山，时值大林寺的桃花正妍，于是即兴赋诗一首。

隋大业年间，道信在吉州，即今江西吉安地区正式出家为僧。隋末，战争频繁，天下大乱，道信禅师应道俗信众的邀请，离开了吉州，来到江州即江西九江，住在庐山大林寺。

至唐初武德年间，道信又应湖北蕲州道俗信众的邀请，来到江北弘法，不久在黄梅县西的双峰山造寺驻锡传禅。

在双峰山寺院，道信禅师一住就是三十多年，其间道场兴盛，法音远布，“诸州学道，无远不至”，门徒最盛时多达五百余人。

当时，蕲州刺史崔义玄，闻道信禅师之名前来瞻礼。还有新罗即今韩国的沙门法朗从其受心要。法朗归国后，于胡踞上传法，使中国禅学得以弘传。

《十方佛图》（局部）

道信在双峰山择地开居，营宇立像，传扬佛法，对禅宗的形成和发展起了重要作用。一般说来，要形成一个佛教宗派，除了要有宗主和独成体系的教义外，还必须有一定规模的徒众团体。道信之前，由于“游化为务”无法形成这样的僧众团体，只有在道信定居双峰山后，才形成这样的僧团，因而才开始具备一个宗派的基本条件。

唐贞观年间，唐太宗李世民非常仰慕道信禅师的德风，想一睹禅师的风采，于是下诏令四祖道信赴

■李世民和大臣雕塑

京。但道信以年迈多疾为由，上表婉言谢绝。这样前后反复三次。

唐太宗在第四次下诏时命令使者说："如果再不来，即取首级来见朕。"使者来到山门宣读了圣旨，没想到道信引颈就刃，神色俨然。

使者非常惊异，不敢动刀，便匆匆回到了京城，向唐太宗报告了实情。唐太宗皇帝听了，对祖师愈加钦慕，并赐以珍缯，嘉许大师的人品和志趣。

道信的思想以"一行三昧"为中心，以守自心为方法，通过渐修顿悟的方式体悟空无，这是道信禅法的特色。他十分强调般若学的一切皆空，他要达到的禅境是安心。安心非谓心不动，是指住心、宅心。他主张修禅者要摄心、止心，从而达到任运的境界。

在具体的修行方法上，道信是讲方便法门的，他

唐太宗（598—649），李世民，祖籍陇西成纪，今甘肃天水，是唐高祖李渊的次子，唐王朝第二位皇帝。在位期间，积极听取群臣的意见，以文治天下，并开疆拓土，在国内厉行节约，使百姓能够休养生息，终于使得社会出现了国泰民安的局面，开创了历史上著名的"贞观之治"。

佛教罗汉蜡像

主张先要行忏悔，端坐不动，念诸法实相，除去障碍妄想。在此基础上，进行念佛，以进一步去除执心，念念不断，最后忽然而得到了澄明解脱。

道信主张“佛即是心，心外无别佛”，把念佛与念心同一起来。念佛用“一行三昧”法，念心是观心、守心。

道信所说的念佛并不是往生西方，念西方的佛，而是念自心之佛，因为佛在自心中，离开自心就没有别的佛。这一看法把达摩以来的心性论，进一步突出为佛性论，突出众生与佛性的关系。道信把这种念佛称为安心，他提出了五事方便来实现安心法门。

第一，心即是佛，佛即是心。诸佛法身，入一切众生心想，是心是佛，是心作佛。当知佛即是心，心外无佛。

第二，染净为二，去染复净。“染”指爱着之念及所爱着之法。“净”指解脱之念及所解脱之法。在道信看来，人的根性是不同的，因此，方便法门也应该有所不同。道信的方便法门就是针对不同根性的学人而设的。

第三，修一行三昧。一行即一相，就是行住坐卧，任何的状况都保持实相的、智慧的心。“三昧”又称“正定”，这个定，是有智慧的定，是真正解脱的定，不是外道的强迫，压抑的定。

“一行三昧”，就是无论行住坐卧，都保持一个虚空的心，保持一颗宽容的心，不离一颗菩提心，在道信看来，念佛既是心念，又是实相念。一行三昧即是唯心念佛和实相念佛的结合。

第四，入道安心要方便。禅的具体修法有浅深层次的不同。道信首次明确地提到渐修渐悟的形式和具体方法。

第五，讲究空。他抛开四卷本禅宗《楞伽经》，而把《金刚经》作为自己禅法的理论根据。强调“修道得真空者，不见空与不空，无有诸见”的实相义理。

道信以前的几代禅师，在传法方式上均以“游化为务”，就是不在一个固定地方弘法传教。他们随缘而住，“不恒其所”“行无轨迹，动无彰记”“随其所止，诲以禅教”。

道信改变“游化为务”的传统，采取定居传法的方式。这一传法方式的改变，对禅宗的形成和发展起了重要作用。

阅读链接

在中国禅宗四祖道信的诞生地湖北省武穴市梅川镇，有一口古井，井水冬暖夏凉，清冽甘甜，史称“浴佛井”。此井内圆外方，一块正六边形的青石井圈覆盖井口上，井壁上端由一圈花岗石镶嵌而成。井圈每个角和边都刻有一朵荷花瓣，雕刻精细，形态逼真，宛如12朵盛开的莲花。井口北侧立有一块石碑，上镌明代万历年间所书“浴佛井”三个大字，苍劲浑厚。

“浴佛井”的得名源于道信。历史上曾先后称为永宁县、广济县的湖北省武穴市，因佛事兴盛，素有“佛国”之称。据《广济县地名志》载：相传北周大象初年，东土禅宗四祖司马道信出生时，其父司马申为其沐浴，故称“浴佛井”。

五祖弘忍创东山法门

禅宗四祖道信在双峰山传禅时，在五百多门徒中有一个叫弘忍的弟子，深得道信的认可和赞赏。弘忍，俗姓周，其祖籍浔阳，即今江西九江。后迁居蕲州黄梅，即今湖北黄冈市。

关于弘忍拜道信为师，有记载说，有一天，道信前往黄梅县，路上遇到一个小孩儿，见其骨相奇秀，不觉惊叹此儿不是凡童，于是问他："你姓什么？"

小孩回答说："性即有，不是常性。"

道信又问："是何姓？"

小孩回答说："是佛性。"

道信说："你没有姓啊？"

小孩说："性空，所以没有。"

■《弘忍童身·道逢杖叟》图

道信认定了眼前这孩童定非凡人，于是派人跟随他回家，征求他家长的意见，能否让他出家做自己的弟子。孩童的家长欣然同意。

就这样，道信将这个孩童带到双峰山道场，并将其收为弟子，赐名弘忍。到了弘忍13岁的时候，正式剃度为沙弥。

弘忍生性勤勉，白天劳动，晚间习禅，通宵达旦，精进修行，经年累月，不曾懈怠。在三十多年中，道信经常给他开示顿悟之旨，不断地随机锤炼，使他的修行快速提升。

刚开始时，弘忍经常遭受同门的欺负和凌辱，但弘忍从不争辩、反抗，泰然处之。《楞伽师资记》中讲弘忍：

住度弘愍，怀抱贞纯。缄口于是非之场，融心于色空之境。役力以申供养，法侣资其足焉。调心唯务浑仪，师独明其观照。四仪皆是道场，三业咸为佛事。盖静乱之无

道场 梵文的意译，音译为菩提曼拏罗，如《大唐西域记》卷八称释迦牟尼成道之处为道场。后借指供佛祭祀或修行学道的处所，如中国佛教五大名山，分别为文殊菩萨、普贤菩萨、地藏菩萨、观音菩萨、弥勒菩萨的道场。也泛指佛教、道教中规模较大的诵经礼拜仪式。

二，乃语默之恒一。

五方佛画像

这段话大意是说，弘忍心量宽宏，慈悲仁憨，纯洁无瑕，不谈人间是非。在日常生活中，心心在道，行住坐卧，起心动念，无时无处不在觉照当中，而且经常干苦活重活儿，甘为大众服务。

弘忍的人品、精进和悟性，使他渐渐地成为同道们的学习楷模。道信禅师尚在世的时候，就有很多人从四面八方慕名而来，亲近弘忍禅师，所谓“四方请益”“月逾千计”。这一点令道信禅师非常高兴。

为了锤炼弘忍，道信常常测试弘忍，而弘忍则能够“闻言察理，解事忘情”。道信知其慧根很高，就把衣钵传给他了。同时，还把自己的弟子全都托付给弘忍。

四祖道信圆寂后，弘忍继任双峰山法席，领众修行。渐渐地参学的人增多，其门徒竟以万计。于是，弘忍于唐永徽年间的654年，开始在双峰山东部的冯茂山另建道场，672年新道场建成，取名东山寺。

东山寺建于山腰，亭阁楼台、殿宇僧舍皆为绿树翠竹所遮掩，彼此有重门相通，小路相连，极富园林情趣。

东山寺建好后，弘忍开始在东山寺弘法，因此当时称其禅学为“东山法门”。弘忍被称为东山法师。

四祖道信是东山法门的奠基者，其禅法体现了东山法门的基本内容。《楞伽师资记》中讲到道信禅学的基本文献和内容时说：

其信禅师，再敞禅学，宇内流布。有《菩萨戒法》一本，及制《入道安心要方便法门》。为有缘跟熟者说我此法，要依《楞伽经》，诸佛心第一；又依《文殊说般若经》一行三昧，即念佛心是佛、妄念是凡夫。

亭 中国一种传统建筑，多建于路旁，供行人休息、乘凉或观景之用。亭一般为开敞性结构，没有围墙，顶部可分为六角、八角、圆形等多种形状。这许多形式的亭，以因地制宜为原则，只要平面确定，其形式便基本上确定了。

这段论述可视为道信以至东山法门的纲领。这里所讲“念佛心是佛，妄念是凡夫”，即二心：净心与染心。此二心论，由道信开创，后来成为东山法门的主要特色。

弘忍弘法时“肃然静坐，不出文记，口说玄理，默授予人”的作风，开中国佛教特有的禅风，对后来禅学的发展影响很大。

■ 无量寿佛画像

中国的禅学，自始祖达摩以来，以《楞伽经》印心，至四祖道信，又增加了一行三昧的修持方法。弘忍是道信的弟子，他继承了师尊的禅学传统，但他又增加了以《金刚经》印心的新内容，这反映禅学在不断的发展。

弘忍的基本思想是“人人皆有佛性”。他把这个佛性规定为圆满具足、本来清净的。他认为心是“本师”，佛性就是自己的“本心”。就是说“自然而有不从外来”，这颗心就是万法之源。弘忍禅学以守心为法要。

弘忍的禅学继承道信的禅学思想而来，主要有二依：一依《楞伽经》以心法为宗；二依《文殊师利般若经》的一行三昧。

弘忍弘传的“东山法门”在《大乘起信论》的影响下，以《般若经》与《楞伽经》相融，对旧禅学加以改造，并使之与儒、道修养互相融合，是佛教禅学中国化的标志，且具有破旧立新的改革精神。

“东山法门”改变了以往单纯依赖布施的头陀生活，而采取劳作自给的丛林生活。在道信、弘忍之前，禅僧们多孤游乞食，而弘忍大师率领徒众自食其力，自给自足。

另外，弘忍及其门人把行、住、坐、卧四仪都作为修行的道场，身、口、意“三业”当作佛事。把利己与利他、自觉与觉他、世法与出世法融通起来。

东山法门又主张禅者应以山居为主，远离嚣尘。这种寓禅于生活之中的变化，在佛教史上影响深远。

后来的马祖道一和百丈怀海，创丛林，立清规，道场选址在深山老林，称道场为“丛林”，提倡农禅

马祖道一（709—788，或688—763），俗姓马，又称马道一、洪州道一、江西道一。唐代著名禅师，开创南岳怀让洪州宗。马祖道一禅师门下极盛，号称“八十八位善知识”，法嗣有139人，以西堂智藏、南泉普愿最为闻名，号称洪州门下三大士。

■《金刚经》书影

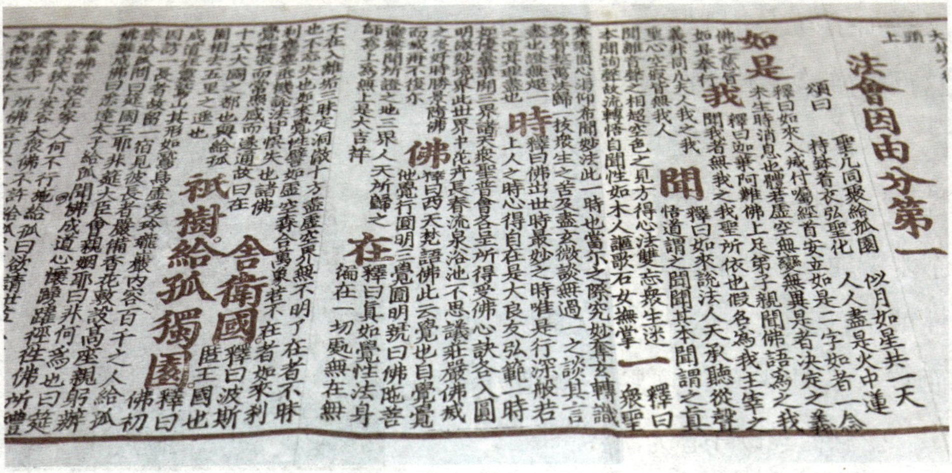

并重，主张一日不作，一日不食，这都是受弘忍的影响。

《楞伽经》

在修行方法上，弘忍与达摩、慧可、僧璨三代祖师都主张渐悟渐修不同，他与师尊道信，则主张渐修顿悟。从总体上来看，“东山法门”顿渐相融通，但是以顿悟为最高，以顿悟为名宗。

弘忍大师创立“东山法门”，以《楞伽经》《般若经》传宗，以双峰山、东山为比较固定的道场，以坐禅与劳作相结合，渐修与顿悟相结合、世间与出世间相融通，广开法门，在广大地区产生了广泛的影响，为中国禅宗的创立做出了卓越的贡献。

阅读链接

弘忍门徒数以万计，参学的人更是不计其数。虽然门徒人数众多，但是能够弘法的人并不多。弘忍临死之前说他弟子中只有10人可以传他的衣钵。这10个人，据说是神秀、智诜、刘主簿、慧藏、玄约、老安、法如、慧能、智德和义方。而在此10人中，最突出和影响最大的是神秀与慧能。

神秀与慧能虽是同一师承，但所传禅法则不尽相同。慧能在南方，神秀在北方。无论是南禅还是北禅，都是出自弘忍门下。由此可见弘忍在中国禅宗史上占有多么重要的地位。

法融开创牛头宗一系

禅宗法师坐禅像

相传道信传衣法于弘忍后，又收了一个叫法融的弟子。法融俗姓韦，润州延陵人，就是现在的江苏丹阳。他少年时即博通经史，“翰林坟典，探索将尽”，后接触到佛学，感到儒道之学不如佛学。随后，他到茅山，即今江苏句容，从三论宗的炅法师剃度出家。

法融跟炅法师学习般若三论和禅定，几年后，又跟从大明法师钻研三论和《华严》《大品》《大集》《维摩》和《法华》等经数年。

大明法师圆寂后，法融漫游各地，从盐官即今浙江海宁市邃法师、永嘉旷法师等听讲各种经论，深受启发，但觉全凭知解不能证入实际，因而进入深山凝心冥坐，过了20年的习定生活。

老僧坐禅榻补衲图

唐武德年间的624年，左丞相房玄龄奏请淘汰寺庙僧徒，法融即挺身入京陈理，御史韦挺看了他的表辞情文并茂，和房玄龄商议后取消此事。

唐贞观年间的636年，法融到南京牛首山幽栖寺北岩下构筑一所茅茨禅室，日夕参究，数年之间，同住的法侣就有一百余人。

这时牛首山的佛窟寺藏有佛经、道书、佛经史、俗经史和医方图符等七藏，是宋初年刘同空造寺时到处访写藏在寺里的著名经藏。

法融得到佛窟寺管理藏经的显法师允许，在那里阅读了8年。摘抄各书的精要，然后回到幽栖寺，闭门从事研究、参修。

在这期间，禅宗四祖道信传衣法于弘忍，听闻法融的事后，就来到牛首山法融参修的石室。四祖见法融端坐，就问他："你在干什么？"

法融回答道："观心。"

丞相 也称宰相，是中国古代最高行政长官的通称。统领百官辅佐皇帝治理国政，位高权重。丞相制度起源于战国时期。秦代设左丞相、右丞相。汉代承袭丞相制度。明太祖朱元璋时期废除了丞相制度。

四祖与法融交流图

四祖问："观心的是何人，心又是什么东西？"

法融回答不出，于是起身作礼，请四祖为他说法。

四祖在石头上写了个"佛"字让法融坐。法融不敢上前去坐。四祖点拨道："你学佛那么久，怎么有畏佛之心在？"

法融反问道："何者是佛？何物为心？"

四祖不慌不忙地说："离心无别有佛，离佛无别有心，念佛即是念心，求心即是求佛。要修成一颗铜墙铁壁般的佛心，只需随心自在就好。心，不用特意去观它，也不要去压抑它。

法融频频点头，又问道："如果内心起了情境，那该怎么办呢？"

四祖回答道："这'境'不分好与坏、美与丑，如果心存美丑、好坏，就是内心不净。只靠天天打坐是成不了佛的。面对不同的情境，你心无挂碍根本不去管它，那么你将修成晶莹剔透的佛心。"

法融听后茅塞顿开，当即拜道信为师。道信遂收下这个弟子。法融的禅学思想得到道信的点拨、印证后便有了一个质的飞跃。

道信知道自己剩余的日子不多了，因此他将禅宗的方便法门传给法融后，便返回了黄梅双峰山。临别

打坐 又叫"盘坐""静坐"，方式是闭目盘膝而坐，调整气息出入，手放在一定位置上，在佛教中叫"禅坐"或"禅定"，是佛教禅宗门人必修的一课。打坐既可养身延寿，又可开智增慧。在中华武术修炼中，打坐也是一种修炼内功，涵养心性，增强毅力的途径。

时他对法融说，达摩祖师的衣钵只能传付一人，现已交与弘忍了。不过你可以自立一支。

遵照师尊的意旨，法融在牛首山授徒传法，“数年之中，息心之众百有余人”，法门逐渐兴盛，自成一派。由于常年在牛首山传法，因此该派被称为牛头宗，其禅法系统被称为牛头禅。

法融的禅学思想主要见于他所著的《绝观论》和《心铭》两部著述。其思想是建立在般若空观和玄学的基础上，具有明显的空宗和玄学的特色。

玄学 魏晋时期的重要哲学思潮，是道家和儒家融合而出现的一种文化思潮，也可以说是道家之学又一种新的表现方式，故又有新道家之称。玄学讨论的中心问题是本末有无，即宇宙最终存在的根本问题。

牛头禅的特色在于排遣多言，而着眼于空寂。在《绝观论》中，法融主张“大道冲虚幽寂”，故立“虚空为道本”。在《心铭》中，法融提出“心性不生，何须知见？本无一法，谁论熏炼”。

在法融看来，“境随心灭，心随境无”，无心无境，心镜本寂，这便是世界的本来面目。基于这一理论，所以他在禅修上认为“无心可守，无境可观”，应该“绝观忘守”。绝观忘守的方式就是“一切莫作”“一切莫执”的“无心用功”。

石窟佛造像

法融所说的无心，并不是绝心，而是像先秦儒学家子思所讲的“率性”，也就是遵循人的本性，自然而然地发展。

牛首山 位于南京市江宁区，是中国佛教名山，文化底蕴深厚，佛教牛头禅宗的开教处和发祥地。

法融因当年在佛窟寺精读了“七藏经书”，加上他的禅学思想受到道学的影响，他所创的牛头禅也体现了“老庄化”“玄学化”的特色，所以牛头禅的形成与发展，对佛教的中国化进程，起到了十分重要的促进作用。

法融的禅学，属于牛头宗的早期。其兴盛时期是从牛头宗五祖智威下的六祖慧忠，以及玄素等始。

慧忠是牛头宗五祖，曾经法受于双峰山。双峰山是道信、弘忍的道场，故又谓其是弘忍的弟子。也有说他是慧能、神会的弟子等。正因为他上脉多出，所以他的禅学具有综合的性质。

慧忠的禅学，主要游于南、北、东山、牛头诸宗之间。他常说的“即心是佛”，属于弘忍、慧能的禅学思想。他在答常州僧灵觉时，又教其“无心

古代高僧弘法图

可用”“本来无心”，他还常说“无情有性”“无情说法”，这些都是牛头宗的最为基本的禅法。

白居易画像

玄素，字道清，俗姓马，人称马祖，或称马素，润州延陵人，即现在的江苏丹阳。武周如意年间，出家江宁长寿寺，晚年居润州幽栖寺传教弘法。

玄素之下有道钦。道钦在杭州的径山立寺弘法，深受唐代宗的崇敬，并赐号“国一”。道钦门下有道林禅师，也很有名气。

据说，道林常栖息在树上，人们因此称他为鸟窠禅师，后来又有喜鹊在他身边筑巢，人们又称他为鹊巢和尚。由于禅师道行深厚，时常有人来请教佛法。

当时，大文豪白居易在杭州做知府。有一次去拜访道林禅师，他看见道林禅师端坐在摇摇欲坠的鹊巢旁边，于是说：“禅师坐在树上，太危险了！”

道林禅师慢慢地回答说：“知府，你的处境才非常危险！”

白居易听了不以为然地说：“下官是当朝重要官员，有什么危险呢？”

道林禅师说：“你薪火相交，心性不停，怎能说不危险呢？”

白居易（772—846），字乐天，号香山居士，又号醉吟先生，河南新郑人，唐代现实主义诗人，唐代三大诗人之一。白居易的诗歌题材广泛，形式多样，语言平易通俗，有“诗魔”和“诗王”之称。有《白氏长庆集》传世，代表诗作有《长恨歌》《卖炭翁》《琵琶行》等。

白居易似乎有些领悟了，他便转了个话题问道：“如何是佛法大意？”

道林禅师回答道：“诸恶莫做，众善奉行！”

白居易听了之后，以为禅师会开示自己深奥的道理，原来是如此平常的一句话，感到很失望地说：“这是三岁孩儿也知道的道理呀！”

道林禅师说：“三岁孩儿虽懂得，八十老翁行不得。”

禅师的话虽然容易理解，但做起来却是不易，白居易听懂了禅师的话，深为折服，遂改变自高自大的傲慢态度，礼拜而退。

牛头禅相传六代后，到了唐末，其影响渐渐衰微。日本僧人最澄入唐求法时，曾从天台山禅林寺僧俺然学习牛头禅法。

阅读链接

牛头宗的法系传承始于法融大师，其后为智岩、慧方、法持、智威、慧忠。但是在智威之前的传承并不明确，这个传承世系是至智威及其后的门徒所建立的。

关于牛头宗的传承次第，有几种说法。唐代学者刘禹锡的《融大师新塔记》以法融、智岩、法持、智威、玄素、法钦为牛头宗传承的次第，但未称为六祖；另有所记的传承是法融、智岩、慧方、法持、智威、玄素六世。这种系统传说在玄素生前似已成立。后来又变为，以法融为第一祖，智岩第二，慧方第三，法持第四，智威第五，慧忠第六。牛头宗的世系，后来即以此为定说。

慧能作偈成禅宗六祖

五祖弘忍圆寂之前，说他弟子中能够弘法的人不多，也就有10个。这10人是神秀、智洗、刘主簿、慧藏、玄约、老安、法如、慧能、智德和义方。在此10人中，只有几个人可以传他的衣钵，而在这其中有一个叫慧能的弟子最有悟性，也最得弘忍的赏识。

慧能画像

慧能，俗姓卢，于唐贞观年间的638年在广东新州（今广东清远）出生。传说在其出生时来了两个奇异的僧人，两僧人给小儿起名慧能，所以慧能从小就叫这个名字。

慧能幼年时父亲就去世了，之后慧能跟着母亲移居南海，即今广东广州。稍长大些，慧能就以卖柴来维持自己和母亲的生活。

六祖寺佛殿

慧能22岁那年，在卖柴时听人诵读《金刚经》，不觉内心有所感悟，“一闻经语，心即开悟”，他就问诵读的人读的是什么经。诵经人告诉他，读的是《金刚经》。

慧能又问诵经人从何处来，如何得到此经。诵经人又答从蕲州黄梅县东山寺来，那里有禅宗五祖弘忍大师在主持传法，门徒有一千多人，前往礼拜时得以听受此经。

慧能听了，觉得自己能被《金刚经》打动，一定就与佛法有缘，所以他安顿好母亲后，遂前往黄梅县东山去见弘忍大师。

慧能来到了韶州曹溪，即今广东曲江区，遇村人刘志略。刘志略的出家姑母比丘无尽藏尼，持《涅槃经》来问字义。慧能说：“我虽不识字，但还了解其义理。”

无尽藏尼说：“既然不识字，你又如何能解义？”

慧能说：“诸佛的道理，并非来自文字。”

无尽藏尼闻听慧能此言，深感惊异，于是告诉乡里耆老，请慧能居于当地宝林寺。不久，慧能又至乐昌市西石窟，遇到智远禅师，智远也勉励慧能前去参拜五祖弘忍。

661年，慧能终于到达了湖北黄梅县的东山寺，并见到了五祖弘忍大师。

一见面，弘忍就问他：“你来自何方，到此礼拜我，来做什么？”

慧能回答说：“弟子是岭南人，新州百姓，今故远来礼拜和尚，唯求成佛，不求余物。”

弘忍想，此人是岭南人，又来自少数民族居住地，估计佛性不足。

慧能看出了弘忍的意思，就说道：“人即有南北，佛性即无南北。岭南少数民族之身与和尚之身不同，佛性有何差别？”

此语一出，弘忍大为震惊，方知慧能是大根器之人，遂收下慧能。他先让慧能在寺内随众做劳役，在碓房踏碓舂米。慧能礼拜而退。

从此，慧能来到碓房不避辛苦，劈柴踏碓。虽然天天干活，可是却时时刻刻在静虑修禅，用功修行，忘身为道。

慧能在寺中碓房一干就是八个月。一天，弘忍集合门人，要大家作一首偈，察看各人的见地，以便付法，也就是将自己的衣钵传给他。

当时弘忍的门徒中，学业最佳、声望最高的是神秀。神秀恐

岭南 岭南属于中国一个特定的环境区域，这些地区不仅地理环境相近，而且，人民生活习惯也有很多相同之处。后来，由于历代行政区划的变动，现在提及“岭南”一词，特指广东、广西和海南三省区，江西和湖南部分位于五岭以南的县市则并不包括在内。

■ 六祖寺佛塔

负众望，就在走廊墙壁上作了一首偈，偈曰：

身是菩提树，心如明镜台；
时时勤拂拭，莫使惹尘埃。

这首偈表达了神秀渐修成佛的见解。神秀抓住了人的身心两个要素，将它们比喻为“菩提树”“明镜台”，要求人们“时时勤拂拭，莫使惹尘埃”。

这里的“尘埃”是指“六尘”，即色、声、香、味、触、法六境，一般认为此“六尘”与眼、耳、鼻、舌、身、意六根接触，由于“六识”的贪着取舍，会造成人心的染污，所以教人要“时时勤拂拭”。此偈给人留下一个精进不懈的修行者的形象。

对于此偈，弘忍认为未见本性，只到门外。尽管弘忍认为“只到门前，尚未得入”，但又告诉门人“凡夫依上偈修行，即不堕落”。意思是，如此修行，境界会提升。

慧能得知神秀所作的偈后，就知其对佛法的理解并不到家，他说：“美倒是美了，了则未了。”于是也作了一偈，请别人代写在偈旁。偈曰：

菩提本无树，明镜亦非台；
本来无一物，何处惹尘埃！

明镜台 指梳妆台。因为台上一般放着镜子，故有此名。而梳妆台一般都清理得一干二净，一尘不染。“明镜台”因为神秀和慧能的偈成为佛性的代称。五祖大师因慧能偈语有“菩提本无树，明镜亦非台”句，把禅宗的顿悟之法与衣钵传给了他。

慧能坐姿画像

菩提树是空的，明镜台也是空的，身与心俱是空的，本来无一物的空，又怎么可能惹尘埃呢？此偈直指本心，剖见本性。这首偈显示了慧能顿悟成佛的见解。

慧能弘法图

五祖弘忍一见此偈，便知慧能已悟彻佛法大意。只是碍于当时众门徒在旁，恐惹起嫉妒，未作认可。

当天晚上，弘忍来到碓房，问慧能：“米白了吗？”

慧能道：“米白了，只是没有筛过。”

弘忍用手杖在石碓上击了三下，回身便走。

慧能心领神会，三更时来到弘忍禅室，弘忍为慧能讲《金刚经》要旨，慧能彻悟，道：“何期自性，本自清净；何期自性，能生万法。”

弘忍见慧能彻悟本性，决定把法器、袈裟传给他，慧能跪受衣法，成为禅宗第六祖。

弘忍对慧能说：“你从今以后是第六代祖师了。衣是信物，代代相传。法须以心传心，当令传人自悟。”又说：“慧能，自古传法，气如悬丝！若在此间，有人害你。你必须赶快离去！”

慧能问：“我应当隐避在何处呢？”

弘忍说：“逢怀且止，遇会且藏。”

慧能随师父弘忍来到一条河边，河边有一只师父

菩提 梵文的音译，意思是觉悟、智慧，用以指人豁然开悟，实入彻悟途径，顿悟真理，达到超凡脱俗的境界等。涅槃是佛境的最高层次。涅槃对凡夫来讲是人死了，实际上就是达到了无上菩提之境。

早已备好的小船，弘忍拿起桨说：“慧能，我来渡你过河吧。”

慧能马上说：“师父，你坐船上，我自己来划。迷的时候师父渡我，悟了以后我渡自己。”

弘忍听罢，赞许地点点头，把船桨交给了慧能，为自己找到了一个出色的接班人而欣慰，自己最大的心愿圆满地了结了。

弘忍坐在船上给慧能念了一首传法偈：“有情来下种，因地果还生；无情亦无种，无性也无生。”

慧能点点头说：“师父，我记住了。”

这时，五祖弘忍向慧能道出了最后一句话：“慧能啊，今后的佛法将因你而大盛，此去南方，佛法难起，应看时机成熟后再说法。”

慧能连忙点头：“明白了；师父，多谢师父指点！”

此时，船已到了河对岸，慧能下了船，把船桨交给了师父，与师父挥泪告别，目送着师父划船的身影，直到看不见。之后，慧能就一直往南走去。

阅读链接

慧能求法的因缘，《曹溪大师别传》有不同的传说。《曹溪大师别传》说慧能先从新州到曹溪，即今广东曲江，与村人刘志略结义为兄弟。刘志略的姑母无尽藏尼常诵《大涅槃经》，慧能不识字，却能为他解说经义。在宝林寺住了一个时期，被称为“行者”。为了求法，又到乐昌依智远禅师坐禅。后来听慧纪禅师诵经，在慧纪禅师的激发下决心去黄梅参礼弘忍。

依《曹溪大师别传》说，慧能参礼弘忍，与《金刚经》无关。所以在去黄梅以前，慧能早已过着修行的生活。如果解说时慧能22岁，因听《金刚经》而发心去参学，经过曹溪，曾住了一段时期，到24岁才去黄梅的话，便可以得出两种说法，但此说也未确定下来。

禅学弘传

禅宗至六祖慧能时期达到了繁盛，这个时候也可以说是中国禅宗的正式形成时期。慧能创立了有中国特色的禅宗，他的佛教思想影响遍及日本和东南亚各地。他留下的《法宝坛经》，成为研究中国和世界佛教史、思想史、哲学史的历史巨著之一。

在这一时期，慧能在南方开创的南宗禅法为顿门；同门神秀在北方开创的北宗禅法为渐门，世称“南顿北渐”。后来南禅北移，其方法简便，使神秀在北方的禅法逐渐失势，南禅进而一统天下，成为禅宗主流。

慧能岭南弘法传美名

慧能受五祖弘忍衣钵后，离开东山寺，渡过长江，到了九江驿，然后直接回到岭南。弘忍弟子知道本门衣法付与慧能后，有些不平，有些人就向南追来。其中有个名叫慧明的僧人，行伍出身，他一直追到大庾岭上，终于追到了慧能。

慧能见慧明追来，将衣法给慧明，说道："衣钵代表法信，难道可以用力争吗？"

慧明有些不知所措，说："我为法来，不要其衣。"慧明的意思很明显，传衣虽表征了传法，但有衣并不代表有法，他要的是法，而并非仅仅是衣。

慧能便为慧明说法。说法的内容为"不思善，不思恶，正与幺时，哪个是明上座本来面目"，意思是屏息一切因缘，不生一切念头，不想善恶，此时，哪个是你本来的面目？

慧明听后大悟，说："我虽在黄梅学习，但从没有反省过自己的本来面目，今蒙教诲，如人饮水，冷暖自知。"

慧能见慧明彻悟，便让慧明向北去弘法。慧明本是弘忍的弟子，但因为听慧能说法而大悟，转而成为慧能的弟子。慧能来到岭南，隐瞒身份，度过了五年劳苦的生活。667年农历正月初八，慧能来到了广州法性寺。

慧能禅师塑像

当时正值印宗法师在讲《涅槃经》。慧能听到二僧在辩论关于风吹幡动的问题，一个说是风动，一个说是幡动，争执不下。慧能来到二僧面前说："不是风动，不是幡动，是你们的心动。"

慧能这句话震惊了四座，也引起印宗法师的注意。印宗久闻禅宗衣钵传人南来，现在看到慧能谈吐不凡，便猜想是禀受衣法者，一问果真如此。遂请慧能拿出衣钵，众人礼拜。

印宗向慧能请教五祖弘忍的禅法，慧能说："只讲见性，不论禅定、解脱。"

印宗又问："为何不论禅定？"

慧能说："那是二法，佛法是不二之法。"

印宗紧问："什么是不二之法？"

慧能回答说："一者善，二者不善，佛性非善非不善，这就是不二。"

印宗听后，欢喜合掌，自叹弗如，称自己的讲经"犹如瓦砾"，而慧能的说法"犹如真金"，愿拜慧能为师。

法性寺 中国古刹之一，位于广州西北部，又叫作制旨寺、制止道场，今称为光孝寺。东晋时，罽宾僧始造立寺宇，号王园寺。南朝时，真谛住此翻译经典，慧恺、僧宗等亦跟随来此，一时译经风盛。

古画《十六罗汉图》之局部

672年农历正月十五，印宗亲自为慧能落发剃度，并请智光禅师为之授戒。自此，慧能正式出家为僧。他的嫡传身份公之于天下。

慧能在落发剃度的第二年春天，前往韶州曹溪山宝林寺传经弘扬禅宗。在当地人的支持下，大建寺院，广收门徒，使曹溪法门名播天下。

曹溪宝林寺是岭南的禅学中心，当时任韶州刺史的韦琚信奉佛教，慕慧能之名，特邀慧能下山至韶州城的大梵寺为众说法。

一天，韦琚问六祖："弟子有个疑问，愿和尚大慈大悲，为我解说。"

慧能回答："有疑难就问。"

韦琚说："达摩祖师初到中国，梁武帝问祖：'我一生中建造寺庙，广抄经书，广设斋会，这有什么样的功德？'达摩说：'实在是没什么功德。'弟子我不能理解这个道理，希望大师能为我解脱。"

慧能说："造寺度僧，布施设斋，乃是求福，不能把福德与功德混为一谈。功德不是布施供养所能得到的。"

慧能的解答，让韦琚受益匪浅，从此以后更加敬重慧能禅师，做官一方，造福百姓。

一天，慧能辞别大梵寺的众位师兄弟，在韦琚的

曹溪 水名，在广东曲江区东南双峰山下。以六祖慧能在曹溪宝林寺说法而得名。据史料记载，六祖在曹溪达40年之久，留下了许多遗址遗迹，如脚印、避难石、浴堂村、狮子岩、坛经、开悟泉、九龙泉、菩提树等，每一处都有引人入胜的故事。

陪同下，回到了南华山宝林寺。慧能刚刚回来，门外就有人求见，来人是法海和尚。

法海本是韶州曲江人，他到大梵寺去谒拜慧能时，慧能已经回宝林寺了，因此，他又赶到宝林寺来。慧能见法海诚心前来问法，便在法堂里接见了他。

法海见到六祖禅师立即参拜，拜毕问："弟子请问和尚，'即心是佛'这是什么道理？请和尚慈悲为我指示晓喻。"

慧能说："前念不生即心，后念不灭即佛，成一切相即心，离一切相即佛。"

法海听了即时恍然大悟。慧能又说："听我给你说偈：'即心名慧，即佛乃定；定慧等持，意中清净。悟此法门，由汝习性。用本无生，双修是正'。"

这段偈语的意思是说：无念即心名叫慧，离相即佛就是定；定和慧均等修持，心意自然常清净。能悟这顿教法门，由你习性所自得。定体慧用本无生，定慧双修才是正。

法海在六祖的开示下，领会了"即心是佛"的道理。他从此就在慧能身边学法，成了慧能的得意门徒。

古代精美的木雕佛

慧能讲法时，法海记录整理当时的开法情况，编成了《六祖法宝坛经》，此经成为禅宗的主要经典。

在韶州，除了在宝林寺，慧能还在广果寺等寺院传经弘法，每次都引起了轰动，受众人数很多很多。

慧能弘扬禅宗，主张"顿悟"，其思想影响了华南诸宗派，人称"南

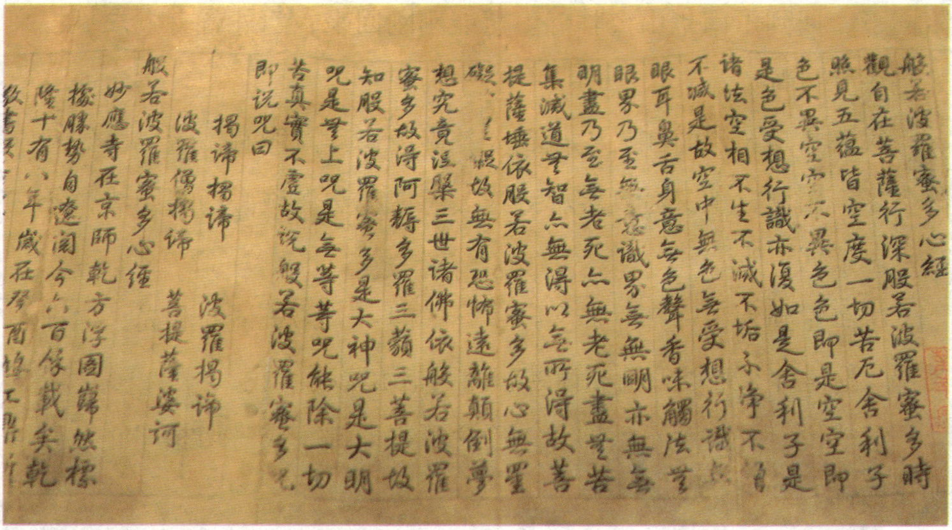

《般若波罗蜜多心经》书影

宗”，慧能被尊为南宗之祖。

除了在广州、韶州弘法外，慧能又先后在河南南阳、洛阳大弘禅法，使南宗的影响与声望越来越大。

当时有一位禅师叫智隍，他曾参拜五祖弘忍大师，自以为得到传授，就来寺庙打禅，达20年之久。慧能的一个叫玄策的弟子游览河北，路过此地，他问智隍：“你在这干什么？”智隍回答说在“入定”。

玄策又问道：“你所说的入定，是有心的入定呢，还是无心的入定？若是无心的入定，一切草木瓦石都可以叫入定；若是有心的入定，一切有情感知觉的生物都应该得到入定。”

洛阳 位于洛水之北，水之北乃谓“阳”，故名洛阳，又称洛邑、神都，历史上先后有商、西周、东周、东汉、北魏、西晋、隋、唐等十三个正统王朝在洛阳建都，拥有一千五百多年建都史。

智隍说：“我入定时没有‘有’‘无’之心。”

玄策说：“既然没有‘有’‘无’之心，就是常定。既是常定，又有什么‘出’‘入’呢？”

智隍不能对答，说：“请问你拜谁为师？”

玄策说：“曹溪六祖。”

智隍问：“六祖怎么讲禅定？”

玄策说："五阴本空，六尘非有。不出不入，不定不乱。"

不久，智隍到曹溪拜谒慧能，陈述了上面的情况。

六祖说："正如你谈到的，要心如虚空，又不执着于空见，无障无碍，动静无心，就如你的自性的样子，何时不定呢？"

智隍大悟。六祖又开示众人说："什么叫坐禅呢？对外界一切善恶环境不起心念叫坐；对内自性不动叫禅。什么叫禅定呢？对外能摆脱一切现象的干扰为禅，内心不乱为定，外禅内定，就是禅定。"

经此一事，慧能的名声更加响亮，前来曹溪宝林寺听法的人更加络绎不绝，人潮如织。有个名叫法达的僧人，读完3000部《法华经》，却不知道此经的宗旨，就前来请教慧能。

慧能慈悲地告诉他："这部经是以因缘出世为宗，佛是因一大事因缘才出现于世间的，这一大事，指的是佛的知见，佛的知见，就是指人的自心。世人口善心恶，贪瞋嫉妒，侵人害物，都是因为心邪，若能正心，常生智慧，观照自心,止恶行善，就是开佛的知见。"

法达问："那么懂得义理，就不需要诵经了？"

慧能说："口诵心行，就是转经；口诵心不行，即是被经转。"法达听后大悟。

古代汉白玉佛像

禅学与经教是对立的，禅学不重知识，只讲顿悟。达摩的"不立文字，直指人心"讲究的就是顿悟。慧能注重的也是心转。

慧能在曹溪宝林寺说法，门徒众多，人称为岭南活佛，其影响很大，最终引起唐王朝的关注。

唐王朝曾几次礼请慧能。692

年，武则天派天冠郎中张昌期前往韶州曹溪“请能禅师”，慧能托病不去；到696年，唐王朝“再请能禅师”，慧能还是不去，没有办法，唐王朝只得请袈裟入道场供养。

武则天晚年又再次派薛简迎请慧能，慧能依然予以拒绝。到唐中宗李显时的707年，此时武则天早已去世，唐中宗又派薛简再请，慧能以年迈风疾为由，辞却不去。薛简恳请说法，然后将记录带回复命。

唐中宗赠慧能摩衲袈裟一领、宝钵一口以为供养，下诏将宝林寺改为中兴寺。神龙二年，也就是706年，又下诏将新州报恩寺改国恩寺。

713年阴历七月初八，慧能带领门下弟子法海等回新州国恩寺。这一年的阴历八月初三，慧能圆寂于国恩寺，世寿76岁。这一年的阴历十一月十三日，慧能坐化的神龛及承受的衣钵，从新州国恩寺迁往宝林寺。

慧能说法，弟子法海记录，辑录成《南宗顿教最上大乘摩诃般若波罗蜜经六祖慧能大师于韶州大梵寺施法坛经》，简称《六祖坛经》。这部经卷记载了慧能一生得法传宗的事迹和启导门徒的言教，内容丰富，文字通俗，是南宗的教义根据。慧能创立了有中国特色的佛学教派，他的佛教思想影响遍及日本和东南亚各地。《六祖坛经》成为研究中国和世界佛教史、思想史、哲学史的历史巨著之一。

阅读链接

禅宗五祖弘忍于672年创建的五祖寺，位于湖北省黄梅县东12千米的东山，当时称东山寺，后世改称五祖寺。它是佛教禅宗五祖弘忍大师的说法道场，也是六祖慧能大师得衣之地。

五祖寺自建寺以来，每年朝山的香客数以万计，不少文人骚客前来游览，并留下许多赞美的诗句。它既在中国佛教史上占有极其重要的位置，又是著名的旅游胜地，而且在国际上，特别在日本、印度等国家享有盛誉。

禅宗正统体系的确立

五祖弘忍的门下有个叫神秀的弟子，也深得弘忍的赏识。神秀俗姓李，汴州即今河南开封人，自幼学习经史，博学多闻，受到了老庄玄学、《书》《易》大义、“三乘”经论和《四分》律仪等儒释道的全面熏陶。

佛教禅师塑像

神秀早年当过道士，50岁时，到蕲州双峰山东山寺参谒禅宗五祖弘忍求法，后出家受具足戒，曾从事打柴汲水等杂役六年。弘忍深为器重，称其为“悬解圆照第一”“神秀上座”，令为“教授师”，就是负责教育其他门人。

神秀跟随弘忍的时间远较慧能长，慧能被派在碓房里踏碓时，神秀已经跟随弘忍六个年头了。

在弘忍圆寂之后，神秀来到荆州当阳山玉泉寺弘禅，二十余年中门人云集，影响渐大，成为当时的禅学中心，渐渐形成了禅学一宗，称为北宗，神秀被尊为北宗禅之祖。

武则天闻听神秀的大名，于700年派人延请神秀来到洛阳，后又召到长安内道场弘法，深得武则天敬重。据说，武则天迎神秀禅师入京时，亲自行跪拜之礼。

705年，武则天挽留神秀，并自称弟子。唐中宗时，对神秀更加礼重。当时的中书令张说也向他问法，并执弟子礼。

四祖道信创东山法门，五祖弘忍将其弘扬光大。四祖的东山法门禅法，也就是“念佛禅”，念佛禅就是把“不立文字，教外别传”的禅宗，通过有佛经文字，有修行模式，成为让一般修行人能接受的禅宗法门。

以神秀为代表的北宗禅学，忠实地继承了四祖道信和五祖弘忍的东山法门，丝毫没有变化，弘忍禅师曾赞叹道：“东山之法，尽在秀矣。”北宗强调“渐修渐悟”，史称北渐。

反映神秀禅法思想的主要文献是他的《观心论》。《观心论》亦名《破相论》和《大乘无生方便门》，又名《大乘五方便门》，集中反映了神秀的禅法思想。

从《观心论》的内容来看，神秀的禅法思想有一重要特点，就在于他处处不忘教导弟子自己觉悟内心本具的真如佛性，使其不受无明染心的束缚，从而摆脱烦恼，免除痛苦。

神秀认为，客观外界都是由心所引起而产生的。他要求人们唯在观心。他说：“心者，万法之根本也。一切诸法，唯心所生。若能了心，万行具备。心既然是万法之根本，那么心就是体了。”

神秀特别重视内在心性的作用。在神秀看来，努力让内在的心性摆脱无明的束缚，让真如清净无染的自心呈现出来，才是真正踏实的修行。而那些只注重表象，在一些事相上用功夫，并不能算作是真正的修行，不过就是能得些福报，尽是“有为功德”。因此，神秀的禅法思想与传统的解释，存在着不同，形成自己的特色和风格。

菩萨彩像

神秀在北方佛教徒中，有着深刻的影响和崇高地位。他使东山法门发展到顶峰，使北宗的势力盛极一时。这时，神秀已经年岁很大了，最后圆寂于洛阳。

神秀的丧礼办得极其豪华荣耀。禅宗一门，立即声名倍增。在唐中宗、唐睿宗朝，弘忍的弟子相继奉诏入京，神秀的弟子辈，诸如普寂、义福等，也受到朝廷权贵的支持和崇信，封为“国师”。

与北宗不同的是，南宗嫡传的并不是来自四祖、五祖的东山法门，而是嫡传了佛陀以心印心，不立文字，教外别传的宗法。

慧能认为一切般若智慧，皆从自性而生，不从外入，若识自性，“一闻言下大悟，顿见真如本性”，因此，他提出了“即身成佛”的“顿悟”思想。“顿悟”思想贯穿于慧能整个弘法授徒之中，史称南顿。

唐中宗（656—710），李显，原名李哲，唐高宗李治的第七子，武则天的第三子。章怀太子李贤被废后，立为皇太子。705年即位。在位期间，恢复唐王朝旧制，免除租赋，设十道巡察使，置修文馆学士，发展与吐蕃的经济、文化交往，实行和亲政策。唐中宗前后两次当政，共在位五年半。

唐睿宗（662—716），李旦，又名李旭轮，唐高宗李治第八子，武则天幼子。他一生两度登基，三让天下，在位八年。公元690年让位于母后武则天，被封为皇嗣。公元710年再度即位。公元712年禅位于子李隆基，称太上皇，居五年去世，享年55岁，葬于唐桥陵。庙号睿宗，谥号玄真大圣大兴皇帝。

实际上，北宗也讲究顿悟，但北宗所说的顿悟，是由渐至顿，恍然大悟。而南宗的顿悟，则是单刀直入，悟在刹那间，如弹指，即刻见性成佛。

南宗禅法以定慧为本。定慧即“无所住而生其心”，“无所住”指“定”“生其心”即“慧”。慧能从“无所住而生其心”的经文中，悟出了定慧等学微旨。禅宗的一切思想，皆从此义引申而来。

据记载，慧能在曹溪宝林寺讲法，天下学徒，不远千里，慕名前来，大家都觉得一定能聆听到深奥的教诲，在修行上获得长足的进步。

时间一长，他们觉得实际情形与自己内心的企盼完全不同，以前，他们每天都要做功课，除了干一些杂务，大部分时间是在打坐入定。现在慧能大师干脆什么也不管，只是吩咐大家每天干些琐碎的杂活。

■ 古代佛教造像

众人的议论越来越多，慧能认为说法的时候到了，便召集众人在大讲堂，开门见山地说：“今天将大家召集在一起，专门讲讲坐禅的问题。”众人一听，顿时群情振奋。

慧能告诉大家说：“近日来，我听到大家的许多议论，抱怨我们这里不注重坐禅。其实，我们每天都在坐禅，只不过我们的坐禅不是让人静坐不动，而是

从心所欲，不须拘泥，举手投足，皆在道场。”

他又说：“只要保持心性的纯洁，不受善恶是非观念的影响，就是‘坐’；心灵净化自识本性，就进入‘禅’的境界，外动而内静，比起那些终日静坐、内心却心猿意马的僧人来说，当然是好的。”

南宗认为佛性本有，因此提倡心性本净，见性成佛。主要依据是达摩的“二入”“四行”学说。“二入”指“理入”“行入”。

“理入”凭借经教的启示，深信众生同一真如本性，但为世俗妄想所覆盖，不能显露，所以要舍妄归真，修一种心如墙壁坚定不移的观法，扫荡一切差别相，与真如本性之理相符。“行入”是指禅的实践。

“四行”为：报怨行、随缘行、无所求行与称法行，属于修行的实践部分。“四行”与“二入”相辅相成，共同构成南宗的理论基础。

■ 壁画《反弹琵琶》

坐禅 佛教修持的主要方法之一，就是跏趺坐而修禅。佛教讲因缘，也就是内因，外在条件，因此，要想坐禅有成就，对初学者要有个好的因缘。最要紧的，一要发愿坚持修炼，二要持戒，就是最基本的“不邪淫”一定要遵守。同时戒除一切不良的生活习惯。坐禅也是民间爱好佛学者理疗、养生、悟道的一种修炼方式。

佛教罗汉画像

顿悟不容易，所以六祖慧能说：“我此法门，乃接引上上根器人。”上等根器还不算，要上上根器，最上等智慧的人。

慧能恢复前代佛教僻居山林的修行方式，他一生远遁岭南弘法。北方主要是以神秀为代表的禅学北宗弘法范围，他不愿涉足。另外，慧能不愿交游权门，刻意与朝廷保持一定距离，保持了自达摩禅以来历代祖师山林佛教的特色。

慧能提倡自然的修行生活，无异于世俗平凡生活，他甚至提出了“若欲修行，在家亦行，不由在寺”。把修行活动深入世俗生活的每个角落，而不仅仅限于僧侣生活。

以神秀为首的北宗畅行北方，以长安、洛阳为中心，主张以笃践实履之精神修行禅法，力主“渐修”，而南宗主张“顿悟”，针锋相对，因南、北二

根器 佛教教义名词，指先天具有接受佛教的可能性。植物之根能生长枝干花叶，器物能容物，然所生所容，有大小、多寡之不同；修道者能力亦有高下，故以根器喻之，俗谓学道者为有根器即此义。“根”比喻先天的品行。“器”，比喻能接受佛教的容量。

宗宗风的不同，当时有“南顿北渐”之说。

“南顿北渐”到底哪个是禅宗正统，这个问题当时曾引起争论，当武则天要请神秀禅师担任国师时，神秀禅师却说：“我没有这个资格，传承衣钵的是师弟慧能禅师。”从中可以看出神秀是把慧能当作禅宗衣钵传人的，同时也可以看出神秀的器量。

长安 西安的古称。从西周到唐代先后有十三个王朝及政权建都于长安。是中国历史上建都时间最早，历时最长，朝代最多的古都之一，是中国历史上影响力最大的都城。它是中华文明的发祥地、中华民族的摇篮、中华文化的杰出代表。

神会禅师是慧能的晚期弟子，姓高，湖北襄阳人。童年从师学五经，继而研究老庄，都很有造诣。后来读《后汉书》知道有佛教，由此倾心于佛法，遂至本地国昌寺从颢元出家。他理解经论，但不喜讲说。

神会30岁到34岁，在荆州玉泉寺跟从神秀学习禅法。700年，因武则天召他入宫说法，便劝弟子们到广东韶州从慧能学习。

神会来到曹溪后，在那里住了几年，很受慧能器重。一天，神会问六祖：“师父坐禅，见还是不见？”

佛教禅师石雕像

慧能用手杖打他，并问：“我打你痛还是不痛？”

神会回答说：“也痛也不痛。”

慧能接着说：“我也见也不见。”

神会又问：“什么叫也见也不见？

慧能说：“常见自己的过错，不见他人的是非。你说的也痛也不痛怎么讲？若不痛，与树木土石有何差别？若痛，即起仇恨，与俗人无异。我见则我见，难道会代你迷惑，为啥不自见自知，却来问我见与不见。”

神会似有所悟，从此精进不懈，佛学见地与日俱增。为了增广见闻，他不久又北游参学。先到江西青原山参行思，继至西京受戒。

唐中宗时的景龙年间，神会又回到曹溪，慧能知道他的禅学已经纯熟，就在圆寂前授予印记。

720年，神会受命前住南阳龙兴寺弘法。这时他的声望已隆，南阳太守王弼和诗人王维等都曾来向他问法。

神会北归以后，看见北宗禅在北方已很盛行，于是提出南宗顿教优于北宗渐教的说法，并且指出达摩禅的真髓存于南宗的顿教。他认为北宗的“师承是傍，法门是渐”，慧能才是达摩以来的禅宗正统。

唐玄宗开元年间的724年，神会在河南滑台的无遮大会上，慧能的弟子菏泽神会辩倒了神秀门人崇远、普寂，建立了南宗宗旨。

神会提出一个修正的传法系统：“达摩大师传一领袈裟以为法信授予慧可，慧可传僧璨，僧璨传道信，道信传弘忍，弘忍传慧能，六代相承，连绵不绝。”最终使得南宗成为中国禅宗的正统。

阅读链接

慧能不认识字。神秀的门人经常讥讽慧能不识一字，没有什么长处，说“慧能大师不识一字，有何所长？”但神秀本人并不是如此说法，他告诉徒众说：“慧能大师得无师之智，深悟上乘，吾不如也。”由此可见，神秀大师虚怀若谷，他对六祖的禅法更是肯定和推崇。

慧能对于神秀也是十分尊崇。如神秀大师曾派弟子志诚去亲近他，他曾经这样对志诚说：“汝师戒定慧，接引大乘人；吾之戒定慧，接最上乘人。彼此悟解不同，见有迟疾。”言下之意就是，悟道都是一样的，只是前后略有差别而已。

道一开辟禅宗新境界

南北宗之争，虽然一时间激烈，但持续没有多长时间，北宗神秀一派，自创始人神秀之后，不久即衰落。而南宗在后世却保持了绵延不绝的发展态势，成为禅宗的主流。慧能门下有众多弟子，著名弟子有南岳怀让、青原行思、石头希迁、菏泽神会、南阳慧忠、永嘉玄觉，形成禅宗的主流。其中，以南岳、青原两家弘传最盛。

道一和尚画像

南岳怀让，俗姓杜，金州，即后来的陕西安康人，从小就喜欢阅读佛经。有一天，来了一位玄静法师对怀让的父母说：“这孩子相貌超然，出俗不染，实在是不可多得的法器，这孩子如果能够出家的话，将会有所成就，

律宗 中国佛教宗派之一。因着重研习及传持戒律而得名。实际创始人为唐代僧人道宣。因依据无德部、萨婆多部、弥沙塞部、迦叶遗部、婆粗富罗部，这五部律中的《四分律》建宗，也称四分律宗。又因创始人道宣住终南山，又有南山律宗或南山宗之称。

而且可以广度众生。”

在玄静法师的引导之下，15岁的怀让，在荆州玉泉寺弘景律师座下出家。满12岁的怀让受具足戒。

弘景律师在当时是负有盛名的律宗学者，指示怀让用心研读律藏。每日钻研文字般若的少年怀让，不免感叹：“夫出家者，当为无为法，天上人间，无有胜者。”

同门的坦然法师了解到怀让的志气超迈，于是劝怀让一同前往拜谒深受隋炀帝和唐高宗尊崇的嵩山慧安大师。

慧安大师是五祖弘忍大师的门徒，五祖圆寂后，慧安大师来到中岳嵩山，便在此处定居，遁世离俗。

佛教舍利佛塔

怀让和坦然法师在顶礼慧安大师后，直接说明来意，请教佛法的大义。

在一番请益后，坦然法师当下明了真心，认为慧安已经了解透彻。而怀让禅师的机缘还不具足，慧安大师知怀让将来定为禅门高僧，所以指点他到曹溪参礼六祖大师，习学无上心法。

怀让遂南下，跋山涉水，来到曹溪宝林寺，面见六祖，至诚礼拜。六祖即问：“你从何处来？”

怀让回答：“我从嵩山来。”

虽然这是从事上回答，但“嵩山”可能表事，也可能表理。

为了更进一步测验他是不是开悟了，六祖接着问：“嵩山像什么样子？你从嵩山的哪个方向来？”

怀让回答：“嵩山没有形象，什么都不像。能说出个形象，就不是嵩山真正的相貌。”

怀让所回答的嵩山，显然不是以嵩山的形体、事相来回答，而是指他的心境。

六祖大师为了再进一步勘验，又问：“还可修证吗？”

琉璃舍利瓶

怀让马上不假思索地回答：“这念心非关修证，亦无法污染。”

六祖大师欣喜，说：“只此不染污的这念心，即是诸佛之所护念。你是这样，我也是这样的。”

六祖接着又说：“在你门下将出一匹马驹，这马驹一出世，便会踏杀天下人。这件事情你要牢牢记在心里，不要急着说出来。”

得到印证的怀让禅师，留在六祖身边侍奉15年之久。713年，六祖入灭一年后，怀让才离开宝林寺来到南岳衡山般若寺，弘扬佛法，开创了南岳一系，世称南岳怀让。

一日，衡山来了一个名叫道一的和尚，他不看经，不问法，终日在寺院坐禅。怀让禅师知道这位年

衡山 中国五岳之一，位于湖南衡阳南岳区，被称为南岳衡山。南岳是道教主流全真派的圣地。由于气候条件好，处处是茂林修竹，终年翠绿；奇花异草，四时飘香，自然景色十分秀丽，因而又有“南岳独秀”的美称。

轻法师可为法门龙象，一日上前询问：“大德坐禅，图什么？”

道一回答：“图成佛。”

怀让禅师便就地取了一块砖，在大石上不断地磨着。许久之后，道一问道：“磨砖要做什么？”

怀让禅师回答：“我要把砖磨成镜子。”

道一又问：“砖头怎能磨成镜子？”

禅师答说：“磨砖既无法成镜，难道坐禅就能成佛吗？”

道一接着问：“应该如何才是？”

禅师说：“就像让牛驾车，车不动了，应该打车，还是打牛呢？”

接着又说道：“你学坐禅，是为了学坐佛吗？如果是学坐禅，禅非坐卧；若学坐佛，佛非定相。于无住、无为的心法，不应生取舍分别。你若执着佛由禅坐而得成就，就是误解佛法，执着禅坐之相，不能通达佛法究竟的道理。”

道一法师听到怀让禅师这样的开示，一下顿悟，对怀让禅师再三恭敬礼拜。从此不离怀让左右，前后共达九年，在这里他度过了自己的青年时代。

道一禅师33岁时，前往福建和江西，开始了他以后大半生的开堂说法，开始了大宗的“祖师”生涯。

742年，道一在建州建阳即今福建建阳的佛迹岭收了志贤、慧海等弟子，这是他

大德 源于梵文，敬称词。在印度，是对佛、菩萨或高僧的敬称。于诸部律中，凡指比丘众，称“大德僧”。在中国隋唐时代，凡从事译经事业者，特称大德。此外，统领僧尼的僧官，也称大德。近代以来，“大德”一词已被广泛使用，凡是有德有行的人，不论出家、在家，都以“大德”尊称之。

观音菩萨像

开堂说法之始。当时条件艰苦，道一筚路蓝缕，自创法堂，他在佛迹岭为时很短，也就一两年的光景。

大约在745年，道一前往江西临川西里山。此后，他在南康即今江西南康市龚公山居住的时间更久。

唐代宗时的773年，道一移居钟陵即今江西省进贤县开元寺，此处接近洪州即今南昌，此后即以洪州为中心弘传佛法，直至圆寂。

唐代壁画《诸菩萨众图》

在当时，人们称道一的禅法为“洪州禅”，称该派系为“洪州宗”。由于道一俗姓马，人们便尊称他为“马祖”。

道一禅师每到一地总是开创禅林，聚徒说法，广泛交纳，在他之前，禅宗没有独立的寺庙，都皈依在律宗寺院内。道一率领门徒，开垦荒山，另建丛林。他的弟子百丈禅师制定禅院制度，确立禅宗独立的生活制度，禅宗从此完全独立。

马祖道一上承六祖慧能，下启后期禅宗临济派、沩仰等派的先河，是中期禅宗最主要的宗派祖师。作为南岳怀让的嫡传弟子，马祖道一在思想上最重要的基础是六祖慧能“即心即佛”的传承。

马祖道一教导弟子们：“你们要相信自心是佛，此心就是佛心，心外无别佛，佛外无别心。达摩祖师

唐代宗（726—779），李豫，唐肃宗长子，初名俶，原封广平王，后改封楚王、成王，唐朝第八位皇帝，762年至779年在位。763年，唐代宗平定了安史之乱，此后为求安定，大封节度使，造成了藩镇割据，致使唐王朝的政治和经济状况进一步恶化。

从天竺来到中华，传上乘的一心之法，就是要你们觉悟到这些。”

马祖道一最初是完全继承了慧能以来的思想。但由于“即心即佛”只能接引上上根基人，可众生根基千差万别，鉴于此，道一祖师又提出了“非心非佛”说。从两个方面来说，众生的心性与佛性无异。

一天，有一位大德问道一：“即心是佛又不得，非心非佛又不得，师意如何？”

道一答曰：“大德！且信即心是佛便了，更说什么得与不得。”

道一有个弟子叫法蒂，听说“即心即佛”，顿时大悟，后来去了大梅山。道一想了解他领悟的程度，就派人去试探。

派去人问法蒂：“和尚在马师那里得到了什么？”

法蒂说：“马师教导我即心即佛。”派去人又说，“近来马师又有所变化，说‘非心非佛’了。”

法蒂断然回答：“这老汉惑乱人，未有了也，任汝非心非佛，我只管即心是佛。”

派去的人回来禀告道一。道一听后欣喜地说：“梅子熟也。”

这种肯定是以“平常心是道”表现的。这是道一佛性思想的逻辑终点，也是道一晚年的定论。

《景德传灯录》 宋真宗年间僧人释道原所撰的禅宗灯史。其书辑录自过去七佛，及历代禅宗诸祖五家52世，共1701人之传灯法系。此书编成之后，宋真宗命杨亿等人加以刊订，并敕准编入大藏流通。此书在宋、元、明各代流行颇广，特别是对宋代教界文坛产生过很大的影响。

佛祖石雕造像

所谓“平常心是道”，道一自己有解释：若欲直会其道，平常心是道。何谓平常心？无造作、无是非、无取舍、无断常、无凡圣……只如今行住坐卧，应机接物，尽是道，道即是法界，乃至河沙妙用，不出法界。

炽盛光佛和五星图

道一门下弟子众多，《景德传灯录》谓“师入室弟子一百三十九人，各为一方宗主，转化无穷”。六祖慧能的后世，以道一的门叶最繁荣，禅宗至此而大盛。

789年，道一登建昌石门山，经行林中托付后事，于同年2月4日圆寂，享年80岁。唐宪宗谥其号为“大寂禅师”。道一的言行，后人辑有《马祖道一禅师语录》《马祖道一禅师广录》各一卷。

阅读链接

道一在教化过程中很有自己的见解和方法。有位僧人在道一面前作四画：最上一画长，下面三画短。僧人说：“不能说‘一画’长，‘三画’短，除开这四个字，请和尚回答。”道一在地上作一画，说：“不得道长短！”僧人顿悟。

道一的意思是说，进入禅境的人，是没有长与短、大与小、好与坏等对立观念的。一切现象变幻不已，没有常态，当体验到一切现象是不实在的东西时，便能从现象造成的“人我”“是非”等混乱观念中解放出来，从而获得本体的宁静。

希迁又开禅学新起点

慧能门下有个叫希迁的弟子很有名气，也深得六祖慧能的赏识。希迁俗姓陈，端州高要即今广东肇庆人。希迁年少时性格刚强好动，重承诺，敢作敢为。当时生活的乡邑敬畏鬼神，多淫祀之风，祭祀时，多杀牛祭酒以祀神灵，每当此时，他即挺身而出，毁祠夺牛。一年之中，这种情况不知道发生过多少次。

希迁画像

希迁的故乡地近新州和曹溪，曹溪是六祖慧能晚年生活的地方。希迁闻听慧能大名后，遂前往曹溪拜在了慧能门下，可惜不久慧能就告别人世。据说，在慧能即将圆寂前，有一小沙弥忧伤地近前问讯："和尚百年后，当依附何人？”

六祖微微一笑，答以三个最简洁的字：“寻思去！”这个小沙弥就是希迁，当时他只有14岁。

在失去了指引灵魂的导师后，希迁一度经历了痛苦的彷徨求索期，或“上下罗浮，往来三峡”，或“每于静处端坐，寂若忘生”，可以想象其渴求之迫切。

■ 无量寿佛塔

在六祖离世后，希迁一直想着“寻思去”这三个字。一天，他有所醒悟，遂前往吉州庐陵即今江西吉安青原山静居寺，去找他的师兄行思禅师。

青原行思作为六祖门下年长弟子，本是希迁的大师兄，此时便义不容辞地担起了师父的责任。希迁受六祖熏陶而来，兼之极具慧根，故与行思见面后，问答之间，机辨敏捷。

当希迁初到青原山和行思见面时，行思问他从曹溪带来了什么，希迁说未到曹溪前，未曾失什么。

行思再问，那么为什么要到曹溪去，他就说，若不到曹溪，怎知不失。在这番简短的问答里，可以窥见希迁直下承当，自信之切。听到这样的回答，行思不禁欣然称道：“众角虽多，一麟足矣。”

希迁在行思参学一段时间后，行思又遣他持自己的书信前往南岳怀让处，让他在南岳怀让那儿再修行一番。希迁最后圆满而归。

祠 原是同族子孙祭祀祖先的处所，后扩展为纪念伟人名士而修建的供舍，相当于纪念堂。这点与庙有些相似，因此也常常把同族子孙祭祀祖先的处所叫“祠堂”。祠堂最早出现于东汉末年，当时社会上兴起建祠抬高家族门第之风，甚至活人也为自己修建“生祠”。由此，祠堂日渐增多。

持莲花菩萨石雕

因此，希迁少年时代受六祖熏陶后，青年乃至中年又得到了以上两位“大师兄”的及时促进，可以说占尽天时地利，后来他得行思付法，终成师徒之名。

大约在742年，希迁辞别青原行思，来到南岳，在一块巨石上结庵而居。此后，他一直活动于南岳及邻近地区，人称“石头希迁”。

石头希迁与马祖道一被称为“并世二大士”。希迁过的是一种沉思默想的哲人生活，他直承了曹溪的宗旨，以“明心见性”为思想基础。他立宗的宣言是：

吾之法门，先佛传受，不论禅定精进，惟达佛之知见。即心即佛，心佛众生，菩提烦恼，名异体一。汝等当知，自己心灵，体离断常，性非垢净，湛然圆满，凡圣齐同，应用无方，离心意识，三界六道，惟自心现；水月镜像，岂有生灭，汝能知之，无所不备。

麟 即麒麟，中国传统祥兽，在神话传说中，常把它作为神的坐骑。雄性称麒，雌性称麟。麒麟与凤、龟、龙共称为“四灵”。有时，麒麟简称麟。麒麟深厚的文化内涵，在中国传统民俗礼仪中，被制成各种饰物和摆件，主要用于佩戴和安置家中，主太平长寿。

在六祖慧能以下，南岳、青原二系之分别，实际上是以马祖道一和石头希迁的思想理论为分水岭的。

石头希迁与慧能及马祖道一显著的不同之处是，

他注意了广泛地阅读，接受前贤今人的思想，本来悟性极高，眼界胸襟也十分开阔，虽然僻处南方一角，但对于江东和中原流行的牛头、华严诸家，对于佛教前贤著述以及道家和道教都颇有研究。

希迁著有《参同契》。“参同”二字，原出于道家，所谓“参”是指万殊诸法各守其位，互不相犯；所谓“同”意思是诸法虽万殊而统于一元，以见个别之非孤立地存在。

希迁借用“参同”的意思，意在发挥他“回互”的禅法。所谓“回互”是指万物互不相犯而又相涉相入的关系。“契”的意思是把这种思想导入禅观，应用于日常生活。

在《参同契》中，希迁反复阐明“一心”与诸法间的本末显隐交互流注的关系，以见从个别的事上显现出全体理的联系。这里有相互含摄的地方，也有互相排斥的地方。

希迁的门人颇多，著名的法嗣有药山惟俨、天皇道悟、丹霞天然、招提慧朗、潭州大川、潮州大颠等。

惟俨在同门中最受希迁的器重，希迁晚年付法给他。药山惟俨传法于云岩昙晟，昙晟传洞山良价，良价传曹山本寂和云居道膺。后曹山一脉中断，赖云居门下单传，南宋时而兴。

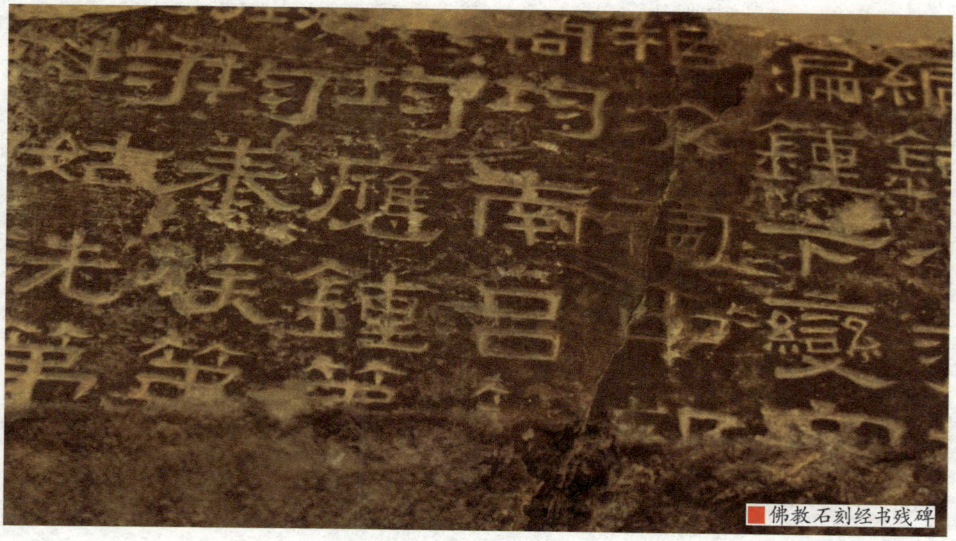

佛教石刻经书残碑

龙树菩萨塑像

另外，天皇道悟传龙潭崇信，崇信传德山宣鉴，宣鉴传雪峰义存而续传于云门文偃。义存的别系经玄沙师备、地藏桂琛而传法于清凉文益，为五家中最后出的法眼宗的开祖。

文益再传永明延寿，后者著有《宗镜录》100卷，导天台宗、唯识宗、贤首宗以归于宗门，集禅理之大成。

延寿禅师又以禅来融摄净土法门，开后世禅净一致之风，尤为中国佛教从教、禅竞弘转入诸宗融合的一个重要转折点，所有这一切，重要源头皆为石头希迁，可见其开宗立派之功。

阅读链接

马祖道一、石头希迁是同时代的人。石头希迁年长马祖道一大约9岁，马祖道一先石头希迁两年化去，两人都是六祖而后的宗门巨匠。两家虽师承宗风有别，但所提持者却同出一源。

马祖道一和石头希迁道义弥笃，亲密无间，无丝毫门户之见，如丹霞天然初礼马祖道一，但是马祖道一顾视良久，说道南岳石头乃汝之师，丹霞天然于是前往投奔石头希迁。他们有时由参学僧口里暗通消息，如石头希迁问新到僧人从什么处来，答曰从江西来。又问见过马大师否，答曰见过。石头希迁继续问之，僧则继续答之所知马大师的有关情况。

百丈怀海禅师立清规

马祖道一门下有一个叫怀海的弟子，深得马祖道一的赏识。怀海俗姓王，福州长乐市人，原籍太原，远祖因西晋时期的战乱，移居到福州。

怀海早年在广东潮阳西山从慧照禅师落发，又到衡山依法朗受具足戒。因听说马祖道一在南康即江西赣县弘法，于是就前往参学，成为马祖道一门下首座。

百丈怀海禅师

怀海跟随马祖道一六年，得到马祖道一的印可。和怀海同时跟随马祖道一参学的还有智藏、普愿二人，他们各有所长，成为马祖道一门下鼎足而立的三大士。

马祖道一圆寂后，怀海前往洪州新吴即今江西奉新县大雄山另创禅林。此地山清水秀，山岩

诵经大堂

兀立千尺许，故此号称百丈山。百丈的住所更是断崖绝壁，后人称怀海的禅法为“百丈禅”。

怀海开法不久，四方禅客云集百丈山，其中以沩山灵佑、黄檗希运为上首，因此百丈丛林门风大盛。

怀海的禅学思想深得祖师慧能和师父马祖道一的真传，十分强调佛法就在各人心中，学佛就是要消除自心所受妄想的系缚，明心见性，也就是证得佛法。

印可 “印”的意思是决定无疑。“印可”也就是认可、许可的意思。佛教一般用“三法印”，就是三种决定之意来判别是佛法还是“外道”。在禅门中，门人是否开悟，要由禅师来印可。佛或祖师在印可弟子、学人时，常称“如是如是，如汝所说”。

怀海从人的不受善恶、是非、欲念污染的本心就是佛性的思想出发，认为读经看教的关键在于会心，若无会心，只是死记硬背，那么纵使把佛经要典读得滚瓜烂熟，也不算修行。

怀海主张众生心性本来圆满，主要不被妄想束缚，就与诸佛无异。根据这种思想，他修行的法门是“一切诸法并皆放却”。有一天，有门下问什么是大乘顿悟法要，怀海回答道：“一切都要放下，莫记、莫忆、莫缘、莫念，放舍身心，全令自在。”

怀海教诲徒众的方法，与其师马祖道一相似，常常运用打、笑、大喝等形式，随机启发门人开悟。他还特别喜欢在说法下堂时，大众已经出去，却呼唤大众，等大众回过头来，却问道：“是什么？”他借这种方法提醒学人反省，人称“百丈下堂句”。

马祖道一创建丛林以后，怀海禅师融合大、小乘戒律，制定了禅院清规。清规对寺庙所有人员的职责、禅院的种种事物都有详细的规定。

在当时，中国的禅宗发展遇到两大重要问题：第一是禅僧日益增多，却无独立的禅院，仍然与律寺杂居，于说法行道诸多不便；第二是寺院的土地和劳力来源都发生了困难，僧侣们面临着如何生存下去的严峻形势。在这种情况下，很多佛教宗派如法相宗、天

戒律 宗教禁止教徒某些不当行为的法规，以防止行为、语言、思想三方面的过失。指有条文规定的宗教徒必须遵守的生活准则，如佛教有五戒、十戒、二百五十戒等类。道教亦有五戒、十戒、一百八十戒等类。后也泛指其他成文或不成文的戒条。

云游的和尚

法相宗 中国佛教十三宗之一，又作慈恩宗、瑜伽宗、应理圆实宗、普为乘教宗、唯识中道宗、唯识宗、有相宗、相宗、五性宗。就广义而言，泛指俱舍宗、唯识宗等以分别判决诸法性相为教义要旨的宗派，一般多指唯识宗，或以之为唯识宗代称。法相宗的宗祖是唐代僧人玄奘。

台宗等，都不能适应形势的变化而迅速没落下去。

禅宗因为主张直指人心，见性成佛，不依靠豪华奢侈的堂殿、经像、法物，加上自六祖慧能大师以来，诸大师都不排斥生产劳动，甚至许多开山祖师都亲自参加了生产劳动，所以，比其他各宗各派较能适应新形势，因此，在诸宗衰竭时禅宗反而获得了大发展的机会。

与此同时，禅宗僧徒的实际生活、生产状况与旧的教规、戒律发生了尖锐的冲突。旧教规和戒律极端轻视和排斥生产劳动，认为斩草、种树等活动都是“不净业”，僧徒若从事此类活动是违犯佛律的。这样，旧教规、旧戒律就成为禅宗发展的重大障碍。

正在举行佛教仪式的僧人

怀海对禅宗面临的形势具有清醒而深刻的认识。他决心实行教规改革，为禅宗的发展扫清障碍。他提出：“我们修行的是大乘法，岂能受属于小乘系统的戒律、教规所束缚？我们应该博采大小乘戒律规制的合理部分，根据需要，自己制定一套尽善尽美的新制度！”

怀海根据实际情况制定出一系列切实可行的新规制。首先是创立独立的禅院、禅寺，不与律寺混杂。

■ 佛教香坛

禅院或禅寺中不立佛殿，只树立法堂，此举表示佛法不依赖言象，只靠师父的启发和僧人自身的体认。这是将慧能“不立文字，教外别传”的主张制度化了。

怀海又努力调整丛林中师徒、同门间的关系，打破了旧寺院中尊卑、贵贱分明的等级结构，令僧徒不论高下，尽入僧堂。堂中设长连床，施横架挂搭道具。又规定悟道最深、德高望重的禅僧为化主，称为长老；独住一室，称为方丈。

长老说法时，僧徒在法堂分列东、西两行立听，宾主问答，激扬宗要。僧徒排列的次序，依出家时间即僧龄而定，不问出家前的贫富贵贱。这些内容属于生活和修行参学方面。

在生产方面，自长老以下，不分长幼普遍参加生产劳动，提出“一日不作，一日不食”的口号，并身体力行，“凡作务执劳，必先于众”。

小乘 也叫作“小乘教”“小乘教法”，简称“小乘”，是对三乘佛法中的“声闻乘”“缘觉乘”的统称。“乘”是梵文的意译，是指运载工具，比喻佛法济度广大众生，像舟、车能载人由此达彼一样。

清规　佛教中僧尼必须遵守的戒规。中国禅宗寺院组织的规程和寺众日常行事的章则，也可说是中世以来禅林创行的僧制。后引申为供人遵循的规范；指佛教或道教规定信徒应守的清规。今亦泛指一般的规章制度，多含贬义。

实行“一日不作，一日不食”这一制度，彻底否定了旧戒规轻视劳动、反对僧人劳动的内容，使僧徒劳动变成必要和光荣的事，从而开辟了一条农禅结合的道路，使禅宗迎来了更大的发展，也使各地禅僧分布的丘陵地和山区得到了很好的开发。

关于禅院事务的种种规定，怀海将它们编为一书，称为《百丈清规》。这一清规在百丈丛林推行开后，天下禅僧纷纷仿效，很快风行于全国。

怀海禅师制定的二十条丛林要则如下：

丛林以无事为兴盛；修行以念佛为稳当；精进以持戒为第一；疾病以减食为汤药；烦恼以忍辱为菩提；是非以不辩为解脱；留众以老成为真情；语言以减少为直截；长幼以慈和为进德；学问以勤习为入

供奉佛祖的香火

门；老死以无常为警策；佛事以精严为切实；山门以耆旧为庄严；遇险以不乱为定力；济物以慈悲为根本。

怀海门下有四五百人，每个人都要遵照清规工作、生活。怀海禅师以身作则，带头践行“一日不作，一日不食”的制度，门下个个都是自动自发，共有共享，同甘苦，共患难。

怀海禅师通过禅门清规，从组织体制、生产方式和生活方式上保证了禅宗的发展和繁荣，从实行方面保证了禅学的发展，价值和意义非常重大。怀海禅师所立《百丈清规》，是中国禅宗丛林文化的缩影，是中国禅宗的一面旗帜，是中国禅宗历久不衰的一个保障。现今佛教丛林所实行的制度，就是依佛戒和《百丈清规》及当地情况而制定的制度。

阅读链接

怀海禅师把禅学运用于劳动实践，践行“一日不作，一日不食”的制度，到了90多岁的高龄，还和弟子们一起劳动。大家不忍心看他太劳累，就把他用的扁担、锄头藏了起来。

怀海禅师无可奈何，只好以绝食抗议，一连三天没有下地，也一连三天没有吃东西。弟子们没有办法，只好把工具还给他，他又高高兴兴和大家一道下地、吃饭、生活。“一日不作，一日不食”的制度成为禅院的精神，怀海也由此成为丛林的楷模。

赵州禅师观音院弘法

禅宗六祖慧能大师之后第四代传人叫赵州禅师。赵州禅师俗姓郝，曹州郝乡人，幼年时孤介不群，厌于世乐，稍稍大些就辞别双亲，来到本州扈通院落发出家，法号从谂。后来听说池州南泉普愿禅师道化日隆，他便以沙弥的身份，前往参礼。

赵州禅师像

在南泉，普愿禅师一见从谂，便问："近离什么处？"

从谂答道："瑞像院。"

南泉禅师接着又问："还见瑞像吗？"

赵州答道："不见瑞像，只见卧如来。"

南泉禅师一听，翻身坐起，问道："汝是有主沙弥吗？"

从谂道："有主沙弥。"

■ 释迦牟尼佛及众佛、菩萨像

南泉禅师又道："哪个是你主？"

从谂于是走上前，躬身问讯道："仲冬严寒，伏惟和尚尊候万福。"

通过交谈，南泉普愿禅师知道从谂是个不可多得的辩才，遂收他为入室弟子。

后来，从谂前往嵩岳琉璃坛受了具足戒，之后，又重新返回南泉普愿禅师座下。

有一天，从谂入室问南泉禅师："如何是道？"

南泉禅师道："平常心是道。"

从谂又问："还能有所趋向吗？"

南泉禅师道："拟定趋向就背离了道。"

从谂问："不拟定趋向，怎么知道什么是道？"

南泉禅师告诉从谂："道不属于知的范畴，也不属于不知的领域，知是妄觉，那不疑之道的境界，就如太虚，廓然荡豁，哪里还有是与不是的分别呢！"

法器 又称为佛器、佛具、法具或道具。就广义而言，凡是在佛教寺院内，所有庄严佛坛，以及用于祈请、修法、法会等各类佛事的器具，或是佛教徒所携带的念珠，乃至锡杖等修行用的资具，都可称之为法器。就内义而言，凡供养诸佛、庄严道场、修正佛法，以实践圆成佛道的资具，即为法器。

鎏金观音菩萨像

从谂当下大悟，从此通彻玄机。在南泉普愿禅师参学期间，从谂朝夕请益不倦，道业突飞猛进。

后来，从谂离开南泉，开始了漫长的游方生涯，他的足迹遍及南北诸丛林，并与许多禅门大德有过机锋往来。他曾经自谓云：“七岁孩儿胜我者，我即问伊；百岁老翁不及我者，我即教伊。”

正是在南北广泛体验的过程中，从谂度过了一生中大部分时光，迸发出大量隽永瑰奇的禅语。这些禅语在其产生的当时，即随着禅僧们的流动而四外散播风行开来。

唐宣宗大中十一年（857），从谂禅师80多岁以后，才来到河北赵州观音院，即后来的柏林禅寺，驻锡传禅，时间长达40年，僧俗共仰，为丛林模范，被称为“赵州古佛”。

唐宣宗（810—859），李忱，唐王朝第十八位皇帝，在位时间共13年。唐宣宗明察沉断，勤于政事，孜孜求治，喜欢读《贞观政要》，整顿吏治，限制皇亲和宦官，恭谨节俭，惠爱民物，创大中开明之政，讫于唐亡，人思咏之，谓之小太宗。

赵州禅师证悟渊深，在接引信众的过程中，为后人留下了不少意味深长的公案。这些公案比较完好地保存在《赵州禅师语录》中。

赵州禅师有句禅话：“佛是烦恼，烦恼是佛。”

有学僧不理解，请求禅师解释。赵州禅师答：“为一切众生烦恼！”

学僧又问：“如何免除烦恼？”

赵州禅师答：“免除烦恼做什么？佛是烦恼，烦恼是佛。烦恼是修道成佛的缘起，佛由烦恼而生。”

一天，赵州的侍者文远和尚在殿里礼佛，赵州禅师用手杖打他一下，问：“你在干什么？”

文远答道：“礼佛。”

赵州禅师问：“礼佛做什么？”

文远有些不解地说：“礼佛也是好事情。”

谁知赵州禅师说：“好事不如无。”在赵州看来，烦恼是病，佛道也是病，礼佛是好事，但执着于此就是坏事。所以他说好事不如无。无心无事，才是好事。

有一次，一个僧人请教赵州禅师：“初生的孩子也具有六识？”“六识”是指眼、耳、鼻、舌、身、意等对外界的见、闻、思等作用。

赵州禅师随即回答道：“急水上打毬子。”

这个僧人不明白这句话的意思，就问另一位高僧。高僧告诉他：“念念不停留。”

释迦牟尼佛像砖浮雕

赵州禅师居住在赵州观音院的40年间，成德军节度使王镕，世居镇州即今河北正定，朝廷封为赵王。王镕多次请求赵州禅师去节镇府，而每次赵州禅师都以疾病为由推脱。后经王镕一再恳求，赵州禅师才去了一次。

王镕深感庆幸，急于营建一座寺院来供养赵州禅师。赵州禅师制止他说：“如果你动了一根草，我马上就离开。”

王熔将赵州禅师的功德言行上奏朝廷。唐昭宗下诏书，赐紫袈裟和“真际大师”的称号。弟子们群情欢悦，但赵州禅师却不以为然。

相传，赵州禅师居住的观音院有座著名的赵州石桥。有个僧人专程前来瞻仰，他看了又看，只见到一根独木桥。这个僧人找到赵州禅师，对赵州禅师说：“我很早就向往赵州石桥，不知它在哪里？”

赵州禅师对他说：“你用眼睛是看不到赵州石桥的。”

那个僧人又说：“请告诉我，它到底是什么样子？”

赵州禅师说：“它渡驴、渡马、渡一切众生。”在赵州禅师眼里，赵州石桥实际上指的是赵州禅师的慈悲，它可以渡一切生灵。

赵州禅师虽然道誉四布，但他的生活却十分朴素清贫。他的“绳床一脚折，以烧断薪用绳系之”，他就是在这种艰苦的生活环境中弘传祖师心印，接引四方学人。

赵州禅师的许多公案不仅启悟了当时的许多禅僧，而且流传后世，对后面的禅人也有所启迪。从宋代开始，赵州禅师的公案语录最频繁地为人们所参究，许多人在赵州语录的启发下明心见性。

阅读链接

赵州禅师是个看轻世俗的高僧。一次，成德军节度使王熔带领部下来拜见他。赵州禅师坐在禅床上与他们相见，并且先问：“你明白我的意思吗？”王熔回答说：“不明白。”禅师见王熔未明其意，于是，转而解释说：“自小持斋身已老，见人无力下禅床，请别见怪。”王熔非但不见怪，反而于次日派一位将军前往赠送礼品。赵州禅师听说后即下床相迎受礼。

事后弟子们不解，就问赵州禅师：“大王来时，你不下床，大王的部下来时，你却下床相迎，这是为什么？”赵州禅师对弟子们说：“你们有所不知，人分上中下三等，但并非以身份而论。上等人来时，禅床上应对；中等人来时，下禅床接待；末等人来时，要去山门外迎接。”

禅学对其他文化的影响

禅学对中国传统艺术的影响，远比其他传统宗派广泛和深刻。它作为一种相对独立的思想体系，对儒家、道家文化，以及园林、音乐等艺术领域，均产生了相当大的影响，并且丰富了中国佛教的内涵。

禅宗在唐时，达到了全面的兴盛，一时间禅风大作。唐宋时期，士大夫等知识分子竞相探讨禅学，研究心性之学。

禅学文化

唐宋八大家之一的柳宗元，本是一介大儒，但他出入禅门甚密，并曾为六祖写了《曹溪第六祖赐谥大鉴禅师碑》的铭。大诗人白居易曾问道于鸟窠禅师。宰相裴休曾依黄檗大师学禅。

唐朝著名诗人、画家、书法

■ 唐朝诗人、画家王维像

家王维，由于对禅法领悟至深，使其山水画意境幽远，禅味甚浓，后人对他的画赞誉备至，认为他是画界的南宗祖师。

深谙禅理的王维，把自己对禅宗的修习和体验与诗画创作成功地结合了起来，使其画、诗充满了空寂静远而又富有灵韵的禅的风格。

王维的画风突破了过去细线勾描的画法，而改用泼墨山水的方法，别有一种清雅洒脱的自然情趣，使笔法更加丰富，意境更为深远。

王维所作的《辋川图》等，山谷郁郁，云水飞动，静寂而又空灵。他的许多画都有着很深的意境。

王维的有些画作，不问四时，以桃、杏、芙蓉、莲花同入一幅，包蕴着一种深刻的禅理。

宋朝时，受禅宗的影响，儒家出现了理学思想，代表人物是程颢、程颐、朱熹和陆象山。

宋代理学家主张要使学问与道体合一，提倡“主敬存诚”。理学较为注重师承，他们都以孔孟之学作为儒家“心学”而宣扬，这实际上是受中国禅宗重视师承、以心传心的思想影响。

禅宗的坐禅观心学说，也对理学产生了一定影响。元朝理学已成没落之势，迨至明朝，出现一位重振理学的大儒王阳明，初习佛法天台止观，参过禅。

理学 宋朝以后的新儒学，又称道学，产生于北宋，盛行于南宋与元明时代，清中期以后逐渐衰落，但其影响一直延续到近代。广义的理学，泛指以讨论天道性命问题为中心的整个哲学思潮，包括各种不同学派；狭义的理学，专指程颢、朱熹为代表的以理为最高范畴的学说，即程朱理学。

理学的"格物致知"的思想，与禅法相近。因为禅学认为，心性是无是无非、无善无恶的，关键在于意识的善恶，既然能够知道区分善恶，那么就应该做好功夫，去恶扬善。这一理学思想，对于后世的儒学影响很大。

唐宋以来，道家文化与禅宗之间，一直是在相激相荡，互相渗透的格局中，道家文化由此更加博大精深。在禅宗与道家相互影响的过程中，吕洞宾可以算是将道家文化与禅学相互沟通的一位重要人物。

吕洞宾先前修身之法已炉火纯青，后经禅师指点心性，才彻底获得解脱。道家以金丹为方便，以登真而证仙位为极则。正统的丹道学术，皆指禅定过程中的种种觉受境界。

吕洞宾悟道以后，强调了上品丹道应以心身为鼎，天地为炉的金丹大道修炼，进而与禅宗心法合参，最终以禅宗圆顿之旨为其皈依这一禅化的道家思想。所以，吕洞宾参禅而悟，对后世的道家思想产生了较为深远的影响。

后世张紫阳的《悟真篇》、白玉蟾的《指玄集》，皆以禅语传授丹道，直陈心法。

禅宗的丛林制度也对道家产生了一定的影响。宋元交替之时，道士丘处机师徒等，受禅宗的丛林制度影响，创立了全真教。

《白居易拱谒·鸟窠指说》图

绝句 又称截句、断句、绝诗，四句一首，短小精悍。它是唐朝流行起来的一种诗歌体裁，属于近体诗的一种形式。“绝句”一词最早在南朝的齐、梁时代已出现。绝句分为律绝和古绝。律绝是律诗兴起以后才有的，要求平仄。古绝远在律诗出现以前就有了。

禅宗对道家的影响，还在于对心性学的探究。前期道家强调登仙之术，对于心性学少有提及。禅宗兴起后，道家始知向上仍有“一著子”，之后历代宗师皆游心于禅佛，对心性学则多有发明，从而构成了更为完善的道家文化。

中唐时期，禅宗美学的兴起，将审美与艺术中主体的内心体验、直觉感情等的作用，提到极高的地位，使之得以深化，并把禅宗思想融入中国园林的创作中，从而将园林空间的画境升华到意境。

从禅宗的观点来看，世间万物都是佛法或本心的幻化。这就为园林这种形式上有限的自然山水艺术，提供了审美体验的无限可能性，即打破了小自然与大自然的根本界限。这在一定的思想深度上，构筑了文人园林中以小见大、咫尺山林的园林空间。

与皇家园林不同，充满禅趣的文人园林多显露出以小为尚的倾向。一方面表现在园林面积、规模的

五禅寺的碑文

小型化上，如山向叠石、水向小池潭、花木向单株转化，静观因素不断增加，而自然景观的可游性则相对降低。

赵州禅师舍利塔

另一方面则表现在立意于小。小中见大的创作手法在中国源远流长的古代文化艺术中，应用十分广泛。园林之佳者，如诗之绝句，词之小令，皆以少胜多，以咫尺面积创无限空间，以小见大。

小是客观的，指园林的面积；大是主观的，指人的感受。大通过小而体现出来。在禅宗看来，规定性越小，想象的余地就越大，只有简到极点，才能余出最大的空间去供人们揣摩与思考。

除了以小见大的创作方法之外，园林中的“淡”也是源于禅宗思想。

园林的淡可以通过两方面来体现：一是景观本身具有平淡或枯淡的视觉效果，其中，简、疏、古、拙等，都可构成达到这一效果的手段；二是通过平淡无奇的暗示，触发你的直觉感受，从而在思维的超越中达到某种审美体验。

禅学对中国传统音乐的影响也非常大，它不仅在艺术表现内容、方式等方面，给音乐艺术带来新鲜的经验，而且在创作思想、审美情趣等深层文化心理结构方面，深刻地影响了中国的艺术家。

禅宗与道家、儒家一起，塑造了中国传统音乐的美学特征。

中国传统音乐博大精深，又有众多形式、流派、风格。中国传统音乐美学，除与政治的紧密联系外，它的纯审美的要求，却是有着相当稳固的一贯性的。

明末清初徐青山的《溪山琴况》，虽然是琴学专著，但他总结的“二十四况”，却可以视为中国传统音乐的全部审美要求。这“二十四况”是：和、静、清、远、古、淡、恬、逸、雅、丽、亮、采、洁、润、圆、坚、宏、细、溜、健、轻、重、迟、速。除去几个古琴的技法而外，几乎适用于中国宫廷音乐、宗教音乐、文人音乐中的绝大部分，以及民间音乐中的一部分。

这种美学观的确立，是禅宗思想与儒家思想要求的结果。禅宗音乐美学，与儒家音乐美学有着许多相似的地方，都把中正、平和、淡雅、肃庄作为基本原则。儒家的“乐”要为“礼”服务，音乐要服从政治；而禅师也把音乐视为弘扬佛法的舟楫，宣传法理的利器。

中国的禅宗音乐家们，把大部分精力放在音乐所负载的内容上，多少忽略了音乐本身。因此，和、静、清、远这种中国传统音乐艺术的审美情趣的诞生，不仅仅是某一思想体系的产物，也是儒、释、道三家互相渗透、融合、妥协的共同产物。

此外，禅宗自性论，对中国传统音乐艺术主体精神也产生了较大影响。“自性论”强调个体的“心”对外物的决定作用，极大地激发了音乐家创作的能动性。禅宗与音乐创作之间存在着内在联系，从而形成对音乐的深刻影响，使之充满了宁静清远的意味。

阅读链接

宋代，一些儒学家相继用传统的伦理观点，对佛教进行批判。欧阳修的《本论》、李观的《潜论》、孙复的《儒辱》都是当时排佛的代表作品。

而佛教则主张儒、释、道三教一致。云门宗的契嵩禅师作《辅教篇》，以佛教的“五戒”“十善”会通儒家的“五常”。禅宗的一些概念，如“理事”“心性”等，有时也用儒家的《中庸》来解释，加之禅宗的修持趋于简易，使一部分儒者在思想、修养上都较多地受到佛教，特别是禅宗的影响。

天人合一的

精神信仰

上善若水

道教历史与道教文化

道教起源

春秋战国时期，原始宗教经过“诸子百家”的继承和发扬，产生了多种学术流派。其中，由于厌倦了各个诸侯国之间的长期纷争和战乱，便出现了以敬畏鬼神、清静无为以及道法自然为核心的道家学说，为中国本土宗教道教的产生奠定了基础。

道教，又称黄老、老氏与玄门等，最早可追溯到上古时期的自然崇拜与鬼神崇拜，从当初占卜人事的方术，逐渐演变成商周时期祭祀上天和祖先，形成了天神、人鬼、地祇三大系统，将祭祀天地与敬祖并列，称为敬天尊祖。直到汉代，才确立了“道教”的名称，形成了真正具有宗教特征的教派。

黄帝修道成仙的传说

中国上古时期，原始部落有熊氏首领少典的妻子附宝，天生丽质，美丽动人，被人们呼为美姬。她常在阴水边洗衣淘菜，人们见多了，就把这段河叫作姬水。

有一天夜里，四周一片漆黑，只有北斗星比较明亮。附宝忽然发现绕着它起了一道青白的光，照耀四野，天地通明。这是什么景象呢？附宝正在纳闷，忽觉腹中一股热流涌动，原来是受孕了。

相传，附宝怀孕24个月。有一天，天空出现了五彩祥云，百鸟朝凤。此时，附宝在沮水河畔生下了一个男孩儿，男孩儿出生的时候，紫气环绕其身。

相传男孩儿生下没多久，便能说话。长到七八岁时，就有大人风度，十二三岁就有大智慧，到了15岁，就已经无所不通了。男孩长大后，身高过九尺，相貌奇伟。他黄皮肤，宽肩膀，高额头，深眼窝，长胡须，虎背熊腰，英俊魁梧，仪表堂堂。

这个男孩儿因为居住在轩辕之丘，就是后来的河南新郑的西北，

■黄帝陵碑

因此以“轩辕氏”为号，人们称他为轩辕。也有说因为他发明了轩辕，就是一种古老的车，所以人们称他为轩辕。

轩辕20岁的时候，继承了有熊国国君的位置，因为这个氏族居住在黄土地上，人们在黄土地上耕种生存，以地为大，于是就把轩辕首领称为黄帝，就是管理整个黄土的帝。他就是后来被称为中华民族“人文始祖”的黄帝。

据古籍《太乙数统宗大全》记载，黄帝即位那一天，出现了“五星联珠”的异常天象。五星是指太阳系八大行星中的金星、木星、水星、火星和土星，五星联珠是指这五颗星在一条直线上，所以道历将其作为起算点，即甲子年甲子月甲子日甲子时。

这一时刻不仅是天文中五星联珠的时候，也是中华民族人文始祖黄帝即位的时刻，自然就成了中华民族历法的开端。

有熊氏 有熊始于少典，黄帝继为有熊国君。据史籍记载和考古发现，河南新郑是古代有熊国的地域，但黄帝为“有熊国君”之后，有了很大的发展，奠定了华夏民族形成的基础，故黄帝成为中华民族的共祖、宗祖神。

■黄帝雕塑

黄帝执政，天现吉兆，人们认为这是上苍的恩赐，降福人间。为了感谢天地神灵赐福，黄帝开始巡游天下，登临泰山，封禅膜拜，祈求上苍保佑华夏子孙，能够永远幸福安康。

黄帝听说崆峒山有个叫广成子的仙人，因养生求得道法，活了1200岁还没有衰老。于是不顾旅途劳顿，风尘仆仆地前去拜师问道。

黄帝第一次去崆峒山求见广成子，这时他已做了二十多年的天子，已经四十来岁了。这一次黄帝端坐在大象背上，元妃嫘祖和女节坐在木轮大车上，率领着文臣、武将、卫士等一百多人，声势浩荡。

广成子对黄帝说："自你治理天下后，云气不聚而雨，草木不枯则凋，候鸟不到迁徙的季节就飞走，我和你这样的人有什么好谈的呢？"

黄帝回到国都后，反思广成子的话。从此勤劳焦思，忧国忧民，选贤任能，励精图治，创造文字，养蚕制丝，制造舟车，发明音律，创始医学，研究算数，创制婚姻，造就前人未有的丰功伟绩，开创光辉灿烂的中华文明，深受万国拥戴和百姓崇敬。

过了六十多年，黄帝决定再次上崆峒山拜师问道。这一次黄帝单独一人悄悄上崆峒山，一路上，

道历 道教专用的历法。在演变过程中又被称为六十花甲历、华胥历、华历、伏羲女娲历、甲子历、黄帝历、皇历、夏历、农历、阴历、周历、中华历、中历。传说道历的起算点是黄帝即位的那一天，恰逢冬至及朔旦日，所以道历的起算点是甲子年甲子月甲子日甲子时。

黄帝不辞劳苦，直到鞋底磨穿、脚丫磨破、寸步难行时，以膝代步，爬上崆峒山。砂石如刀，膝破血流，黄帝所过之处石子都被鲜血染红，成了一条血路。

当黄帝膝行到山下时，广成子派出金龙把他接上山去。黄帝见到广成子，稽首再拜，请教如何修身养性，才能达到长生不老之道。

广成子见黄帝如此精诚，心中甚慰，就起身给黄帝传授修炼道术的精要，他说：

至道之精，窈窈冥冥，至道之极，昏昏默默。无视无听，抱神以静。形将自正，必静必清；无劳汝形，无摇汝精，方可长生。目无所见，耳无所闻，心无所知。如此，神形合一，方可长生。

广成子 黄帝时期的人，住在临汝崆峒山上，黄帝曾向他请教“至道之要”。传说广成子活了1200岁后升天，在崆峒山留下了两个升天时的大脚印。一说广成子是太上老君的化身，还有说“道”的化身曾三次降于人间，分别为黄帝时期的广成子、西周时期的老子、东汉时期的张道陵。

黄帝陵守护神

这段话的大致意思是说，修道所要运到的最高境界就是心中一片空明，也就是在修炼之时，看不见、听不到身边的任何事务，全神贯注，凝神静修，排除外界一切干扰。这时，你的身体就会十分洁净，你的心神就会十分清爽，你就会专心做好一件事情，也就可以获得长生了。

黄帝一字一句牢记在心，只觉心明眼亮，豁然开朗，起身再

■黄帝升天图

拜而退。广成子不仅告诉黄帝修炼道术的方法，还授予黄帝《道戒经》70卷，《自然之经》1卷，《阴阳经》1卷。

黄帝向广成子问道后，又登过王屋山，取得丹经。并向玄女、素女询问房中术，了解性与长生不老、延年益寿相结合的道理。而后，回到自己的行宫，经过长时间的修炼，深谙长生之法。

黄帝晚年时来到中原腹地首山，采来铜矿，在荆山下铸鼎，用来熬煮油烹食物，由此开启了中国食疗养生的先河。黄帝的食疗养生方法经过后世医家、医学理论家的增补，于春秋战国时期集结成书，名为《黄帝内经》。此书是内丹养生之道的理论基础，也是中国传统医学的经典著作。

黄帝铸鼎烹食后，有一天，从天上突然飞下一条

玄女 也称九天娘娘、九天玄女。原为中国古代神话中的女神，后经道教奉为女仙。汉魏时期，玄女在社会上特别是道教之中有很大的影响。玄女与素女是房中术的老前辈，彭祖、老聃是她们的学生，黄帝的飞升也有赖于她们的法术，而在玄、素之中，玄女又居于首位。

龙来，那条龙有着威武的眼睛和长长的、闪着银光的龙须，整个龙身透着金光，降临时好像带来万匹的金锻，笼罩了整个天空。

黄帝和大臣们都很吃惊，那只龙慢慢靠近黄帝，眼神变得十分温和，忽然开口对黄帝说："天帝非常高兴看到你带领华夏子孙又向前迈进了一步，所以特地派遣我来带你升天去觐见天帝。"

黄帝一听，点了点头，就跨上龙背，并且对群臣说："天帝要召见我了，你们多保重，再会了。"

当时有几个小臣，也想随黄帝升仙，便一齐说道："请让我们追随您去吧！"说完一拥而上，希望爬上龙背，随黄帝一起走。可那只龙一扭动身躯，把这些人都摔了下来。这些人匆忙间抓住了龙须，结果龙须断了，坠落到地上后，手中龙须都变成了龙须草。

龙载着黄帝快速地飞上天空，一下子就消失在云雾中了。群臣没有办法，只好眼睁睁地看着黄帝升天而去。一位大臣看着天空，若有所思地说着："并不是每个人都上得去的啊！只有像黄帝那样伟大的人，才有资格呢！"

阅读链接

关于玄女来历的说法主要有三种：在古书中记载黄帝战胜蚩尤的故事中，玄女是一位帮助黄帝战胜蚩尤的战争女神；在道家诸仙中，她是传授房中术的玄女与素女的合称或并称；在古代通俗小说中，玄女已衍变为决定主人公前程和扭转乾坤的命运、佑护之神。

另外，在民间祭祀之中，玄女又成为很灵光的送子娘娘甚至香烛业的行业神。如在北京朝阳小寺村有座著名的九天玄女娘娘庙，这里的九天娘娘已彻头彻尾地成了送子娘娘神。

老子道学高深的传说

老子画像

中国西周时期，在中原地区有一条涡河，河北岸有个村庄叫郑店村。这里南临涡河、谷水两条河流，北枕龙山之峰，环境清幽，风水极佳。

郑店村的中心有一片李子树林，春季里，一树白花，犹如朵朵雪花飞落林中，堆满枝头。李子熟了，果大如拳，芳香四溢，色泽光亮，呈紫色或橙黄色，好似一颗颗透明的玛瑙镶嵌在青枝绿叶间，实为罕见。

郑店村有一个大户人家，家中有个女儿叫玉女，年方二十，模样俊俏，温柔大方。这一天，玉女到谷水河边洗衣服，衣服刚洗完，忽然听见震耳欲聋的水声响起，抬头一看，只见迎面顶水漂来一样东西，还大声地叫着，仿佛游龙一般，摇头摆尾地向玉女身边游来。在离玉女两三米远时，水浪逐渐消失。

这时，玉女见一枚果子慢慢游到近前。她伸手捡了起来，只见是一枚李子，又红又大，闻着喷香。此时，玉女突然感觉口渴难耐，连果皮和果核都没吐就把水果吃了。玉女自从吃了这颗水果后就怀孕了，但十月怀胎并未分娩。直至怀胎八十一载，20岁时吃李子怀孕的姑娘已经101岁了。

有一天，天气比较热，玉女来到李树果园，又感觉口渴得受不了，就来到一棵较大的李树旁，伸手去摘一颗较大的李子，抓着树枝往下拽。

这时，突然天空乌云密布，雷声隆隆，只听“咔嚓”一个响雷，一个男孩从玉女肋下蹦了出来。

老子壁画

玉女此刻也把水果摘了下来，往地上一看，只见地上跪着一个白胡子老头，口中说道："孩儿拜见母亲，不孝孩儿给母亲叩头了！"玉女见状，急忙说道："你胡子都白了，怎么喊我母亲？"他就把母亲吃水果怀孕带他81年的前后经过讲了一遍。

他一生下来连走九步，步落之处，莲花绽开。他左手指天，右手指地，说道："天上地下，唯我独尊，我当宣扬无上道法，普度一切众生。"

这时，阳景重耀，九天称庆。只见他鹤发龙颜，顶有日光，面凝金色，美眉广颊。

玉女带着他到水池中洗澡，忽见九条龙腾空而来，化作九条巨鲤，吸水为他喷浴。此刻，又有万鹤翔空，翩翩起舞。

这时，九条巨鲤化作九条龙，从地下涌出。龙飞之处，出现三眼神井：第一条龙涌出的地方叫第一

九天 "九天"是数量词，九天中的"九"字，只因它是数字单数中最大的数字，所以有"极限"之意。九天是指天有极多重，古代有九重天的说法，即：一为中天，二为羡天，三为从天，四为更天，五为睟天，六为廓天，七为咸天，八为沈天，九为成天。总之是指天之极高处。

井，后来被美誉为“华夏第一井”；第六条龙涌出的地方叫金六井，后来被美誉为“华夏金六井”；第九条龙涌出的地方叫九井，后来被美誉为“华夏九井”。

玉女生下男孩儿不久，她的父亲就得道成仙，飞上天庭，玉女也要重返仙界。玉女临行前对男孩儿说：“我要走了，会有太乙元君教你炼丹之术。”说毕，已有天上真人拥抬着八景玉舆，迎玉女升天了。

此消息很快传遍方圆百里，十里八乡七十二行的状元，都前来拜见。由于男孩儿雪白的胡须长垂于地，像个有道的高人，大家公认他为老子。

由于老子道学深厚，凡是受过老子教诲的人，大都能领悟修身养性的人生境界，有所成就。至此，老子的名气越来越大，威望也越来越高。

据传，老子是尧舜时期著名长寿者彭祖的后裔。战国中期著名思想家庄周在《庄子·刻意》中记述彭祖时说：

吹响呼吸，吐故纳新，熊经鸟申，为寿而已矣。此导引之士，养形之人，彭祖寿考之所好也。

意思是说，嘘气呼吸，吐出胸中浊气，吸纳清新空气，像黑熊攀树那样缘引身体，像鸟儿展翅飞翔那样伸展四肢。这是延年益寿的方法。这样做乃是舒活经络气血的人，善于养身的人，与像彭祖那样延寿的人所追求的一样。

另据后来明代小说家许仲琳所著的神魔小说《封神演义》的描述，身为众仙之祖、众圣之师的鸿钧有三个弟子，即元始天尊、老子和通天教主，他们分别创立了三个不同派别的宗教。

在当时，这三位教主共立封神榜，后来通天教主大摆诛仙阵，老子应邀闯阵，在阵中与通天教主进行了一场大战。

酣战之中，老子把青牛一拍，跳出圈子来，把鱼尾冠一推，只见头顶上三道气出，化为三清。霎时间，从东、南、北方向来了上清、玉清、太清三位鹤发童颜的道人，俱带霞光万道，将通天教主团团围住。在混战中，通天教主中了老子几扁拐，落荒而逃。这就是著名的“老子一气化三清”的故事。后人有诗赞曰：

函关初出至昆仑，一统华夷属道门。
我体本同天地老，须弥山倒性还存。

老子其人到底有多大本事，当时无人知晓，因其留下的《道德经》广为传诵，越传越奇，遂被奉为寿与天齐的神仙，并有神话传颂他的事迹。

老子之所以有《道德经》传世，是因为他有着满

神魔小说 源于鲁迅的提法，该类小说在明清时期较为兴盛。其语言风格不拘一格，想象力丰富，背景或为虚幻或为海外某地假托，综合宗教、神话等民间喜闻乐见的形式，因此至今广为传诵。不少文人或依历史事件，或依流行的神怪故事，写了大量作品。

■ 老子书写《道德经》

腹学问。老子曾经被广纳贤才的周文王请到朝中，委以“守藏史”之职，主管国家图书馆存藏的竹简。

老子色彩民俗画

周武王继位后，老子负责记录朝廷的朝政议论。当时等级森严，除周武王可伏几而坐外，朝臣们只能无依无靠地席地而坐。然而，老子却被特封为“柱下吏”，可倚柱而坐，记录政事。

周成王执政的时候，曾经派老子出使西极大秦、竺干等国。老子到处讲学，颂扬周德。

大秦是中国古代对罗马帝国及近东地区的称呼；竺干就是天竺，是古印度的别称。由于老子仙风道骨，学识渊博，令人钦敬，所以，当时各国的君主朝臣都尊称他为“古先生”。

轮到周昭王执政时，老子事周已近百年。料知将要干戈四起的老子，再不愿介入这尔虞我诈的争斗中，于是，他辞去朝官，骑了头青牛，西出函谷关，去昆仑山隐居修行。

老子经过函谷关时，函谷关关令尹喜知道他即将隐遁，就诚恳地请老子著书，将自己的哲学思想、智慧结晶留给后人。于是老子写下了洋洋五千言，这就是他留给后人的唯一著作《道德经》。

其实，在老子之前，就已经出现了许多著名的著作，例如《伊尹》《辛甲》和《太公》等。相比之

函谷关 函谷关是中国历史上建置最早的雄关要塞之一，因关在谷中，深险如函，故称函谷关。这里曾是战马嘶鸣的古战场，又是中国古代思想家、哲学家老子著述五千言《道德经》的地方。千百年来，众多海内外道家、道教人士都到这里朝圣祭祖。

■老子神像

下，老子的《道德经》第一次提出了比较系统的宇宙观念。

先秦时期将黄帝和老子联称，产生“黄老之学”，老子也就成了这个学派的祖师。后来在西汉初年，由于西汉政府崇尚黄老之术，实行“无为而治”，对老子非常崇拜。

由于对老子的渲染越来越多，黄老学说为了吸引人们的注意和信仰，就尊奉老子为祖师，称他为“太上老君”。他写下的《道德经》，被奉为最高经典，为信徒所推崇。

老子是中国古代伟大的哲学家，他的《道德经》的全部内容，主要是发挥“道”和“德”两个概念。这两个名词也就代表了老子的哲学思想。

老子对于“道”和“德”的描述，多层次地剖析了宇宙、国家、万物、人类以及人本身的内涵。老子之“道”运用到社会方面就是他的政治思想，运用到

诸子百家 是对春秋战国时期各种学术派别的总称。其中，最为广泛的是儒家、道家、阴阳家、法家、名家、墨家、杂家、农家、小说家、纵横家。而以孔子、老子、墨子为代表的三大哲学体系，不仅引领了百家争鸣的繁荣局面，而且影响到周边的很多国家和地区，成为他们建立文化体系的坐标。

人体内部就是他的修养之法。他说：

人法地，地法天，天法道，道法自然。

意思是说，人们要根据自然规律生活劳作，繁衍生息；大地依据上天而寒暑交替，化育万物；上天依据大“道”而运行变化，排列时序；大“道”则依据自然之性，顺其自然而成其所以然。

其实，最能表达老子的“道”的一个词就是“自然规律”，它包含了自然之道，社会之道，人为之道。道就是对自然欲求的顺应。任何事物都有一种天然的自然欲求，谁顺应了这种自然欲求谁就会与外界和谐相处，谁违背了这种自然欲求谁就会同外界产生抵触。

所以，在这里蕴含了人们看待世界的基本的认识论和方法论。老子以言简意赅的话语，深邃而透彻地指出了人与自然的关系，为诸多学派的学者所奉行，在当时诸子百家中很有影响力。

阅读链接

在老子的家乡河南鹿邑的东北角上有一处高约13米的高台，叫老君台，又叫升仙台。台上有座老子庙，庙前埋有一根碗口粗的铁柱子，称为赶山鞭。

相传老子成仙后，为了解救家乡百姓被隐阳山阻隔之苦，乘青牛飞回家乡治山。他一鞭下去，被削去的山顶飞到山东成了泰山，再一鞭把山腰打到河南成了平顶山。这时老子把手中的鞭杆顺手插在地上，这就是这根铁柱子的来历。老子乘青牛飞走了，而鞭杆就永远留在了那儿。从这以后，老子家乡就过起了风调雨顺的好日子了。

先秦方士的拜神实践

不管是黄帝的得道飞升，还是老子的道学修为，都说明先秦时期古人对得道神仙的崇拜。事实上，早在中国史前时期，先民的鬼神崇拜便已经存在。先民们将日月星辰、风雨雷电、山川河岳，皆视为有神主宰，因而产生敬畏感，所以对其顶礼膜拜。黄帝赴崆峒山问道于广成子，修炼长生久视神仙方术，就是要寻找和自然万物、祖先灵

老子巨型石雕

■道教法器

魂、天地鬼神沟通的法术，欲使其服务于现实社会。

到了殷商时期，史前时期的自然崇拜已发展到信仰天帝和天命，初步形成了以天帝为中心的天神系统，遇事便由巫祝通过卜筮，以向天帝请求答案。而且，这时的原始鬼神崇拜已发展到以血缘为基础，与宗法关系相结合的祖先崇拜，祭祖活动定期举行。

这时便已出现专门从事沟通鬼神和人类的宗教职业者，即巫祝。其中，“巫”以歌舞降神，并有一套符咒驱鬼的巫术；“祝”以言辞悦神，是宗教祭祀活动中负责迎神祈祷的司仪者。他们替人治病、卜筮吉凶、画符念咒等。当时，朝廷和社会均受巫祝支配。

到了西周时期，鬼神崇拜进一步发展，所崇拜的鬼神已形成天神、人鬼、地祇三个系统。并把崇拜祖宗神灵与祭祀天地并列，称为敬天尊祖。所谓万物本乎天，人本乎祖。

史前时期 包括早期猿人、晚期猿人、母系氏族，以及有关“三皇五帝”的传说史，直到最后建立夏王朝。时间跨度从约170万年前到公元前21世纪。随着夏王朝的建立，史前时期也宣告结束了，中国进入了古代文明时代。

古代占卜用的龟甲

春秋战国时期，方士们则把上古时巫祝对鬼神的崇拜变为实践内容，以至于把此前的神鬼崇拜赋予了许多新内涵。

春秋初期，在周平王之世，诸侯渐竞霸业，原始的政治观念已有变动，社会发展趋势促使才智之士的思想开放，形成了中国历史上第一次思想大变革。

在高谈理论的各家学派之外，其专门从事天文、地理、医药、养生等的科学研究者，便在诸子百家以外，与杂家会合，自成流派。这类时人所称的“方伎之士”，其信仰便是后世神仙思想的渊源。

方士 操弄方术的人，以养气、蓄精、炼丹等方式，达到长生不老与飞升成仙等目标。方士对中国古代医学、化学、天文、军事与神异小说取材等方面有卓越的贡献。方士就是方术士，或称为有方之士，一般简称为方士或术士，后来则叫作道士。道士之称始于汉代。

当时的人们对很多事物还没有接触，更谈不上研究相关的理论。比如：山岳之间和海洋之上出现的一些使他们感到惊讶和不解的云雾幻景，深渊奇洞、海市蜃楼，以及狂风的鸣叫、高山的回响，水中的庞然大物、大海的咆哮和愤怒。这些都使他们感到迷惑和不解，甚至认为还有另外一个世界的存在。

在这样的背景下，方士就起到了常人不可替代的作用。他们或深山采药，然后制成中药，或海洋探险，或神山寻踪；有采取静功抱元守一者，也有以动功导引炼形者，凡此种种，皆为追求神仙大道。因而深得帝王将相的青睐和宠信。

战国时期，出现了许多记载神仙传说的著作，书中记载有很多关于仙人、仙境、仙药等传说的文字。如《庄子·逍遥游》中就有这样的描写：

> 藐姑射之山，有神人居焉，肌肤若冰雪，绰约若处子；不食五谷，吸风饮露；乘云气，御飞龙，而游乎四海之外。

周平王（约前781—前720），姬姓，名宜白，东周王朝第一代王。公元前771年，西北的少数民族犬戎攻破镐京，西周灭亡。后诸侯拥立原先被废的太子宜白为王，他就是周平王。他即位第二年，见镐京被战火破坏，又受到犬戎侵扰，便迁都洛邑，史称"东周"，以别于在这以前的西周。

道教石刻

此外，在《列子》的《汤问篇》《黄帝篇》《周穆王》，屈原的《离骚》《天问》《九歌》等古籍中，都将仙境描画得美妙而神秘，其中的仙人也被描绘成外生死、极虚静、不为物累、超脱自在、能腾云驾雾的神奇人物。

方士们将神仙学说及方术，与战国时期的著名方士邹衍的阴阳五行学说等糅合起来，形成了方仙道。

春秋战国时期，方仙道在社

徐福觐见秦始皇塑像

会上的活动非常活跃、并对后世产生深刻影响的方士主要有苌弘、邹衍、徐福等。

苌弘是东周第十一代君主周灵王时期的方士，是史籍记载最早的方士之一。后据西汉史学家司马迁《史记·封禅书》说：苌弘以方士之术侍奉周灵王。当时周王室弱而诸侯强，诸侯心存不服，苌弘就以天神惩罚报应之说，晓之以理，告诫诸侯。苌弘还射杀狐狸，砍下狐狸的头，以警示那些内心不服、有叛逆行为的诸侯。

从这一史料表明，苌弘不但通晓方术，还是周灵王身边的重臣、谋臣。当他看到诸侯不服并有叛逆行为之时，他用“善恶报应”之说，并以“杀狸儆侯”的方法来威慑诸侯。这就是俗称“杀鸡给猴看”的最早典故。

邹衍是战国末期齐宣王时著名的方士、阴阳家。

方仙道 兴起于战国末，是指从事方术、方技等道术的人，时称方士。包括天文、医学、神仙、占卜、相术、堪舆等技艺并宣传服食、祭祀可以长生成仙的人。方仙道是道教的前身，其信仰的神仙长生说成为后世道教最基本的信仰，其神仙方术也为后世道教所继承发展。

邹衍将五行之说进行了历史性改造，进而提出了“天人感应”和“天道循环”的理论，并由此创立了“五德终始”之说。

司马迁（前145—前86），字子长，西汉伟大的史学家、文学家、思想家。他发奋创作了中国第一部纪传体通史《史记》，原名《太史公书》。该书记载了从上古传说中的黄帝时期到汉武帝时期长达三千多年的历史，是“二十五史”之首。

阴阳五行之说最早见于古籍《尚书·洪范篇》，它的宗旨在于论述宇宙世界是由金、木、水、火、土五种基本元素构成。邹衍认为，五行之间是相生而又相克的：

木生火，火生土，土生金，金生水，水生木；水克火，火克金，金克木，木克土，土克水。

根据这种相生相克及天道循环理论，邹衍认为人类的历史，包括王朝的更替，万物的盛衰，等等，都是按照这五行相生相克的规律无限循环的。这就是“五德终始”之说。

■徐福塑像

“五德终始”之说，对后世的炼丹术、中医学、养生学、病理学、地理风水、建筑布局等各方面，都产生了很大影响。

徐福是战国末期的著名方士。他幼年习读儒书，后拜著名阴阳大师鬼谷子，即“王禅老祖”为师，研习阴阳五行之术，之后修真炼丹、行医布道。据《史记·封禅书》说：秦始皇统一天下后，为求长生不死之药，曾派徐福率500童男童女入海求神山，结果徐福一去不返。

原来，徐福入海求神山，求仙药未得，害怕秦始皇迁怒，故在海上漂流数日后，又率船队经庙岛群岛，横渡渤海至辽东半岛，然后沿半岛东南近海至朝鲜半岛，再折南而行，横渡朝鲜海峡，到达日本的本州和歌山。徐福及其船队抵达北九州的大岛后，进入濑户内海，远达纪伊半岛。

徐福抵达日本后，将秦王朝高度发展的造船技术和政治制度、文化艺术、生活方式以及冶炼、农耕、医学、文字、货币、宗教、养生、建筑、服饰、瓷器和当时世界上最先进的科学技术，加以应用和传播，使古代的日本发生了巨大变化。

徐福开启了中日人民友谊、文化交往的先河。历代日本人民把徐福尊为“丰收神”“纺织神”和“医药神”加以供奉和祭祀。

春秋战国时期方士的产生和发展，是历史发展过程中带有原始宗教色彩的神秘而神圣的文化现象。他们对当时及后世的历史、政治、文化、科技、中医药学、古化学、冶炼学、天文学、养生学、神学、艺术等各方面影响深远。其中方仙信仰和方技术数被沿袭下来了。

阅读链接

战国时期著名的方士、阴阳家邹衍提出的“五德终始”的理论，试图说明事物运动变化的普遍的规律。他把历史看成常变的，认为没有万世长存的王朝，具有朴素唯物主义和辩证法的思想因素，但他忽视了历史变革是社会发展的产物，将之归结为神秘的天意，有一定的历史局限性。

邹衍的阴阳五行思想对后代哲学、医学、历法、建筑等领域影响很大，尤其是在汉代被董仲舒的新儒学所吸收，成为支持“君权神授”学说的理论基础。

早期道教

秦汉时期出现了中国历史上第一个大一统国家，执政者为祈求上天保佑国祚绵长，祀“五帝”、敬鬼神、封泰山，并且访仙求药之术大兴。这种强烈的寻求超自然能力的愿望为道教所继承和发展，至东汉中后期，五斗米道和太平道相继出现，成为道教宣扬教义活动的发端。

经过魏晋时期的发展和南北朝的改革，至隋唐时期，两代帝王都推崇道教，道教借此机会进入兴盛阶段，并在各个方面取得了历史性成就。

汉初社会推行黄老学说

道教天神鎏金像

黄帝和老子的学问经过春秋战国时期方士们的不断丰富，形成了一门哲学、政治思想流派，即黄老学派。

黄老学派作为一种哲学的思想，形成于战国时期。但作为一种广为流传的社会思潮，则是在西汉时期。

汉初几代执政者都能够以秦亡为戒，认识到要取得一个相对稳定和持续发展的政治局面，就必须努力缓和阶级矛盾，与民休养生息，实行无为而治。于是，来自黄老思想的君道无为、刑德相辅、节欲崇俭、爱民养民的观念就很快被转化成一系列切实可行的治国之道。

■道教人物石窟

据《史记·高祖本纪》记载，刘邦入关之初，即宣布约法省禁，“悉除去秦法”。汉政权建立后，刘邦成功地运用黄老之术，在全国推行郡国并行制，又以柔克刚，以守为攻，次第消灭了有严重分裂倾向的异姓王势力，并分封子弟，以扩大和巩固新生政权。

除了刘邦外，汉文帝、汉景帝也继续将黄老之术作为治国方略，这一时期就是历史上著名的“文景之治”。汉文帝以一藩王继承大统，其时羽翼未丰。所以他特别注意信任和依靠前朝重臣，所以刘邦时的功臣周勃、陈平、灌婴等人相继被任命为相。这样既融洽了新旧君臣之间的关系，又保证了高层领导集团的团结一致。

郡国并行制 最初刘邦曾封韩信、英布等为王，由于这些人非刘姓藩王，对汉政权造成了威胁。汉文帝、汉景帝时期采取了郡国即藩王分封制和郡县制同时存在的策略，实行郡县实际掌握地方政权的制度，进一步加强了中央集权。

汉文帝多次下诏“举贤良方正、能直言极谏者”，使一大批年轻有为的知识分子进入官僚集团，扩大了汉政权的基础。东汉史学家班固在《汉书·刑法志》中曾高度评价说：

> 及孝文即位，躬修玄默，劝趣农桑，减省租赋……吏安其官，民乐其业，蓄积岁增，户口寝息。

道教诸神画像

到了汉景帝时，皇帝长期生活在黄老之术氛围中，其母窦太后也好“黄帝老子言，景帝及诸窦不得不读《老子》，尊其术”。这种现象自然引起上行下效，方士甚至朝廷大臣都不遗余力地钻研黄老之学。

在汉文帝、汉景帝治国时期，朝野内外，对黄老之术从之者甚众，著名者除胶西盖公、曹参之外，尚有陈平、陆贾、黄生、田叔等人。在处理与诸侯王关系问题上，黄老之术的以柔克刚、以静制动观念也成为一种非常有效的政治润滑剂。

削藩 西汉文景时期削减诸侯封地和权力的措施。刘邦在逐步消灭异姓王的同时，曾封自己的子弟为王，认为这是天下同姓一家，可以屏藩朝廷。汉文帝继位后，把一些举足轻重的大诸侯国析为几个小国，以图削弱诸侯王的势力，在一定程度上削弱了诸侯王对中央的威胁。

汉初诸侯王的势力十分强大，其中，尤以吴、楚、齐为最，其领地几近“天下之半”。这种政治格局，使中央集权时刻面临着被分裂的威胁。但汉文帝、汉景帝不急于削藩，而是对诸侯王采取了长期的优容政策。如吴王刘濞失藩臣之礼，称病不朝，汉文帝反赐其几杖，默许其不参加朝会。

黄老之术历来反对治国者穷奢极欲，提倡“卑宫室而高道德，恶衣服而勤仁义”，因而，汉初推崇黄老的几位皇帝都十分俭朴。最具代表性的是汉文帝，在位期间，帷帐无文绣，以示简朴为天下先。在营建自己的陵墓时，还明确地告诉后人不许起坟，不得以金银作装饰，陪葬品都用瓦器。

文绣 亦称“纹绣”。中国古代刺绣的一种。古代在丝帛上刺绣，称为“文绣”。以区别于文锦。至汉代在布帛上绣花，才通称为“刺绣”。绣画的锦帛，用来做衣服和帷帐等。北宋时期在少府监内设置文绣院，掌编织刺绣，以供皇帝服御及宾客祭祀之用。

黄老思想的循序渐进，以柔克刚，以学术上的普及，逐渐影响国家政治以及社会意识形态。汉初执政者即根据黄老思想采取了很多积极措施，诸如与民休息、减轻杂税、重视农业、抑制豪强、休养生息等。

经过几十年的和平发展，到汉景帝末年和汉武帝初年，社会和国家都已经比较富庶，百姓人给家足，以至于国库的钱把钱串坠断，太仓的粮食由于太多而烂掉。司马迁在《史记·平准书》中记载说：

京师之钱累巨万，贯朽而不可校；太仓之粟，陈陈相因，充溢露积于外，至腐败不可食。

■道教泥塑神像

由此可见，汉文帝和汉景帝时期，政治清明，经济发展，人民生活安定，堪称太平盛世。因此，史家称这段时期为“文景之治”。

黄老之学造就了中国历史上

有名的空前盛世，使汉王朝的国力从汉初的衰败到汉武帝时期的极度强盛，深深地影响了日后历代开国君主的治国政策。随着黄老之学的继续发展，追求自然和谐、国家太平、社会安定、家庭和睦的宗教思想便呼之欲出。

由于老子学说中很多地方都说到了道，阐述了道，他的信徒就将老子思想称为道家，并奉他为道家鼻祖。当把老子思想发展成为一种宗教的时候，他的信徒就把这种宗教称为“道教”了。

一般说来，宗教是人们对社会现实生活态度的集中体现，在思想上崇尚自由平等，在行为上互帮互助，在情感上给人以宽慰，在灵魂上给人以引领。在先秦诸子百家中，能够如此慰藉心灵的，只有老子和《道德经》。道教早期的经典《太平经》《老子想尔注》中的很多思想就是对老子的“道”和“德”的发挥和演绎。

阅读链接

窦太后名窦漪房，是汉文帝刘恒的皇后，汉景帝的母亲。由于窦氏出身贫苦，同情百姓的悲苦，与汉文帝同节俭，减轻百姓的负担。《汉书·文帝纪》中说，汉文帝“即位二十三年，宫室苑囿车骑服御无所增益”。

窦太后好黄老之学，与相国曹参主张实行以黄老之术治国，省刑薄敛，与民休息，这些主张，深深地影响了汉文帝、汉景帝治国方略的制定。在窦太后等人的影响下，黄老之学于汉初见其大效，国以大治，足见黄老之学非托空言。

张道陵创立五斗米道

东汉复国初期，因光武帝刘秀与他的一班文臣武将，大半出身平民，所以都比较崇尚朴实。而其政治方针，依然因循西汉的“内用黄老，外示儒术”，并未大加变动。所以东汉的治国之道，仍然不脱西汉师法儒、道两家的窠臼。

张道陵立像

相传光武帝刘秀是应了图谶的预言当上皇帝的，取得政权后，他继续把谶纬之术奉作一项重要的巩固政权的工具。在发布诏命、制定法令、施政用人等方面，都要根据图谶，引用谶纬。

图谶 古代关于预言、预兆的书籍。图，预言未来事象的文字图录等；谶，是秦汉时期巫师、方士预示吉凶的隐语。东汉时汉光武帝刘秀是把图谶作为做皇帝的天命根据的第一人，而且贯彻得很彻底。当时的方士将一些自然现象伪称神灵天命的征兆，编成隐语或预言，常附有图，故称为“图谶”。

建武二年（26年），汉光武帝下诏广求能够著述谶纬者而不得，遂命博士薛汉、郎中尹敏二人校定图谶。在即位之初据图谶推定东汉为火德，并据此制定郊祀之礼，行夏历，定服色。

后来，群臣上言，要求汉光武帝封禅，汉光武帝未允。两年之后，他在斋戒时读到《河图会昌符》中的“赤刘之九，会命岱宗”，于是令梁松等人重新根据“洛书河图”，向他说明有关封禅的问题。

梁松等查到了三十六条根据，奏请光武帝封禅。于是汉光武帝于建武中元元年登临泰山，举行封禅仪式并刻石以记之。接着，汉光武帝又起明台、灵台、辟雍及北郊兆域，正式“宣布图谶于天下”。至此，图谶成为最高皇权认可的法定的经典。

张道陵塑像

由于汉光武帝相信图谶，所以影响后来阴阳术数之学与谶纬预言之说大加流行。故东汉后期，学术思想由两个不同的源流汇于张道陵的五斗米道。

一方面，由于推崇术数的学者，祖述孔子传易于商瞿的传统，附会五行、八卦、天干、地支等阴阳家学说，形成术数的巨流，如焦赣、京房、费长房等人的象数易学、图谶纬术普遍流行。

到汉末，八卦、爻辰、纳甲等学相互掺杂。不久，又与佛教传来的印度天象学融会。同时，在天干、地支、二十八宿星象的观念上，又增加神人神兽等名称，从而使天人之间弥漫着一片神秘的氛围，成为张道陵思想的核心。

另一方面，“祝由”巫术、咒语的流行，配合原始象形文字及会意文字等的“图腾”观念，以及与印度婆罗门教、瑜伽教派等流传的咒语、法术共同交流，发展成为“无不灵验”的符箓。

在当时，方士以斋醮告天为祈祷天神的仪式，以披发仗剑、画符念咒为通神的渠道，为朝廷及官府服务。从此，这些法术开始在社会上流行起来。遂使汉末自汉桓帝、汉灵帝以后，朝野上下笼罩着一片神秘的色彩。

张道陵雕刻

张道陵又名张陵，字辅汉，其家族是一个信仰黄老之学的世家。据道书记载，他是西汉留侯张良的八世孙，7岁阅读《道德经》，就能明了其中奥义。

相传，有一天，张道陵正在家中修炼，忽见被道教尊为道德天尊的老子驾着青牛现身。在张道陵惊愕之间，老子授给他雌雄剑和许多符箓，要他诛灭横行四川的六大鬼神。然后倏然而逝。

张道陵精修千日，终于炼成了种种降魔的法术。不久八部鬼帅各领鬼兵共亿万数为害人间，他们带来各种瘟疫疾病、残害众生。张道陵于是在四川青城山上设下道坛，鸣钟扣磬，呼风唤雨指挥神兵和这些恶

符箓 是道教的一种法术，亦称“符字”“墨箓”“丹书”。符箓是符和箓的合称。符指书写于黄色纸、帛上的符号、图形；箓指记录于诸符间的天神名讳秘文，一般也书写于黄色纸、帛上。道教声称，符箓是天神的文字，是传达天神意旨的符信，用它可以召神劾鬼，降妖镇魔，治病除灾。

■张道陵修仙铜像

鬼大战。

张道陵穿黄色道袍，佩宝剑，持降魔印符，站立在琉璃台上，任何刀剑一接近他就立刻变成了莲花。鬼众又放火来烧，张道陵用手一指，火焰又烧了回去。鬼帅大怒，又招来千军万马重重包围，不料真人用丹笔一画，所有鬼兵和八大鬼帅都纷纷叩头求饶。

然而，八部鬼帅口服心不服，回去后又请来六大魔王，率领鬼兵百万围攻青城山。张道陵气定神闲，不为所动。他只用丹笔轻轻一画，所有的鬼都灰飞烟灭，只剩下六大魔王倒在地上爬不起来，只好叩头求饶。张道陵再用大笔一挥，一座山分成两半把六个魔王困在里面，动弹不得。于是，魔王只得答应永世不再为害人间。

正所谓“魔高一尺，道高一丈”。魔的本领再高，道的修行总是比魔更高。不管魔怎样变化，哪怕

太学 古代大学。太学之名始于西周。汉代始设于京师。汉武帝时兴太学，置五经博士。鼎盛于东汉。其后，经曹魏、西晋，洛阳太学至北朝末衰落，历时六七百年。太学是屹立在世界东方的第一所国立中央大学，对后世产生了深远的影响，堪称中国教育史上的奇葩。

本领千变万化，道都会随着魔本领的变化而变化，并最终战胜魔，还天下一个清平世界。

张道陵本是太学诸生，通晓“五经”。由于家学渊源，年少即研习《道德经》，感叹读书无益于年命之事，遂学长生之道。

至东汉顺帝时，张道陵与弟子王长、赵升等，绕开洛阳乘舟入鄱阳湖，上云锦山。并传得九鼎丹法，在云锦山修炼外丹黄白术三年，终于炼成太清神丹。

之后，张道陵与弟子又炼成九鼎神丹，即“龙虎大丹”。传说龙虎大丹炼成后，云锦山显现龙虎之形以瑞应，遂改云锦山为龙虎山。

鹤发童颜的张道陵率弟子数人从龙虎山辗转长安，翻越秦岭经古栈道金牛道入蜀。张道陵入蜀之后，首先在大邑境内的鹤鸣山活动，积极为创建道教做准备。

张道陵之所以入蜀创建道教，主要是因为巴蜀自上古以来，受到代表东方文化的楚文化的影响极深，楚文化中的巫文化或称鬼道文化，在蜀地已经形成巫教社团。张道陵深知蜀人纯厚，易于教化，就到蜀地积极为创建道教做教义宣传方面的准备。

在创建道教之际，张道陵先后撰写完成了《老子想尔注》

太清 道家三清境之一，又称太清天、大赤天。为道德天尊太上老君所居。道教中常用数字“三”来表示，是根据《道德经》“道生一，一生二，二生三，三生万物”的宇宙观，所以常出现三这个数字。如“三清”中的太清、上清、玉清，“三界”中的欲界、色界、无色界，“三岛”中的瀛洲、方丈、蓬莱等。

张道陵木雕像

天师张道陵神像

《黄书》《道书》和《二十四图》等二十四部有关道教教义的书。并以符水等道术治病，发展教徒。由于他规定入教者需交五斗米，因此后世又称道教为“五斗米道”。

张道陵希望人类超脱自在、不为物累地安居生活，能够长生久视，与天同寿，一同追求永恒的生命。他构想出道教的三十六洞天，七十二福地。而这些洞天福地不都在天上，而分布于华夏境内秀丽的山川胜地上，人在这些地方修道，就是活神仙，任何人都可以在此修炼，一同成仙。而且人要与周遭环境“和光同尘”，要与自然相和谐，即不要离开俗世，也不要羁縻于红尘。

张道陵叫弟子们按照需要轮流交纳米粮、器具、纸笔、柴草等日用品。同时，也关心当地百姓的福祉，当地有很多桥梁道路需要修复，但一直无人过问。张道陵利用自己的号召力，召集弟子和乡亲们出力，他们争先恐后地清除道上的野草，清挖堵塞的河道。使人们逐渐对道教产生好感。

张道陵为了唤起人们的廉耻心，以及教化人心，就立了一条制度：凡是有疾病的人，都要把自己有生以来犯过的罪过写在纸上，然后扔到水里，向天神发誓以后永不再犯，再犯就必死。以此规劝人心向善。

和光同尘 此语出自《道德经》第四章和第五十六章：“挫其锐，解其纷，和其光，同其尘。”意思是指不露锋芒，用与世无争的平和处世方法。也有比喻随波逐流，同流合污。本意是道家无为而治思想的体现。也是一种处世态度。

张道陵在去世前，授给长子张衡两把辟邪剑，嘱咐他要驱邪诛妖，保国安民，并表示世代由一个子嗣来继承他教主的地位。

张道陵去世后，他的儿子张衡继承父业，《三国志·张鲁传》中说："陵死，子衡行其道。"张衡去世后，其子张鲁继承父业，《华阳国志》卷二中说："衡死，子鲁传其业。"道教徒尊称张氏祖孙三代为三师，即"天师""嗣师""系师"。张鲁去世后，子张盛继承父业，道教徒尊张盛为第四代"天师"。

后世历代王朝对张道陵的"天师世家"都予以优待。东晋安帝时，累至第六代"天师"张椒；隋时封第十代"天师"张子祥为洛阳尉；唐玄宗时，召见第十五代"天师"张高于京师，置坛受箓，降赐金帛，仍免租税，册封汉祖天师之号；至宋代则更隆；元惠宗赠张盛号"清微显教弘德真君"。由于张盛后人一直承袭"天师"称号，所以龙虎山上清宫之天师府，在道教徒心目中有着十分崇高的地位。

张道陵的五斗米道自创教以来道脉不断，甚至影响及东南亚和一些西方国家，成为中国传统的宗教即道教。张道陵实为中国历史上创建了可供民众信仰的、并广泛传播的、具有华夏文化基因的本土宗教的第一人。

阅读链接

五斗米道创始人张道陵，身长九尺三寸，浓眉大脸，红顶绿眼，鼻子高挺，眼睛有三个角。垂手过膝，有浓密的胡子，龙行虎步，十分威武。

据民间传说，当初张道陵的母亲梦见巨人自称是魁星下降，身穿锦绣并且拿了一枝奇花给她。他母亲接过来就醒了，只觉得满室异香，整月不散。由此感应而怀孕，张道陵诞生那天，有黄云笼罩在房子上，紫气弥漫在庭院中。房间里光华如有日月照耀，并且又出现梦中的异香，久久不散。

早期道教教派的发展

东汉灵帝时期，在张道陵创立五斗米道时，河北巨鹿人张角推崇黄老之学，也创立了“太平道”。它和张道陵的五斗米道一样，也是早期的道教组织。太平道以东汉宫崇所著《太平经》为主要经典。太

张角起义浮雕

平道的纲领、目标、教义、称号、教区组织、口号、宗教仪式、活动内容、传教方式等，皆依据《太平经》而来。

道教太极符号

张角熟读《太平经》，深明其理。张角手下有八名弟子，另外，他有两个弟弟，一名张宝，一名张梁，在组建太平道的过程中，这些人发挥了重要作用。经过十余年的活动，太平道信徒总数达到数十万之多，传播范围很广，声势浩大。

张角把全国信徒按照地区，建立了军政合一的组织“方”，共设三十六方，大方有信徒一万余人，小方也有六七千人，各方首领称“渠帅”。在民间产生了极大的影响。

太平道的教义宣称在天上有鬼神监视人们的行为，并根据人们行为的善恶来增加或减少他们的寿命，要求人们多行善事，少做坏事。

张角布道的方式主要是以给人治病来扩大影响。张角常持九节杖，自称“大贤良师”，把自己看成大众的先觉者。他在民间传统医术的基础上，加以符水、咒语，为人治病。并以此为掩护，广泛宣传《太平经》中关于反对剥削，主张平等互爱的观点，深得穷苦大众的拥护。

由于东汉末年社会动荡，张角就顺势而起，按《太平经》中“顺五行”的思维方法，按照五行相生

符水 即符水道教，又称符箓派，是对道教中以符咒等方术治病驱鬼为主的各道派的通称。早期的五斗米道、太平道，以后的灵宝派、上清派，直至正一道都属于箓派。符箓派统一于正一道。该派由古代的巫鬼道发展而来，用箓祈禳，以消灾弭祸、治病除瘟、济生度死等为职事，与中国民间生活习俗联系较密切。

相克的理论，选定于甲子年甲子日、即汉灵帝中平年间的农历三月五日举行大起义。

张角派八名弟子到各地宣传教义，准备太平道的起义。据《后汉书·皇甫嵩传》记载，太平道起义的口号是：

苍天已死，黄天当立。
岁在甲子，天下大吉。

张角认为按照万物兴衰、朝代更替的规律，汉王朝这个“苍天”命数已尽，而黄色土这个“黄天”应当取代汉王朝。

张角自称“黄天”，其部三十六方教众皆着黄巾。史称这次起义为“黄巾起义”。在起义失败后，太平道也就基本上销声匿迹了。

张角的太平道和张道陵的五斗米道都是道教早期的教派，共同遵行《太平经》教义，而且起初都有意成为一种政教合一的宗教形式。

在张角传播太平道的同时，张道陵之孙张鲁也在汉中地区传播五斗米道。五斗米道在张鲁这里得到了发展和完善，甚至有人认为张鲁是五斗米道

祭酒 道教二十四治，治首称祭酒。东汉顺帝时张道陵创立道教后，为了便于管理和教化民众，遂设立了“二十四治”。当时把负责某一教区的最高首领称为“祭酒”。祭酒有向教民讲解教义的义务，有处理违反教规的教民的权力，同时还要主持宗教活动等。

道教太上咒语厌胜钱

的创始人。

张鲁的宗教活动与太平道类似，但也有自己的特色。张鲁的五斗米道以“治”为单位，“天师”为最高领袖，道中二十四治首被称为“祭酒”。道中的祭酒统领信道教众，组织相当严密。

张鲁将新入道的信徒称作“鬼卒”，成为骨干后，由其统领一治理新教徒，则升为“祭酒”，祭酒还负责在要道路口设立“义舍”，为过往行人准备食物。

张鲁雕像

祭酒讲解《道德经》的记录名为《老子想尔注》。书中主张信徒努力修道，“各安其位”，以达“治国令太平”的理想；要求教徒遵守“忠孝诚信、行善积德”的道义。

张鲁在三国时期曹操远征巴蜀时受其官职封赏，随其到了内地，五斗米道徒几万户被曹操安置于长安、洛阳、邺城等地。这样，由张道陵最初发源于四川的五斗米道开始在内地传播。很多贵族加入五斗米道，如王羲之，祖辈从汉魏之际即信仰五斗米道。此时，五斗米道更名为“天师道”。

在张鲁及其教众北迁之后，天师道内部也开始分化。张鲁迁到邺城后的第二年去世，天师道便失去了统一的基础。于是，北迁后的诸祭酒便“人人称教，各作一治，不复按旧道法”办事，各自立治传教。

农历 是中国长时期采用的一种传统历法，以朔望的周期来为定月，用置闰的办法使年的平均长度接近太阳回归年，因这种历法安排了二十四节气以指导农业生产活动，所以称为农历，又叫中历、夏历，俗称阴历。

葛洪画像

如此一来，一方面使天师道的势力扩展至北方，在中原地区广泛传播开来；另一方面又陷入了组织涣散、戒律松弛、思想紊乱的状态，甚至有些教徒开始腐化堕落，从此，天师道走向衰落。

至两晋时期，一些天师道首领中出现了上层化的趋势。他们奔走于权贵之门，攀龙附凤，直接参与领导集团内部争权夺势的斗争，各为其主出谋划策，并发挥了重要作用。

例如西晋的初期，先后一度把持朝政的杨骏和贾后，都曾利用天师道术士来巩固他们的领导地位。其中，最突出的是赵王伦与孙秀。赵王伦是西晋初年“八王之乱”的核心人物，其谋士孙秀即为天师道的忠实信徒。

晋代道教上层化的另一表现是，道教传播于世胄高门，使大批高级士族加入道教，成为它的信徒，出现了一些天师道世家。如钱塘杜氏，琅邪孙氏、王氏、徐氏，吴兴沈氏，高平郗氏，陈郡殷氏，东海鲍氏，范阳卢氏，会稽孔氏，丹阳葛氏、陶氏等。

这些士族大量涌进道教以后，将其思想也带到道教中，引起道教内部在思想和组织上的蜕变。于是，

八王之乱 西晋年间司马氏同姓王之间为争夺中央政权而爆发的混战，前后历时16年，中国历史上空前的大内讧，并引发了亡国和近三百年的动乱。其最终结局是东海王司马越夺取大权。被认为是导致西晋灭亡的原因之一。实际上参与这场动乱的王不止八个，但八王为主要参与者，故史称“八王之乱”。

各类道教书籍日益增多，新的道派也相继出现。

在这个转变关头，东晋道教学者、著名炼丹家葛洪对战国以来的神仙方术思想做了系统的总结。在其所著的《抱朴子·内篇》中，他为道教构建了种种修炼成仙的理论和方法，提出以神仙养生为内、儒术应世为外的主张。

葛洪将道教的神仙方术与儒家的纲常名教相结合，建立了一套长生成仙的理论体系，使道教的神仙信仰理论化，丰富了道教的思想内容，为上层化的士族贵族道教奠定了理论基础，对后世道教的发展有很大的影响。

到了南北朝时期，北朝的天师道世家寇谦之，南朝的陆修静都对天师道进行了改革。

寇谦之出身贵族家庭，祖辈几代信奉天师道。他自幼学道，后跟随道士到华山修道，最后选定嵩山作为其传道地，成为十六国北魏之际北方天师道的领袖。

寇谦之废除了原来祭酒等道官私授教职的做法，

士族 又称门第、衣冠、世族、势族、巨室、门阀等。门阀，是门第和阀阅的合称，指世代为官的名门望族，门阀制度是中国历史上从两汉到隋朝之前选拔官员的系统。直到隋朝开国，门阀制度才逐渐被以个人文化水平考试为依据的科举制度所取代。

《抱朴子》古籍书影

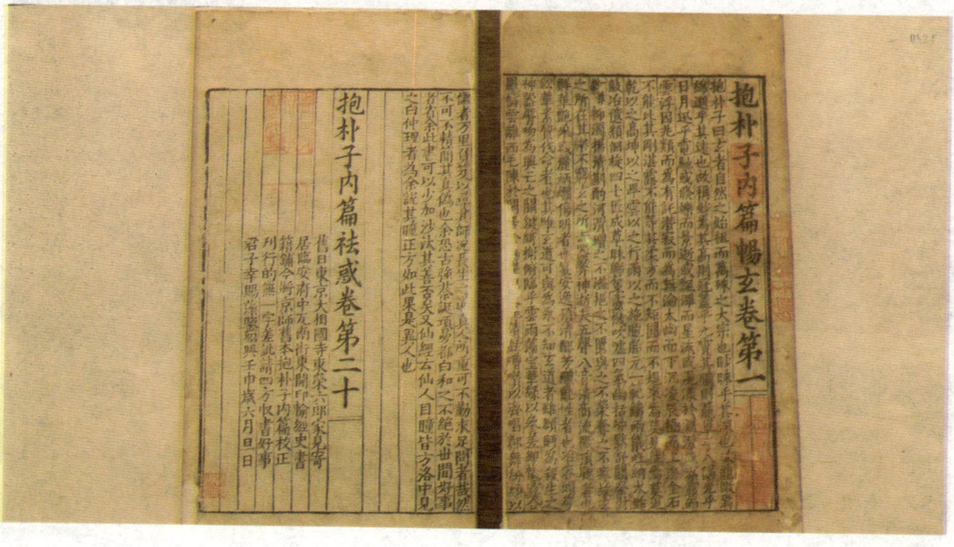

以及天师道一些教职的世袭制度，要求“唯贤是举”，并废除五斗米道原有的二十四治名称，规定信徒不得随意改投道观，道观招收弟子应先考察三年，等等。

同时，寇谦之还重新制定了有关宗教活动的教规。废除入道费用、治病报酬和租米钱税等，规定“从今以后，唯听民户岁输纸三十张，笔一管，墨一挺”。寇谦之教导道教信徒应当遵守修道戒律，并认真做斋功礼拜，从而得道成仙。后人称寇谦之改造后的天师道为新天师道或北天师道。

寇谦之还制定了道教音乐。道教音乐是古代巫觋祭神仪式的承袭与发展，最初诵经为直诵。据《魏书·释老志》记载，北魏明帝神瑞年间，寇谦之称自己在嵩山遇到了太上老君，太上老君授其天师之位，并赐《云中音诵新科经戒》。于是，寇谦之制定了《乐章诵戒新法》，遂产生了《华夏颂》《步虚辞》等最初的道教音乐。

《华夏颂》是吸收、改编秦汉时宫廷中演奏的雅乐而成的，它大

葛洪艺术雕塑

约是在道教仪式开坛前行进吟咏的一种音韵。据《玉音法事》注说：

华夏，三千五百里为华夏，言其迢远之意，今华夏自恳真堂举起，徐徐吟咏，过廊庑，登殿堂，而毕。似取其迢远之意也。

■葛洪画像

《步虚辞》多是对神仙的颂赞之词，一般是五言、七言的诗歌词，长短不拘，视法事的需要而定。因其音韵若众仙缥缈行于虚空歌颂之音而得名，风格古雅。

南朝茅山道士陆修静出身于江南吴郡的士族名门，他对道教的发展有着重大的贡献。为了将当时的道经去伪存真，加以整理，他到处搜访道经，足迹遍布半个全国。

陆修静整理了《灵宝经》，编写了《灵宝经目》。在编写《灵宝经目》时，将《灵宝经》分为“三洞四辅十二类”。后来的《道藏》就是在此基础上发展形成的。

陆修静还撰写了《太上洞玄灵宝授受》，其中，便收有《步虚辞》。现存明《正统道藏·洞玄部·赞颂类》所收《玉音法事》中录有多首《步虚辞》。

陆修静逐步制定完善了道教戒律和斋醮仪式，整

雅乐 道教进行斋醮仪式时，为神仙祝诞，祈求上天赐福，降妖驱魔以及超度亡灵等诸法事活动中使用的音乐，即为法事音乐、道场音乐。道教音乐是道教仪式中不可缺少的内容，它具有烘托、渲染宗教的气氛，增强信仰者对神仙世界的向往和对神仙的崇敬作用。

道教经书插画

理出一套比较完整的规定。经过陆修静在斋仪方面的统一、规范和编订工作以后，天师道从形式到内容上，都得到了进一步的充实和健全。后人称他的天师道为南天师道，和寇谦之的北天师道相区别。

道教经过汉末和魏晋南北朝时期的改造，已经有了较为完备的教义理论和经典文献，建立完善了自身的斋戒仪式和相对统一的教会组织，丰富了修炼方术，形成了独特的神仙信仰体系，并扩大了在执政者和普通民众中的影响，完成了从民间宗教向官方正统宗教的演变过程。

西晋以后，在少数民族建立的十六国北朝境内，也出现了道教改造旧天师道的现象。形成了寇谦之新天师道和楼观派。

在北方十六国分布的天师道之中，像张忠、王嘉以清虚守志、修道养生为宗旨，隐居山林，招合徒众的松散道教集团很多，这对于寇谦之改革天师道的影响很大。

由于天师道经过变革后，适合了鲜卑执政者与汉族门阀地主的需要。加之寇谦之善于钻营，得到地位显赫的贵族崔浩的宠信，最终使道教得到了官方的正式承认和支持，在北魏大兴起来。

僧 是梵语“僧伽”的简称，意译为“和合众”，即指信奉佛陀教义，修行佛陀教法的出家人，亦指奉行“六和敬”“和合共住”的僧团。它的字义就是“大众”。僧伽是出家佛教徒的团体，至少要有四个人以上才能组成僧伽。所以一个人不能称僧伽，只能称僧人。

北魏初期，佛教与道教同时发展壮大。由于北魏太武帝即位之初，听信寇谦之与崔浩之言，又加之随着北魏统一战争的进展，新征服的中原地区都是佛教兴盛之地，僧侣地主妨碍国家政令统一，甚至有参与叛乱的可能，这些都成了北魏太武帝决心镇压佛教势力的原因。

444年阴历正月，北魏太武帝诏令灭佛，至548年北魏分裂后，道教在与佛教在辩论中失败。北齐政权灭道倡佛，从此新天师道几近消亡了。

在北魏孝文帝时，以梁谌、王嘉、王道义、陈宝炽、李顺兴等为代表，正式形成道教楼观派。此派受南方上清派影响颇深。楼观派继承了北方天师道的传统，成为与上清派拥有同样待遇的御用道教流派，具有融合南北方道教的特点，在学术上形成了注重实用而不尚义理辨析的特点。

中原 为中华民族、中华文明、中原文化的发源地，万里母亲河黄河两岸，千里太行山脉、千里伏牛山脉东麓，在古代被华夏民族视为天下的中心。广义的中原是以中原洛阳、开封、商丘、安阳、郑州、南阳、许昌等七大古都群为中心，辐射黄河中下游的广大平原地区。狭义的中原即指天地之中、中州河南。

道教人物壁画

在这一时期，道教虽然遭遇了被废除的厄运，但基本上融合成为封建上层建筑与思想文化的重要组成部分。

从东汉以来，道教组织逐步壮大，道教诗也随之增加和日趋成熟。从形式上看，炼丹有外丹、内丹之分，因此，关于炼丹的诗其内容也有内丹、外丹之别，或三内丹，或主外丹，或内外兼而有之。

如《太清金液神丹经》卷上所记载的一篇504字歌谣，以七言一句的形式，运用象征的文学手法，暗示炼丹的原理和作用。其意象的运用颇为隐晦，但其比喻与象征手法，则增加了作品的生动性。

在炼丹诗秘传之际，道门中人还注意创作咒语诗。咒语本是一种祝告之辞。相传黄帝时已有咒语传世。道教产生之际，咒语成为道士招神驱鬼、治病求道的一种形式。到了魏晋时，咒语更加发展起来。

咒语有散文体和诗体两种，但以诗体居多。较著名者有《真文咒》《三皇咒》《洞渊神咒》等。咒语诗不仅注意模拟自然声响与节奏，而且表现出明显的爱憎情绪。同时，咒语诗也注意典故的应用与气氛的渲染，甚至还有一定的场面描绘。

魏晋南北朝年间，不仅在道门中秘传炼丹诗、咒语诗，而且在社会上流行着游仙诗。游仙诗是一种歌咏神仙漫游的诗篇，它的渊源可以追溯到战国时代的《楚辞》，如屈原的《远游》，也不乏仙人漫游的描绘，颇多浪漫色彩。

在道风盛行的背景下，游仙诗应运而生。其体裁多为五言，句数不等。梁萧统《文选》首列游仙诗为文学体裁之一。从作者身份来

古代炼丹井

八十七神仙卷

看，游仙诗可分为道人游仙诗和文人游仙诗。道人游仙诗与文人游仙诗，都表现出“冲举飞升，遨游八极”的浪漫色彩和奇幻的想象力。不同的是，道人的游仙诗往往是崇道思想与神游境界的结合。道教诗因其内容独特，表现手法丰富，在中国文学史上具有独特的贡献。

总之，从东汉末年开始，道教获得了长足的发展。张道陵后人张鲁继续阐扬的五斗米道、张角的太平道以及魏晋南北朝时期出现的诸多教派，这些早期教派的发展，丰富了古代道教文化，并产生了深远的历史影响。

阅读链接

陶弘景在南朝的政坛上是负有名望的人物，而其毕生致力的学术方向，始终以修道炼丹为目的。从南北朝的道教史而论，他与北魏时代的寇谦之，都是弘扬道教的中坚分子。

陶弘景有道家老、庄的风格，参合神仙方士的道术，介乎入世出世之间，隐现风尘。而他的道家思想又渗入佛家思想的成分，而且是趋向融会道、佛两家思想与方法的前驱。至于修炼神仙与采用道术的方法，注重养生丹药而近于《抱朴子》，因此也著有关于医药方剂的《肘后百一方》等书。

隋唐时期道教的发展

隋王朝建立后，结束了中国三百余年的南北分裂局面，重新获得了统一。隋朝尽管存在的时间短暂，一共不到40年，但其政治经济制度和思想文化政策多为唐朝所沿袭，为唐代的繁荣奠定了基础。

从道教发展状况来看，隋代道教正处于一个转折点，为唐以后道教的兴盛打下了基础。这种转折主要是道教自身发展的结果，同时也与隋代执政者对道教的扶持有关。

隋代虽以崇佛为主，但对道教也甚为重视，实行道佛并容的政策。隋文帝杨坚在夺取政权时，即利用道士为其大造舆论，即位后又对其加以重用。

隋初，隋文帝不但重用焦子顺、张宾等道士，还把他的开国年号命名为“开皇”，这个名称即采自道教经典中所谓“开劫”的年号之一。隋文帝又造道观、度道士，以扶持道教发展。道教在隋文帝所建立的新政权中占有重要地位，在隋文帝执政期间，道教宫观及道士的数量都有所发展。

老子塑像

隋炀帝杨广与其父一样，既笃信佛教，又利用和扶持道教，史称“大业中，道士以术进者甚众”。当杨广还在做晋王时，即对道士徐则甚为推崇，请受道法，并想依靠徐则帮他夺取帝位。

由于隋王朝执政者道佛并重，独轻儒生，隋末参加农民起义的儒生较多，道士较少。但也有一些道士认为李渊父子能取得天下，故投其麾下，为建立李家王朝效劳。其中，尤以楼观道士歧晖和茅山宗领袖王远知为甚。

李渊称帝后，他于619年5月，敕令楼观台修葺老君殿、天尊堂及尹尊人庙，凡观内殿宇务令宽博，供其瞻仰。并以隋尚书苏威庄田200顷赐观。可见唐高祖李渊对道家的推崇。

在唐代，以传授上清经法为主的茅山宗一派，出了很多知名道士，如王远知、潘师正、司马承祯、吴筠和李含光等。通过他们的活动，茅山宗逐渐成为在

隋文帝杨坚（541—604），鲜卑赐姓是普六茹，小名那罗延。隋朝开国皇帝，谥号“文皇帝”，庙号高祖，尊号“圣人可汗”。他统一天下，建立隋朝，社会各方面都获得发展，形成了辉煌的“开皇之治”，使中国成为盛世之国。隋文帝时期也是人类历史上农耕文明的巅峰时期。

■道教符咒铜印

全国具有较高地位的道派。历经齐、隋、唐三代更替而恩宠不衰，为茅山宗在唐代成为道教主流的格局奠定了基础。其中，王远知是茅山宗第十代宗师，王远知出身于官宦之家，极得唐高祖李渊和唐太宗李世民的器重。王远知本和隋炀帝交往甚密，隋炀帝曾“亲执弟子礼”，但在隋炀帝晚年，王远知眼见天下兵起之势，便又自称“奉老君之旨”，向李渊“预告受命之符”。李渊登位后，即拜他为朝散大夫，并赐金缕冠、紫丝霞帔。

王远知不仅向唐高祖密告符命，同时还恭维李世民是“圣人”，预言他“方作太平天子”，要他“自惜”。在李世民与其兄李建成争夺皇位的斗争中，佛教徒以法琳为首拥护李建成，而道教徒以王远知为首拥护李世民，结果李世民取得胜利，故即位后十分器重王远知。同时，李世民又降玺书以褒奖之。

唐代执政者之所以尊崇道教，还有一个特别的原因，就是唐初门阀士族的传统势力还很强大，若非系出名门，就得不到社会的重视。唐代执政者为了提高其门第，神化其皇权，就利用道教所奉的教主老子姓李及唐皇室也姓李的关系，尊老子为道教始祖，宣称自己为“神仙苗裔”。这样，既可借神权提高皇朝地位，又可借此宣称李氏代隋为“奉天承运”。

符命 意思是上天预示帝王受命的符兆。是道符之一种，通常借由天尊或天帝等高级神祇的名义予以颁降。如宋元道书中屡见的“三天符命”就系颁自“三清”，故而具有极大的权威性。翻检历代道书得知，“九龙符命”之颁降者有二说：一说太乙救苦天尊，一说元始天尊。

因此，当王远知等道士宣称奉老君之旨，向他们密告符命之时，便大肆渲染与赞赏。以后这类神话更是有增无减。

唐虽承隋的道佛并容政策，但是隋以崇佛为主，而唐则以崇道为主。道佛二教则互相排挤，彼此都想一教独尊，而唐初社会上仍有重佛轻道的积习。唐太宗为使“尊祖之风”，遂继其父李渊之后再次下诏，规定道士、道姑在僧尼之上。

玺书 古代以泥封加印的文书。古代长途递送的文书易于破损，所以书于竹简木牍，两片合一，缚以绳，在绳结上用泥封固，钤以玺，故称玺书。秦以后专指皇帝的诏书。如汉元帝有《赐淮阳王钦玺书》。

唐太宗的诏书发布后，佛教徒智实、法琳约集法常、慧净等诣阙，上表力争，李世民令岑文本宣敕严诫，众僧饮气而还。只有智实固执不奉诏，乃遭杖责于朝堂，次年病卒。这是唐代道佛二教互争地位高低，道教在政治上得到李唐皇室的支持而第一次取得优势的地位。

道教乌鸦元帅立像

唐高宗李治嗣位之初，政权执掌在长孙无忌、褚遂良等贞观时期的老臣之手，遵守贞观遗规，继续奉行崇道抑佛的政策。唐高宗曾经从尼寺里召唐太宗时的才人武则天入宫为昭仪。次年废皇后王氏，立武则天为皇后，并参与朝政，后称天后。

后来，武则天掌握了唐王朝的政权，她欲以周代唐，便依靠佛教大造篡权夺位的舆论。因此，佛道的轻重关系逐渐发生扭转。

唐玄宗李隆基继位后，鉴于武则天

依靠佛教势力篡夺李家王朝的事实，自即位之日起，便大力推进开国以来的崇道政策，以提高道教地位，促进道教的发展。从而形成了唐代道教的全盛时期，这在道教发展史上具有重大影响。

才人 中国古代宫廷女官的一种，兼为嫔御。曹雪芹在《红楼梦》中曾写道“仕宦名家之女，皆亲名达部，以备为公主郡主入学陪侍，充为才人赞善之职”，其中的“才人”就是宫中女官名，为魏晋南北朝时所设置，通常兼作妃嫔。

由于唐玄宗崇道，当时一些公主妃嫔，多有入道观为道姑者，杨贵妃也被度为太真宫女道士。朝臣中，如宰相李林甫等，皆请舍宅为观，诗人李白也加入道教。仅长安城中的道观就有30处之多。

唐玄宗一朝的宫观建造对社会经济产生了一定的影响，出现了围绕宫观开展的经济活动，如生产、贩卖道教法事所需的器物，专业写经、铸像等。后来在唐末五代时，四川成都的“蚕市”，就是道教节日或重大法事活动时，在道观周围形成的临时集市。

据唐末五代道士、道教学者杜光庭《道教灵验记》记述，蚕市一般是三月三日在宫观周围进行，并有接受符箓活动等。逐渐成为后世庙会经济的雏形。

唐代道教对社会生活的影响也不容忽视，有人自愿弃官作为道士，有人则居官学道，有人与道士过从甚密。由于向往神仙长生，上层社会中服食道教丹药

道教铜五供

蔚然成风。

道教法器阴阳鱼

丹药的魅力是无与伦比的，在追求长生的路上前赴后继的帝王们，无法放弃对丹药的追求。唐代是一个崇尚冒险、相信奇迹的时代，以唐太宗为始作俑者，唐代的帝王们多有以性命为代价，苦求长生者。

唐太宗服用的长生药并不是中原本土的道士所造，而是印度婆罗门僧人那罗迩娑寐，依据其本国旧方配制的。唐太宗服用后，并没有出现奇异效果，但仍然寻求不舍。唐太宗之后的唐玄宗、唐宪宗、唐穆宗、唐武宗、唐宣宗都是长生药的崇拜者，后三位皇帝皆因此而殒命。

在唐代广泛表现社会生活的文学艺术作品中，受到道教思想影响的作品俯拾皆是。在唐诗中，就有许多以宫观、道士为素材的题咏，咏叹神仙世界的奇谲瑰丽，渴望飞升成仙的描写。从唐初的诗人王绩到盛唐诗人孟浩然、李白都留下了有关道教的诗词。

唐以后，反映道教生活和追求成仙的诗歌日益繁荣。其原因，一是道人们热心于诗歌创作，如著名道士吕洞宾、施肩吾等，结合山水名胜的描写，表现自己对道教宗旨的见解和对神仙的信念，通过对修道方法的描述，以昭示道教教义的深奥哲理；二是许多文人在受到道教思想熏陶或者观察体验了道教生活之

婆罗门 又作婆啰贺磨拏、婆罗欲末拏、没啰憾摩。意译净行、梵行、梵志、承习。古印度四姓中，最上位之僧侣、学者阶级。为古印度一切知识之垄断者，掌握神权，占卜祸福，垄断文化和报道农时季节，在社会中的地位是最高的。是古印度种姓制度的鲜明体现。

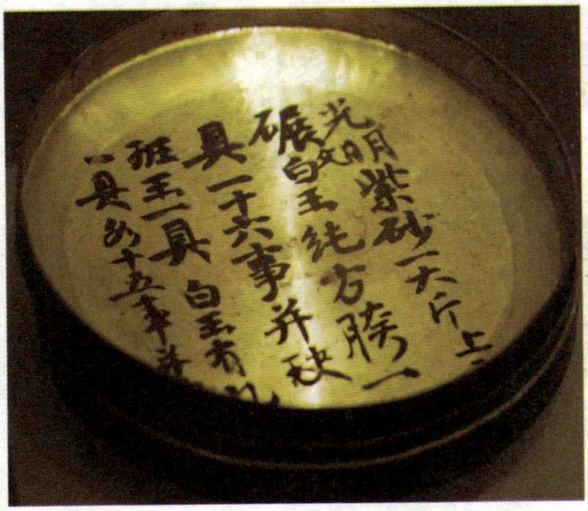

唐代炼丹用银盒

后，也创作了一些同类题材的诗歌作品。

在这些诗人中，有些思想旨趣基本上与道教的神仙理想相合，有些虽然并不是虔诚地相信道教，但在他们的创作中又往往表现出追求道教神仙的意境。

唐代文人画也多取材于道教神仙人物。唐代大画家吴道子在洛阳老君庙创作“老子化胡经变相”等壁画。唐宪宗时曾刻板印行《老子化胡八十一化图》。唐人传奇小说中亦充满道教神仙故事。

唐人传奇 唐人传奇是中国真正的“小说”的发端，在这之前，小说之流的文体并不受正统文学界的重视，甚至《汉书·艺文志》将其蔑于九流之外。唐人传奇则代表中国短篇小说的成熟，与唐诗一起成为有唐一代的两座文学高峰，其中的名篇《莺莺传》《柳毅传》《枕中记》《李娃传》《霍小玉传》《南柯太守传》等都脍炙人口。

道教对神仙世界的想象，也推动了唐代道教音乐的大力发展，道教音乐几乎不绝于皇宫之中。唐代，道教因受帝王的推崇，道教音乐也受到重视，唐高宗曾令乐工大量创作道教音乐。唐玄宗不但诏令道士、大臣创作道教音乐，还在宫廷内道场上，亲自教道士步虚声韵。

唐玄宗还诏令道士司马承祯、李会元制《玄真道曲》《大罗天曲》；令工部侍郎贺知章作《紫清上圣道曲》；令太常卿纬绦制《景云》《九真》《紫极》《承天》《顺天乐》《小长寿》等六曲。玄宗自作《降真召仙之曲》《紫微送仙之曲》等道曲。

唐代诗人的作品中，也经常描写道教音乐玄幽空灵、超凡脱俗的意境。张籍就有“却到瑶坛上头宿，应闻空里步虚声”之句；女诗人薛涛在其《试新服裁制初成》诗中，有“长裾本是上清仪，曾逐群仙把玉芝。每到宫中歌舞会，折腰齐唱步虚词”之句。可见，当时道教音乐十分流行。

在唐代，因道士的流动，道教音乐由宫廷传至民间，又吸取了许多的民间曲调，包括一部分佛教音乐和西域音乐。有的被改名后即用于道教活动，如把《无愁》改称《长欢》，《苏罗密》改称《升朝阳》，将它们都纳入了道教音乐的范畴。

唐末张若海撰《玄坛刊误》，称唐代道教音乐为“广陈杂乐、巴歌渝舞，悉参其间”。唐末五代时，著名道士杜光庭集前代道教斋醮科仪之大成，编辑了《道门科范大全集》，道教的斋醮仪式得到进一步的规范。此时的道教音乐，从单纯的打击乐器钟、磬、鼓等，增加了吹管和弹拨乐器。

由于唐皇室的大力倡导，唐代研究老庄思想蔚然

步虚 是道士在醮坛上念诵词章采用的曲调行腔，传说其旋律宛如众仙缥缈步行虚空，故得名“步虚”。步虚词大都寄托了作者对神仙世界的向往或者对修道生活的追求，曲折地反映了作者对现实世界的不满。但大多并未进入后世的道教仪式，仅为道士在步虚中所吟唱。

古代炼丹台

老庄思想 “老庄”是老子和庄子的并称，借而代指道家学说。老子著有《道德经》，庄子著有《庄子》，都主张“清静无为”“顺应天道”“逍遥齐物”等思想。道家思想后来被张道陵及其后人张鲁的五斗米道等宗教吸收，并演变成中国重要的本土宗教道教。

成风，因而在道教理论建设方面有很大的发展。唐代涌现了许多道教学者，如孙思邈、成玄英、李荣、王玄览、司马承祯、吴筠、李荃、张万福、施肩吾、杜光庭等，他们对道教的教理、教义和修炼方术等方面做了全面的论述。

当时，王公大臣及儒生、道士等纷纷研究和注疏《道德经》《庄子》，据不完全统计，隋唐时代注疏笺解《道德经》的有近三十家。

其他受老庄思想影响的理论著作也很多，如通玄先生的《体道论》、司马承祯的《坐忘论》等。特别是以成玄英、李荣为代表的崇玄学派，对当时和以后的道教理论发展产生了重大影响。

■《杨贵妃入道图》

唐代对道教经籍继续加以收集和整理，于开元年间纂修成《三洞琼纲》，总计3744卷。唐玄宗天宝年间的748年，政府诏令传写《开元道藏》，以广流布。《开元道藏》是中国历史上的第一部道藏。

道教科仪在唐代有较系统的发展。道教科仪在南朝陆修静时已初具规模，唐代道士张万福、张继先和唐末五代的杜光庭等对道教科仪、经戒法箓传授进行了系统的整理和增删，使其更加丰富和完备。特别是杜光庭所著的《道门科范大全集》87卷，将道教主要道派的斋醮科仪加以统一并使之规范化，集唐代道教斋醮科仪之大成。他所制定的道门科范，大多为后世道教所沿用。

唐代，内丹道已有较大的影响，相关著作相继问世。如崔希范的《入药镜》、吴筠的《南统大君内丹九章经》、陶植的《陶真人内丹赋》等。

唐末五代，道教内丹道已经盛行起来。这一时期倡导内丹道的著名人物为钟离权和吕洞宾。故将其所倡导的内丹修炼术，称为钟吕金丹道。后世道教全真派即尊钟、吕为祖师。

金丹道在唐代虽处于兴盛阶段，但不久便趋于衰败。由于服食金丹有副作用，促使金丹术由外丹向内丹转变。而内丹术的渊源可追溯到古代的神仙方术，其理论和实践日趋成熟。

在唐代，较大的道派是茅山宗，其次是楼观派，此外还有张天师道教流派的复兴。唐玄宗曾经令有关部门查证张天师子孙，将有封植，以隆真嗣，并册追祖天师张道陵为“太师”。

至中晚唐之时，茅山宗逐渐形成龙虎山天师道，即所谓龙虎宗。这一派在帝王的扶植下迅速得到壮大，为宋元以后龙虎山天师道的兴盛奠定了基础。

楼观派是继北魏寇谦之的新天师道之后，在北方兴起的另一道派。唐初，唐高祖对楼观道就很器重，曾亲诣楼观，祭祀老子。唐高宗时授楼观道士尹文操银青光禄大夫，行太常少卿。总之，隋唐时期的道教在各方面都获得了新的发展，随着教义和思想的转变，道教逐渐形成了儒、佛、道“三教合一”的体制，并进行制度化的管理。

阅读链接

唐代帝王崇道，常常服食丹药以求长生。唐玄宗在大同殿安置真仙之像，每每夜深人静之时，在殿中焚香顶礼。派道士、中官设醮于天下名山，古人认为名山是仙人有可能往来、存身的地方。

唐玄宗还特好轻举之术，也就是轻身和隐身，在道士罗公远的指导下学习。罗公远以隐身术闻名并且运用自如，但他不肯将这招绝技全部授给唐玄宗。据说唐玄宗一心要学会隐身术，由于罗公远传授时有所保留，所以唐玄宗每次试行，不是衣带外露就是头脚没有隐好。

道教宗派

五代时期，由于社会动乱，有识之士便产生了归隐山林，到道教中寻找精神寄托的思想。这种现象陡然扩大了道教队伍，其中有一些人还专修道教方术，以求在乱世中或生存自保，或救助贫弱。他们对道教在乱世中的维系与发展发挥了重要作用。

经过五代半个多世纪的探索，道教在北宋时走向成熟，不仅道学理论大兴，而且在道官制度建设、道教音乐创作及三教融合等方面大有进步。

在宋代道教成果的基础上，金元之际产生了很多新道教，尤其是全真道的出现，与南方正一道形成了南北双兴的格局。

五代道教的维系与发展

唐末五代的社会动乱，给道教世界又增添了两类人：一类人是仕途无望，归隐山林，在道教中寻找寄托，或是辞官不做，寻求清净，如罗隐之、郑云叟等；另有一类人是专修道教方术，以求在乱世中或生存自保，或救助贫弱。

吕洞宾画像

唐末五代出现的这两类追随道教的人物，施舍道徒，兴建宫观，收集散失的道书，宣讲道经，等等。对当时道教的维系和发展起了一定的推动作用。

如前蜀王建、王衍父子崇信道教，推崇杜光庭，称为“天师”；后蜀孟昶好金丹；南唐李昪为茅山第十九代宗师王栖霞建玄真观，并赐印、绶，称为“玄博大师”。

这一时期，道教在各个地方割据政权的范围内都有传播。道士或遁迹山林，或隐于闹市，皆由出世转为入世，由追求成仙转而济世度人，以拯救现实的苦难为己任，从而把儒家和佛教的某些修持方法和救世理想吸收到道教中来。

这一时期，著名的道士有吕洞宾、李浩、谭峭、彭晓、谭紫霞等，他们致力于道教的理论、方术方面的研究和建设，使低潮中的五代道教仍向前迈进。其中对后世影响较大的有吕洞宾、谭峭和彭晓。

吕洞宾木雕

吕洞宾，姓吕名岩，字洞宾，自号纯阳子，唐末五代时期人。吕洞宾自幼好读，通晓百家，但三举进士不第。46岁那年，他又去长安应考，在酒肆中遇见上天仙使钟离权。钟离权施展道术让他做了一个建功树名、出将入相、封妻荫子的美梦，醒后方知功名利禄均为梦幻，遂大彻大悟，拜钟离权为师，赴终南山中修道。其后遍游山水，传道度人，53岁归宗庐山，64岁上朝元始、玉皇，赐号纯阳子。

吕洞宾云游四方，为百姓解除疾病。他一生乐善好施，扶危济困，深得百姓敬仰。他飞升后，家乡百姓为他修建了“吕公祠”，以示纪念。

方术 道术前身，有两种意思，一是指关于治道的方法。《庄子·天下》中说道：“天下之治方术者多矣。”二是指中国古代用自然的变异现象和阴阳五行之说来推测、解释人和国家的吉凶祸福、气数命运的医卜星相、遁甲、堪舆和神仙之术等科学技术的总称。

道教八仙 八仙之名，明代以前众说不一。有汉代八仙、唐代八仙、宋元八仙，所列神仙各不相同。至明代吴元泰《八仙出处东游记》即《东游记》始定为：铁拐李、汉钟离、张果老、蓝采和、何仙姑、吕洞宾、韩湘子、曹国舅。“八仙过海”的故事，是道教著名掌故之一。

吕洞宾本是一个名不见经传的普通人物，但在民间长期流传中，其传奇故事却像雪球的滚动一般，故事越来越丰富，最终成为一个家喻户晓的神仙。

南宋初人吴曾所撰的《能改斋漫录》卷18中，记有吕祖自传。据说吕洞宾曾自言：

> 一断无明烦恼，二断无明嗔怒，三断无明贪欲。

唐宋以来，吕洞宾与铁拐李、汉钟离、蓝采和、张果老、何仙姑、韩湘子、曹国舅并称“道教八仙”。在民间信仰中，他是八仙中最著名、民间传说最多的一位。

吕洞宾塑像

谭峭，字景升，泉州人。据说著名道士陈抟曾言与他为师友。史称谭峭幼而聪明，长大后广涉经史，博闻强记，问则无所不知，文则清新华美。好黄老之学，精心研究，立志修道。

谭峭见多识广，学识渊博，曾于终南山著《化书》八卷，分道、术、德、仁、食、俭六化，计110篇。其内容主旨是以老庄思想为本，又兼容儒家学说。全书在内容上，基本发挥了老庄学说，并把一切皆化的自然观和小农平均主义理想的社会观作为主轴进行论述，其中，兼有一些天文地理方面的知识，涉及内容很广泛。

在思想内容上，《化书》中具有同情人民的社会观与历史观；既对传统道教思想加以继承，又对其有所阐发，对后世的内丹学、宋明理学等方面影响深远，在中国思想史上占有重要的地位。

《化书》后来作为道教的重要典籍之一而被收入道教图书总汇《道藏》之中。后人评价谭峭的《化书》是唐宋时期道教典籍中最有独创性的著作。

彭晓，字秀川，自号真一子。曾在后蜀担任过朝散郎、守尚书祠部员外郎的官职，受赐紫金鱼袋。彭晓好道，善于修炼养生之术。《道藏·太玄部》收有他所作的《周易参同契分章通真义》3卷和《周易参同契鼎器歌明镜图》1卷。

五代以后，人们对道教的追求则较多地带有实用的目的，内儒外道的道士无形中使道教渗入了更多的儒家思想。这种结果造成的影响为南宋道教全真派的形成准备了条件。其神仙思想也影响到道教的金丹思想，促进了向内丹转化的过程。

阅读链接

在古代社会，最能投皇帝所好的东西，莫过于可以使人“长生不老”的“金丹”了。炼丹术迎合帝王的特殊需求，受到历代皇帝的青睐。

五代十国时期，政权更迭，朝秦暮楚。立王称帝者仍不忘求仙炼丹。例如：后蜀孟昶学金丹口诀，向道人程晓垂问长生之法；燕王父子召请道士，“合仙丹，讲求法要”；东南闽王，为“求大还丹”，筑道台极“土木之盛”；后周世宗请来著名道士陈抟，询问“修养之事”，等等。这些帝王也就成了那些自称可炼制长生不老药的炼丹家们的最大顾主。

宋代道学与道教的发展

由于五代时期社会战乱，一些不愿出仕为官的儒生和失意的官僚往往以黄老思想作为安身立命的精神支柱。因而北宋初年，黄老道家思想在社会上的传播相当广泛。不仅出现了张伯端、陈抟等一批著名的隐士和道士，而且宋太宗及其重臣吕端、吕蒙正、李琪、李昉等也是黄老道家思想的信奉者。

泰山神庙

为了安定社会，巩固政权，北宋皇室在社会上极力推崇黄老之道，把黄老思想既作为政治思想，又作为宗教思想。从1008年开始，宋真宗就开始大力推崇道教。

在当时，北边的辽兵大军压境，宋真宗被迫与辽国订立“澶渊之盟”。从此，主和派导引朝纲，宋真宗也转而希求神灵保护大宋王朝，尊黄帝为赵氏始祖，封老子为“混元上德皇帝”，尊玉皇为“太上开天执符御历含真体道玉皇大帝”，大肆祭祀，封禅泰山。

龙王塑像

据史籍记载，1009年，宋真宗设立左右道录院，掌管全国道教事务，如神像科仪制度、道门威仪及州郡天庆观住持人选等。道录院隶属于主掌礼仪的鸿胪寺。

宋徽宗尊崇道教始于政和年间。当时编成的《政和万寿道藏》，是中国第一部全部刊行的《道藏》。他下令编写的“道史”和“仙史”，也是中国历史上规模最大的道教史和道教神化人物传记。

宋徽宗还亲自作《御注道德经》《御注冲虚至德真经》和《南华真经逍遥游指归》等书，使中国道经研究有了较为完备的资料。

1117年2月，宋徽宗称天神青华帝君下降宣和殿，又夜梦老君谕曰：“汝以宿命，当兴吾教。”当时的道士林灵素宣谕，说宋徽宗为神霄玉清王下凡，左右近臣及宠妃皆是神仙下凡。

随后，宋徽宗授意道录院册封他为“教主道君皇帝”，使他成为人君国主、天界尊神、道教教主三位

吕端（935—1000），字易直，北宋幽州安次人，位于现在的廊坊安次区。北宋宰相。吕端仪表俊秀，处事宽厚忠恕，善交朋友，讲义气，轻钱财，好布施。他处事理政才华出众，逐渐为宋太宗所喜爱和重用。宋太宗曾经根据自己多年体察评价说：“端小事糊涂，大事不糊涂。”

城隍神像

一体的皇帝。同时加封山神、龙神、城隍、岳渎等民间祭祀之神，并在全国各地增建、扩建道教宫观。从而把道教变成了国教。

道教历来认为宇宙是大天地，人体是与之相应的小天地。天地自然的形象、变化与人体生理机制的形态、性情变化是相似、相应、相通的。当模拟自然的外丹金石术在实践中失败后，道士们则转变为模拟自然的内丹道。钟离权、吕洞宾被道教奉为内丹始祖。

岳渎 是五岳和四渎的并称。五岳是中国五大名山的总称，即山东的东岳泰山、湖南的南岳衡山、陕西的西岳华山、山西的北岳恒山、河南的中岳嵩山。它们是古代道家名山。四渎指长江、黄河、淮河、济水，为中国民间信仰的河神的代表。

南宋著名道士李简易《玉溪子丹经指要》卷首载《混元仙派图》，列出钟离权、吕洞宾等人的传承谱系有八十余人，其中，第四代传人是两宋时期内丹道最重要的人物张伯端、陈抟。

张伯端，原名用成，字平叔，号紫阳。天台人。宗承钟离权、吕洞宾派内丹说，主张一己清修。著有

《悟真篇》《金丹四百字》《玉清金笥青华秘文金宝内炼丹诀》等。其学术思想，始则以儒入道，倡以道教内丹为中心的三教归一论，继而又出道入禅，以禅宗性学为宗旨，最终形成了道禅融合、先命后性，以求得无生空寂、神通妙用境界为归宿的独具特色的内丹南宗派。

南宗派 道教主流全真道的重要派别。创始于北宋张伯瑞，流传于南方广大地区。该派以“先命后性”的修炼方式著称。其代表人物多出自南方，故名南宗，又称紫阳派、天台宗。南宗“性命双修”继承中国传统隐逸仙学，大都隐居山林清修。自元代中期开始，渐与北宋融合。元末，两宗统归全真道。

陈抟，字图南，自号扶摇子，赐号希夷先生。亳州人。少年时，喜欢研读《易经》，精通诗、书、方药、数术诸学。在仕途受挫后，开始访道求仙，后隐居华山，专炼内丹术。

陈抟将《易》《道德经》《庄子》《参同契》等道家、道教学说与道教炼养术结合，借易理、道家思想以建立其模拟自然的修炼理论，并绘制成图，名曰《无极图》，开创图学，以阐述道教修炼术。

陈抟丹法中强调无欲主静的观念。清静无为，顺其自然，无增无损，修身养性，成为其内丹修炼的核心。他认为：

动而生阳，静而生阴。生阴之静，非真静也，是动中舒缓处耳，亦动也。是以生生不息，变化万殊。万殊既成，吉凶出焉。圣人作《易》，所以指吉凶，推变化。要之必以守贞为主。故《易》者，戒动之书也。

陈抟头像

道教太极图画像

在陈抟看来，能做到心斋坐忘，冥心凝神，就可以忘乎一切，入于不死永生的境界，与道合一，与天地万物一体，复归于本原。这正是道家哲学、道教思想以及陈抟内丹道所共同追求的境界。

陈抟的《无极图》问世以后，产生了巨大影响。北宋理学派开山鼻祖周敦颐在陈抟《无极图》的基础上，创制了《太极图》以及《太极图说》，采纳了道家和道教思想中的“无极”概念和“无欲故静”的命题来修订和丰富了原有思想体系中的宇宙论和伦理学。

朱熹（1130—1200），南宋著名的理学家、思想家、哲学家、教育家、诗人、闽学派的代表人物，世称朱子，是孔子、孟子以来最杰出的弘扬儒学的大师。他创立了宋代研究哲理的学风，称为理学。他的一生志在树立理学，使之成为统治思想。但因理学初出，影响不深。同时，朱熹在官场上因品性耿直而得罪权臣，致使晚年落得一个悲剧的结局。

有内圣外王之誉的北宋哲学家、易学家邵雍继承陈抟的《无极图》，并推演弘大“心法”，创立了一套完整的象数体系，概括宇宙间的一切命题。直至南宋，著名理学家朱熹集周、邵氏之学为一体，成为两宋道学集大成者。为道学的形成和发展建立了一个比较合理而相当完备的宇宙起源说。

陈抟在道教发展史上是个重要的人物，他的《无极图》也产生了巨大影响。

正如后来的明末清初学者黄宗炎在《太极图说辨》中所说：

图学从来，出于图南，则道家者流，杂以大易，遂使天下靡然称为易老。

黄宗炎在《太极图辨》中记述了陈抟《无极图》的模式，以图解的方式将内丹修炼的过程分为得窍、炼己、和合、得药、脱胎五个阶段。在阐述性命双修法中，又分为守玄牝、炼精化气、炼气化神、五气朝元、取坎填离、炼神还虚等若干步骤。

除了道学方面的建树外，宋代也是中国历史上道官制度发展的高潮时期。经过六朝以及隋唐近五个世纪的不断完善，宋代道官制度已趋于成熟。政和四年（1114），宋徽宗下诏：

> 诸路监司，每路通选宫观道士十人，遣发上京，赴左右街道录院讲习科道声赞规仪，候习熟遣还本处。

北宋理学 北宋周敦颐为宋代理学的开山祖，他将道家无为思想和儒家中庸思想加以融合，阐述了理学的基本概念与思想体系。因理学家主要讨论的内容为义理、性命之学，故称为理学。是融合佛、儒、道三教三位一体的思想体系。

陈抟画像

宋代设有三级道官机构管理道教事务。

第一级是京师道录院。由道士担任各机构的道官。在京师道录院供职者，如熙宁年间的右街副道录陈景元以及宋光宗时的左街道录留用光等，都是当时著名的道教学者，对道教教义的发展做出了巨大的贡献。

第二级是地方道正司。地方分路、州和县三级，其中的州或称府、监、军。政府在诸州监军设通

辟雍 亦作“璧雍”。本为西周天子为教育贵族子弟而设立的大学。取四周有水，形如璧环为名。“其学有五，南为成均，北为上庠，东为东序，西为瞽宗，中为辟雍。”其中又以辟雍最尊，故统称之。贵族子弟在里面学习各种技艺，如礼仪、骑射等。

判、都道正、都监等道官，管理本地区道门公事。

第三级是基层宫观。宫观道官的称谓有知宫观事、观主、都监、住持等。

宋代政府建立了完备的道官管理机构，奠定了后世道官制度的总体格局。

宋徽宗又下令各地州县，仿照儒学的形式，设立道学。当时学道之士，允许入州县学教养，所习经以《黄帝内经》《道德经》为大经，《庄子》《列子》为小经外，兼通儒书，合为一道。大经《周易》、小经《孟子》。

初入道者称道徒，每年进行考试，根据成绩，分别授以元士、高士、大士、上士、良士、方士、居士、隐士、逸士、老士等名号。这些名称相当于官品的五品到九品。不久又于诸州添置道学博士。

又依儒学的贡士法，学道之士亦可通过考试为贡士，到京师入辟雍或太学学习，并可每三年参加大比，殿试合格者则授予各种名号，并授以道官道职。道官中最高的称“金门羽客”，可以佩带金牌，出入宫禁。由于宋徽宗的崇道，道士频频获得殊荣。

宋代也是道教音乐发展的一个重要时期，宋太宗、宋真宗、宋徽宗分别编写道教音乐，多达数十首，如《散花词》《白鹤赞》《玉清乐》《太清乐》等。特别

道教平安符

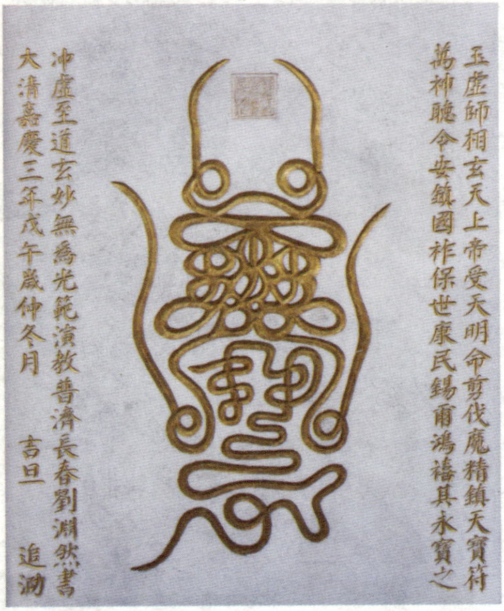

是宋徽宗好道，重用道士林灵素修改、增补道教斋醮仪式，颁《金篆灵宝道场仪轨》426部，并选全国宫观道士进京学习道教音乐。

琉璃道士像

中国现存最早的一部道教音乐总集《玉音法事》，即是在北宋时编纂的，它以曲线记谱的方法收录了南北朝、隋唐以来的词章和宋真宗、宋徽宗所制的赞颂50首。曲线记谱在《汉书·艺文志》中称"声曲折"，似一唱三叹，衬词较多，具有南曲风格。此时，丝弦乐已加入道教音乐的行列，道教音乐的伴奏乐器日趋完备。

南宋时，道教音乐在民间广泛流传。当时的道教音乐，对于声乐形式和器乐形式的运用，已经比较讲究悦耳动听。

总而论之，道教在宋代逐渐走向成熟，有一种能够吸引人们进行追求的宗教信仰目标，最终形成了自己的一套道学理论，营造出一个十分复杂的道学文化体系。

阅读链接

宋徽宗推崇道教，大建官观，自称教主道君皇帝，并经常请道士看相算命。他的生日是五月五日，道士认为不吉利，他就改称十月十日；他的生肖为狗，为此下令禁止汴京城内屠狗。

俗语道"十道九医"，这是因为道教涉及医学养生方面的诸多知识。在北宋时期相当长的时间内，道教扮演了地方医疗机构的角色。宋徽宗在地方上大建官观，他的一个想法就是把当时的道教医疗普及。这是他作为道君皇帝的惠政之一。

蒙古汗国时期的全真道

丘处机奔赴雪山图

蒙古汗国时期，成吉思汗大力提倡尊道主要体现在对道教领袖丘处机的尊重和对全真道的优渥上。

成吉思汗曾两次遣使诏请丘处机，可是丘处机隐居山林，深居简出，避而不见。成吉思汗求贤若渴，不肯放弃，于1219年第三次派遣近侍臣刘仲禄备轻骑素车、携带手诏再次诏请丘处机出山，演绎了自三国以来又一个帝王虔诚躬迎、礼贤下士的故事。

成吉思汗诏请丘处机的目的非常明了，一是为了求取长生之术，二是为了安民抚众，三是看中了丘

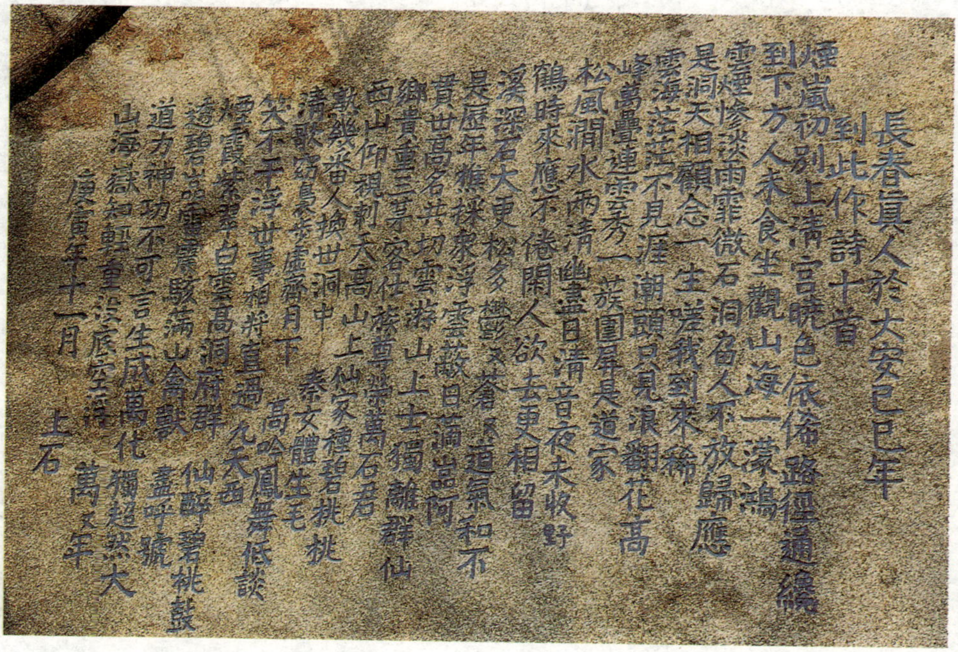

丘处机修炼处

处机作为道教领袖的声望和地位，以及他提倡的抚众安民的道家学说。

《元太祖成吉思汗皇帝召丘神仙手诏》中，向丘处机讲述自己的行为都是按照全真道教旨去做的，以及他聘贤辅政的迫切心情，并且至诚地说：

> 朕心仰怀无已，岂不闻渭水同车，茅庐三顾之事，奈何山川悬阔，有失躬迎之礼。朕但避位侧身，斋戒沐浴，选差近侍官刘仲禄备轻骑素车，不远千里，谨邀先生暂屈仙步，不以沙漠远游为念，或以忧民当世之务，或以恤朕保身之术，朕亲持仙座，钦惟先生将咳唾之余，但授一言，斯可矣。

于是，刘仲禄以宣差便宜使的名义奉诏前往中原

成吉思汗（1162—1227），孛儿只斤·铁木真，蒙古汗国可汗，尊号“成吉思汗”，意为“拥有海洋四方”，谥号“法天启运圣武皇帝”。世界史上杰出的政治家、军事家。1206年春天建立大蒙古国，此后多次发动对外征服战争，征服地域西达中亚、东欧的黑海海滨。他所建立的政权和法律，至今对世界各国和地区仍然有积极意义。

丘处机与成吉思汗雪山会见

敦请丘处机。成吉思汗赐给刘仲禄的虎头金牌上写着“如朕亲行，便宜行事”的谕旨，使他沿途享有方便行事的各种特权。

成吉思汗不远千里三派朝臣诏请丘处机出山的举措，终于打动了丘处机。丘处机应召西行前赠给朋友的诗中写道：

十年兵火万民愁，万千中无一二留。
去岁幸逢慈诏下，今春须合冒寒游。
不辞岭北三千里，仍念山东二百州。
穷急漏诛残喘在，早教身命得消忧。

由这首诗中不难看出，丘处机不远万里西行的目的，是为了中原百姓免受屠戮。

1220年，丘处机率领赵道坚、宋道安、尹志平、李志常等18位高徒从山东起程北行。同年二月二十日，丘处机携弟子抵达当时蒙古统治下的燕京，即后来的北京。

燕京当地官吏、士庶、僧道纷纷前往卢沟桥迎接这位大汗请来的神仙，而蒙古燕京长官石抹咸得卜亲自为丘处机安排食宿。丘处机后来才获悉成吉思汗已经率蒙古大军西征，根本不在漠北草原，离燕京更是越行越远了。

已经年过古稀的丘处机不想西行，希望在燕京等大汗东返后陛见，并自草《陈情表》奏请成吉思汗裁决。成吉思汗非但不允，反而再次下诏恳切催促丘处机西行。

1221年，丘处机不顾年迈体衰，率弟子踏上征途，向塞北高原挺进。历时四年，终于抵达西域大雪山之巅，即后来的阿富汗境内兴都库什山谒见成吉思汗，大谈养生之道及治国方略，颇得成吉思汗赏识。

成吉思汗见到丘处机果真是一位仙风道骨的道长，便十分欢悦，立即设宴款待丘处机师徒一行，并且开门见山地向他讨要长生之术和长生不老药。

丘处机坦诚地直言："但有卫生之道，而无长生之药。"成吉思汗爱其诚实，又问起统一天下之策时，丘处机对曰："欲一天下者，必不嗜杀人。"并且建议成吉思汗"少杀戮，减嗜欲，敬天爱民"。

丘处机提出的主张，成吉思汗都欣然地接受了。因此，后人

虎头金牌 蒙古汗国时使用的军官牌符。牌与符是一回事，分为虎头金牌、平金牌、平银牌三等，又称为虎符、金符和银符。大致上是万户佩虎符，千户佩金符，百户佩银符。虎符还有三珠、二珠、一珠的区别，三珠为最高，只有上万户府达鲁花赤，万户以上的掌军者才能发给。

丘处机塑像

诏书　皇帝布告天下臣民的文书。在周代，君臣上下都可以用诏字。秦王政统一六国，建立君主制的国家后，号称皇帝，并改命为制，令为诏，从此诏书便成为皇帝布告臣民的专用文书。汉代承秦制，唐宋时期废止不用，元代又恢复使用。

评说丘处机有“一言止杀”之功。据《元史·释老志》记载称：

> 太祖时西征，日事攻战，处机每言欲一天下者，必在乎不嗜杀人。及问为治之方，则对以敬天爱民为本。问长生久视之道，则告以清心寡欲为要。

虽然丘处机所言并没有被成吉思汗完全认可，但在一定程度上减轻了当时蒙古军的杀伐之害。后来清代的康熙帝称赞丘处机道：“一言止杀，始知济世有奇功。”成吉思汗待丘处机甚厚，而且尊称他为“神仙”，赐爵“宗师”，掌管天下道教。

在后来丘处机、成吉思汗二人朝夕相处的日子里，丘处机还不断以身边的小事来劝诫成吉思汗。

一次，成吉思汗打猎射杀一只野猪时突然马失前

全真教众铜像

蹄，可野猪却不敢扑向成吉思汗。事后，丘处机便进谏说："上天有好生之德，陛下现在圣寿已高，应该少出去打猎。坠马，正是上天告诫陛下。而野猪不敢靠近，是上天在保护着陛下。"

成吉思汗对此十分信服，告诉左右人说："只要是神仙的劝告，以后都照做。"

还有一次，成吉思汗过桥时，桥身一下子被雷劈断了。丘处机便说，这是上天在警告不孝顺父母的人。于是，成吉思汗就诏书告诫国人，听从神仙的指示，要尽孝道。

全真教刘处玄像

丘处机还多次劝导成吉思汗，治理天下之术以"敬天爱民"为本，应该体恤百姓疾苦，保护黎民生命。丘处机在成吉思汗身边待了一年之后，自北印度返回中原。虽然当时战事频仍，成吉思汗还是派出五千骑兵，予以护送。

为了表达对丘处机的尊崇，临别之际，成吉思汗还赐予丘处机"金虎符"和玺书，下诏免除道院及道众一切赋税差役。成吉思汗还命令燕京行省将原金代的御花园赏给全真教建造宫观。

从此，丘处机得以弘扬全真教、广建道观，掌管天下道教，取得了蒙古汗国国师的地位。丘处机凭借成吉思汗赐予的虎符和玺书，解救了大量中原人，使数万名被蒙古贵族掠夺为奴的人重获自由。

虎符 中国古代对虎的形象十分崇拜，特别是在军事上，如在调兵遣将时用的兵符就刻上一只老虎，称为虎符。虎符是用青铜或者黄金做成伏虎形状的令牌，令牌劈为两半，其中一半交给将帅，另一半由皇帝保存，只有两个虎符同时使用，才可以调兵遣将。

从丘处机西行论道来看，一方面劝告了成吉思汗“止戈为武”，给中原百姓带来了相对和平安定的环境；另一方面他也将中原先进的文化和技术带到荒凉的草原，丘处机的西行促进了民族融合，促进了元对全国的统一。

1224年，77岁高龄的丘处机自雪山返归燕京，赐居于太极宫，就是后来的北京白云观。

当时太极宫一片凄凉，遍地瓦砾。于是，丘处机命弟子王志谨主领兴建，历时三年完成，使殿宇楼台焕然一新。

1227年5月，成吉思汗以丘处机道号“长春真人”作为道观名，亲自将修葺一新的太极宫敕改为“长春宫”。自此，燕京的长春宫为道家的第一丛林，成为全真道的中心。丘处机还在成吉思汗赏赐的原金代皇帝的御花园琼华岛修建了“万寿宫”。

丘处机在燕京即北京地区除了广建道教宫观外，亦广度道徒，并且创建了平等、长春、灵宝、长生、明真、平安、消灾、万莲八个传道组织。全真道进入全盛时期。

蒙古汗国时期，丘处机成为北方道教的领袖，全真教不但在北京地区取得了长足的发展，而且在民众中产生了极大的影响。

阅读链接

在全真教发展史上，丘处机是一个里程碑式的人物；在中国道教发展史上，丘处机也是一个史册有名的高德道长。

1191年10月，丘处机回到了阔别多年的家乡栖霞。他回到家乡做的第一件事，就是在故居的基础上扩建了滨都宫。根据《栖霞县志》记载，滨都宫内及其附近，当年建有丘真人考妣墓、长春仙井、丘真人庵、铁树等。丘处机回到栖霞后，消息很快传遍了登州、莱州和宁海州，他先后到三州弘扬全真教，足迹踏遍了昆仑山、崂山、罗山、蓬莱、掖县等著名道观。

元代道教的南北格局

入元以后，在执政者的扶持下，道教出现兴盛局面。这种兴盛与隋唐道教相比，主要不是教理教义上的，而是教团组织上的，新老道派呈现合流趋势，形成了北方以全真道为代表，南方以正一道为中心

北京白云观庙堂

正一道 道教后期两大派之一。是在天师道、龙虎宗长期发展的基础上，以江西龙虎山天师道为首，融合上清、灵宝等符箓道派而形成的一个符箓大派。于元代中后期形成后，一直流传至今。天师道历代天师嗣位，多受朝廷赐号，赏给钱物，扩建宫观。

的格局。自从全真教丘处机为成吉思汗讲道，被成吉思汗授予主管天下道教的权力后，全真教臻于极盛。

与此同时，为应对全真道的迅速崛起，南方的原龙虎山天师道、茅山上清派、阁皂山灵宝派合并为正一道，尊张天师为正一教主。至此，正式形成了元代道教北有全真派、南有正一派两大派别的格局。

至元年间的1276年，元世祖忽必烈召见南方道教天师张可大的第三十六代天师张宗演，待以客礼，命主领江南道教，赐银印。次年，又醮于长春宫，赐号“演道灵应冲和真人”，给二品银印，命主江南道教事，准许自给牒度人为道士。

张宗演得到元世祖的两次接见，使他获得了不同寻常的头衔和职务。此后，历代正一天师皆被元皇室封为“真人”，命袭掌三山符箓、江南诸路道教事。

道教玉女壁画

首先是天师头衔。元世祖在其制文中称宗演为“嗣汉三十六代天师”，等于以官方名义正式承认了“天师”头衔。

在此之前，张道陵后人虽自称天师，民间也以此相呼，但从未受到官方认可，宋代皇帝仅赐以“先生”号。正式用官方名义承认张道陵子孙为天师始于元世祖忽必烈，到后来明代的明太祖即位后便取消了天师这一称号。

其次，是主领江南道教的权力。南宋末张可大受命提举三山符箓，权限不及此。元代时张宗演主领江南道教，便与全真道分治南北，成为南方道教诸派中发展最盛，势力范围较广的一个派别，其发展远远超过了茅山宗和阁皂宗。

入元以后，从第三十六代天师张宗演到第四十一代天师张正言，均受元皇室尊崇，封为真人，尊称天师，命掌江南道教，获得了前所未有的殊荣，是龙虎山张天师道获得较大发展的时期。

天师年画像

历代天师受命主管江南道教，不仅江南符箓派的教务受其统领，全真道之在江南者，亦受其统辖。

江南道教各派宫观的赐额，道官、道职的任命，以及道官封号的赐予等，皆须经天师的首肯和转达。这使得历代天师的首领地位日渐巩固，以至到元代中后期，以天师为首领的龙虎宗逐渐形成为南方道教的重心，其余道教符箓派一步步结合到它周围，最后组成一个大的道派正一道。

当时的西域人也积极接受中原道教文化，信仰道教的西域人士也不在少数。清末大学者陈垣有一部著作《元西域人华化考》，其中通过翔实的事例、严谨

阁皂宗 为符箓三宗之一。形成于北宋，流传至元明。阁皂宗是灵宝派发展到以阁皂山崇祯万寿宫为传播中心时代的别称。它本是灵宝派，但又是灵宝派发展过程中的一个特定历史阶段。

的考证，论证了元代西域人仰慕汉族文化，信仰汉族宗教的事实，可见中国汉族文化之魅力。

陈垣在书中说：

特患其不通中国之文，不读中国之书耳，苟习其文，读其书，鲜有不爱慕华风者。

在接受道教文化的西域人中，马祖常是重要的一位。他的作品中有不少游仙之作，对于神仙境界常常低回遐想。对于元初高道丘处机更是尤其倾慕，吟咏再三，《京城杂言》云：

丘公神仙流，学道青海东。
扣马谏不杀，嘉辞动天容。
保此一善言，元祚垂无穷。

自注："太祖纳全真丘处机之一言，国家始终不好杀生。"可谓倾倒之至，由此也足见道教之魅力。

阅读链接

道教是忽必烈试图从中寻求支持和帮助的一种宗教。忽必烈为道教驰名的法术所吸引，并承认他们对较低阶层的群众有吸引力。因此朝廷为建设道观提供资金，并向他们提供佛教已得到的相同豁免和特权。

忽必烈对道教的这种支持是一种信号，被传递给了道教的信徒，使一些道教领袖意识到需要与佛教和蒙古人相容共处，并且首先寻求儒、佛、道三家的和解。道教为忽必烈演习和本教祭礼有关的祭祀和典礼，尤其重要的是皇家祭泰山之礼。

道教俗化

角色转换

明清两代正一道和全真道的地位角色正好做了个转换，明代正一道较活跃，受执政者器重，清代则是全真道较兴旺，较受执政者青睐。由于明清时期道教在官方地位下降，在民间开始广为传播，在世俗化的过程中成为更多人的信仰。

作为中国的本土宗教，道教在长期的发展过程中，深深地影响了国人。比如近代道教的礼法活动，其名目众多，且能应对各类场合。再如道教在人与自然的关系上，其“洞天福地”模式，为后世理解道教提倡的“天人合一”思想提供了思路。

明代道教与道教著作

在明代，道教承宋元旧制，分为正一、全真两大派系，官方发给不同的度牒。明代皇室因鉴于世居龙虎山张道陵后裔在道教中的影响，一方面肯定了元代授正一道教主的地位，但又革除“天师”这一称号，改授为正一嗣教真人。

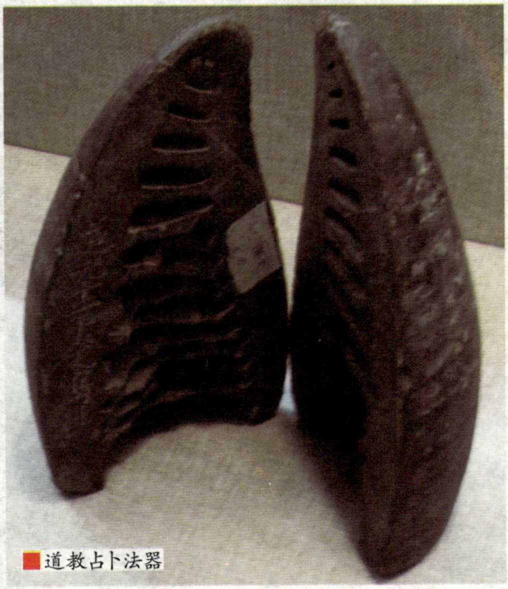
道教占卜法器

在明代皇帝中，特别崇奉道教的是明世宗朱厚熜，他自号“玄都境万寿帝君”，躬亲礼斋，许多道士被授予“少保”“礼部尚书”等官衔，参与朝政。

明代历代还在京师设置道纪司，在各府设置道正司，在各县设置道会司，将道教事务列入朝廷行政管理的范围。

明代正一道的政治地位居道教各派之首。早在1361年朱元璋攻占南昌时，正一道第四十二代天师张正常就曾遣使拜谒，密告“符命”，与朱元璋接上关系。

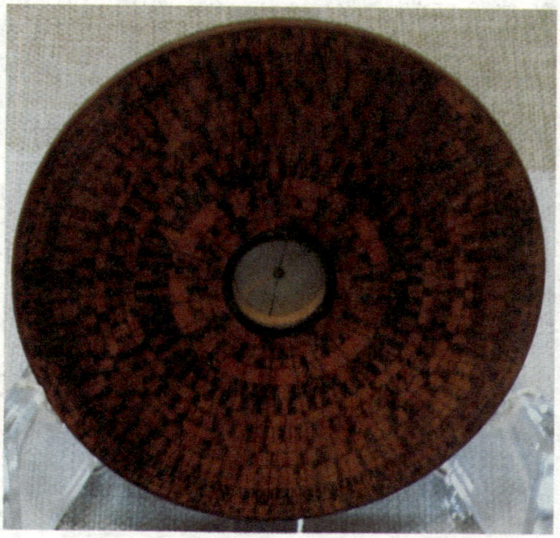

道教文物罗盘

明代开国后，张正常于1368年入朝礼贺，明太祖封他为正一嗣教真人，赐银印。1373年，又敕令张氏永掌天下道教事。从此正一天师便上升为道教各派首领，其地位较元代正一天师统领江南道教更高。

张正常以擅长符水治病闻名，羽化于洪武年间的1377年。其子张宇初嗣位后，袭封正一嗣教大真人，领道教事。此后，明代历代天师皆沿例袭封大真人，掌管天下道教。

张宇初博学能文，撰有《道门十规》。该书吸收全真道性命双修及严守清规戒律之宗旨，针对当时的道教弊端，适应明王朝检束道教之举，指出道士应遵守的十条戒律，以之推广于道教各派，意图整顿道教。

《道门十规》对于道教之渊源和流派、立教本旨、道教发展过程中之种种问题和今后应当遵守之原则，均有简明概括之叙述，为明初道教规制之一，是整顿道教的纲领性文献。

张宇初还撰有诗文集《岘泉集》20卷，对道教思想宗旨及修持方法多所发挥，堪称宋元以来最有学识

道纪司 明清地方府一级掌管道教事宜的机构。明代高道刘渊然在云南传播道教，设置“道纪司”“道正司”“道会司”三级道教管理机构。清代设置县级道教机构。《清史稿·职官志三》记载：“府道纪司都纪、副都纪、州道正司道正，县道会司道会，各一人。遴通晓经义，恪守清规者，给予度牒。”

的正一天师。张宇初还曾奉敕设醮建斋，重建龙虎山上清宫。

明太祖认为禅宗与全真道“以修身养性，独为自己而习”，无助于伦理教化，故重视正一而贬抑全真。因此，全真道在明代的政治地位下降，教团发展受限制，其势力远不及金元时代。

全真道自元代以来，七真门下各自开派，形成七个支派。其中丘处机所开龙门派势力最强。该派传至明代，出现以戒律密传的龙门律宗。此宗以丘处机门人赵道坚为第一代律师，赵传张德纯，张传陈通微，陈传周玄朴。周玄朴是龙门第四代律师，后传于张静定、沈静圆，龙门律宗此后分作张、沈二支流衍。

明世宗时，有龙门第四代弟子孙玄清，得山东崂山李显陀、铁查山通源子及斗篷张真人之传，颇有道术。1558年至京师白云观坐钵修炼，祈雨有验，明世宗朱厚熜诏赐“紫阳真人”之号。孙玄清门下形成金山派，亦称崂山派，属龙门支派。

明代著名的道士还有张三丰、邵元节、陆西星等。张三丰，名全一，又名君宝，字君实，一作“君宝”，号玄子，以其不修边幅又号邋遢。元末明初著名道人，武当派开山祖师。

道教星宿香炉

据史书记载，张三丰丰姿魁伟，须髯如戟，寒暑唯一蓑一衲，一餐能食升米，或数日千里。善于嬉谐，旁若无人。他曾居武当山，修缮五龙、南岩、紫霄诸宫，明太祖闻其名，遣使觅之不得。

张三丰后来居陕西宝鸡金台观，传说曾死而复活，道徒称

“阳神出游”。于是，他游四川青城、鹤鸣山，寻访仙道。最后又回到武当山，竟是隐显莫测，以至于明成祖朱棣多次派人寻访，均不见踪迹。

张三丰雕像

张三丰在武当山创立了一个新的道派三丰派，也叫隐山派，掀起了中国道教发展史上的最后一波，并成为武当武功的创立者。

从道源上讲，三丰派丹法源于陈致虚和陈抟，大道渊源始于老子。在三丰派教徒的生命观中，有“我命在我，不在于天”的重生贵命之积极观念，因而产生了导引、按摩、辟谷、吐纳、服气、结丹等激发自然潜能的长生内炼灵修法。但他认为炼气固然可以延生，如果没有外德的积聚还是不足得道的，因此在德行上之规定也十分严格。

三丰派的丹法很有特点，强调修炼过程中有为与无为要并用。它以清静阴阳、双修双成为显著特点。张三丰《道情歌》曰：

> 未炼还丹先炼性，未修大药且修心。
> 心修自然丹信至，性清自然药材生。

张三丰主张逆修阴阳，双修双成。但这绝不是双修之下乘功夫，因为张三丰坚决反对“犯淫”，认为

龙门派 是全真道分衍的支派之一。它承袭全真教法，处于道教衰落的明清时代。由“北七真”之一的丘处机所传。龙门派承其祖派全真道之余绪，以精于内丹学著称于世。其门下拥有许多著名内丹理论家，他们所著的内丹书，较其前辈，有承袭，也有发展，总的特点是功法更细致，更浅明。

“犯淫丧失长生宝，酒肉穿肠道在心”，显然这是双修之上乘功夫。

武当道教戒律多达三十余条，一般则以老君五戒、十二戒、二十七戒、一百八十戒及中极三百大戒为渐进戒阶，另则初入道者有初真十戒，各地宫观多依戒律制定堂规，订定罚例，对教徒的生活规范极为严格。

其中老君五戒是：一、不杀生；二、不嗜酒；三、不口是心非；四、不偷盗；五、不淫色。

另有十善则为：一、孝顺父母；二、忠事君师；三、慈心万物；四、忍性容非；五、谏诤蠲恶；六、损己救穷；七、放生养物种诸果林；八、道边舍井种树立桥；九、具利除害教化未悟；十、读三宝经律奉香花供养。

伙居道士及一般教徒不吃长斋，禁食“三厌”和“五辛”，三厌者即天厌雁，地厌犬，水厌鳖；五辛则是蒜、姜、韭、芸薹及胡荽等辛辣之属，因为道者以寡欲养精，少食养气、安眠养神为保养精气神而达长生久视之唯一途径。教徒随其功行修为，逐步加深其禁忌，而对房禁尤为首要，将养精、保精、炼精视为必然过程。

张三丰彩像

教徒守斋首重“心斋”，持花斋者亦须依据斋禁实施斋戒。《太上洞玄宝福日妙经》中定有正期斋日：正月、三月、五月、七月、九月、十一月为长斋月。正月初七，天曹迁赏会；七月初七，地府度生会；十月初五，水府建生会；此三会斋日持斋，万劫不遭瘟气。

正月十五日、七月十五日、

十月十五日是三元斋日，此日持斋，延寿益算不见众苦。

正月初一天腊、五月初五地腊、七月初七道德腊、十月初一民岁腊、十二月初八王侯腊，能持五腊斋者无愿不会。

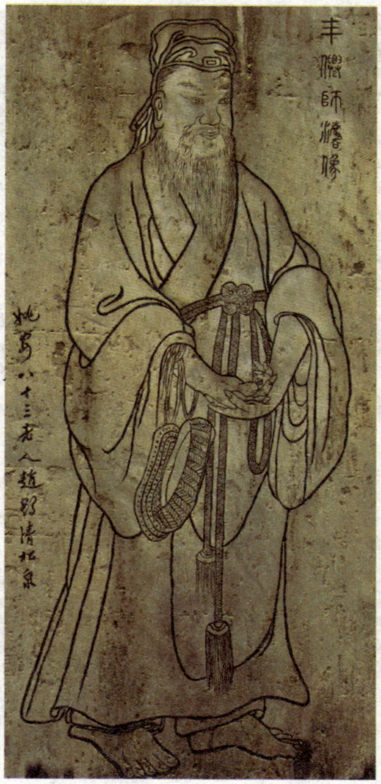

张三丰石刻

立春、春分、立夏、夏至、立秋、秋分、立冬、冬至，是八节斋，行道持戒，居门欣庆。每月初一、十五日，甲子日及本命庚申日，宜持斋诵经，生死受福。另以神诞醮会，应守清斋，不可违禁。

三丰派的丹经著作很多，后来的清代著名道士李西月辑成《张三丰全集》，主要经典有《大道论》《玄机直讲》《玄要篇》等，主要论著大都讲的是清静丹法。在《无根树》及后人缀合的《全集》中有阴阳修法，明确主张逆修阴阳，栽接互摄，如《无根树·道情》中写道：

无根树，花正偏，离了阴阳道不全。
金隔木，汞隔铅，阳寡阴孤各一边。
世上阴阳男配女，生子生孙代代传。
顺为凡，逆为仙，只在中间颠倒颠。

由于三丰派将道教内丹功夫叙述得出神入化，至清末时追奉张三丰为祖师的道派多达17个，其中，以武当派最为出名。

由于张三丰的道行和其内丹思想的深刻影响，三

心斋 谓摒除杂念，使心境虚静纯一。道不欲杂，杂则多，多则扰，扰则忧，忧而不救。心斋，就是虚空的心境，即超越功利的审美心境、审美态度。心斋为道教斋法的最高层，指疏沦其心，摒弃智欲，澡雪精神，除却秽累，掊击其智，断绝思虑。

道教天人合一石

丰派声名远播海内外。在明英宗天顺年间的1459年，张三丰被封为“通微显化真人”。据《诸真宗派总簿》记载，三丰派等传衍至近代。

邵元节，字仲康，号雪崖，江西贵溪人。他幼年父母双亡，遂于龙虎山上清宫达观院出家为道士，师事范文泰得《龙图规范》之秘。后又师事李伯芳，尽得其术。

1526年，明嘉靖帝命邵元节为致一真人，统辖京师朝天、显灵、灵济三宫，总领道教，赐给紫衣玉带及金、玉、银、象牙印章各一枚。从此，长居京师，经常奉诏祷祈雨雪，累获加封受赏。

1532年，敕建真人府于城西，每年给禄米百石，拨校尉40人供洒扫，赐庄田30顷，蠲免其租。以孙邵启南为太常丞，曾孙邵时雍为太常博士。

邵元节奏乞将永恩寺改为道宫。帝准其奏，翻新

太常 是掌建邦之天地、神祇、人鬼之礼，吉凶、宾主、嘉礼以及玉帛钟鼓等文物的官员，即唐虞的秩宗、周代的宗伯、秦朝的奉常，位列汉朝九卿之首，地位十分崇高，兼管文化教育、陵县行政，也统辖博士和太学。其属官分别执掌音乐、祝祷、供奉、天文历法、卜筮、医疗。

后，赐额曰元福宫。又遣中使于江西贵溪建道院，赐名仙源宫。

1534年，邵元节从龙虎山还朝，船行至潞河，命中宫迎入，赐新蟒服和“阐教护国”玉印。后来加号为“靖微妙济守静修真凝元衍范志默秉诚致一真人”，赐玉带冠服，又以其祷祀皇太子生有功。拜为礼部尚书，赐一品文官服。

邵元节虽位极人臣，但他仍谨小慎微，很少干预朝政，专心祷祀。著有《太和文集》。

陆西星为明代内丹东派开创者，字长庚，号潜虚子。扬州兴化人。擅文词，兼工书画。因屡试不中，乃弃儒入道，入山隐居。自称得吕洞宾真传，著书立说，阐发内丹之旨，遂开内丹东派，被后世道士尊为内丹东派之祖。

陆西星著有《方壶外史》8卷，其中包括经典注释及丹法15种，《南华附墨》8卷。近现代一些学者考证，著名神魔小说《封神演义》的原作者实为陆西星。

明代编著了重要的道书《道藏》。明永乐年间，明成祖朱棣敕令第四十三代天师张宇初纂修《道藏》。1444年，明英宗继承明成祖之志，诏通妙真人邵以正督校《道藏》，次年编成《正统道藏》。至1607年，第五十代天师张国祥奉命续补《道藏》，名《万历续道藏》。与《正统道藏》合计共5485卷，512函，即现存之明版《道藏》。

张三丰泥塑

道教封神演义年画

《道藏》中的各种典籍，都按“三洞四辅十二类”的分类方法编排，成为道教史上现存最完备和最重要的经籍总集。此外，收集在《道藏》中的《图经衍义本草》《白云仙人灵草歌》《石药尔雅》等书籍，都保存了许多有关物种研究、物种保护的珍贵史料。

在明代，值得一提的是道教音乐的发展。明初，朱元璋设玄教院统辖全国道教，下令清整道教，命道士编制斋醮仪范，道教音乐也由此逐渐规范化。

1380年，建“神乐观”，置提点、知观等职，隶属太常寺，掌管宫廷祭祀活动和乐舞生，由精通乐舞的道士主领，乐舞生由征集的道童充任，服饰如全真道士。除京师外，在五岳也设有乐舞生，以备国家祭典用。明初，著名道士冷谦曾主“神乐观”，定雅乐。

朱元璋曾经亲定道教科仪乐章。永乐年间，明成祖朱棣制《大明玄教乐章》，以“工尺法”记谱，有醮坛赞咏乐章、玄天上帝乐章、洪恩灵济真君乐章三部分。曲目有《迎风辇》《天下乐》《圣贤记》《迎仙客》《步步高》等14首，后收入《正统道藏》，为研究明代古音乐的宝贵资料。

另据《大明玄教立成斋醮仪》《大明御制玄教乐章》及《圣母孔雀明王经》等有关道教音乐的记载，明代道教音乐既有承袭唐、宋、元三代的旧乐，又有吸收南北曲音乐的新制道曲，甚至连民间音乐，如《清江引》《一定金》《采茶歌》等曲调，皆被道教音乐所吸收。

明清时期，中国小说创作更加繁荣。此时，在话本及拟话本小说的基础上，出现了长篇章回小说。其中，有一批作品是以道教生活为题材、以道教思想为宗旨的作品。如《封神演义》《韩湘子全传》《吕仙飞剑记》《绿野仙踪》等。这类作品可称为长篇章回体道教神魔小说。

长篇章回体道教小说的特点：一是把历史故事和神仙故事糅合在一起；二是将民间流行的神仙故事进一步加工；三是作品的字里行间渗透着道教修炼成仙的义理。

章回体道教小说在宣传道教教理方面，具有特殊的作用。作者在熟读道教经籍的情况下，改编、重组或创造神仙故事，寓教于乐，使道教思想的宣传进一步通俗化，易为民间所接受。

阅读链接

“三洞四辅”是道教经书分部的总称。道教经书首由南北朝时期南朝宋道士陆修静于泰始年间编成《三洞四辅目录》，后来宋代张君房和明代邵以正督校《道藏》，仍以三洞四辅分类，故“三洞四辅”成为道藏分类的代称。

三洞是经，四辅是对三洞经文的论述和补遗。太玄辅洞真，太平辅洞玄，太清辅洞神，正一则为以上各部的补充。三洞，指的是洞真部、洞神部、洞玄部；四辅，指的是太玄部、太平部、太清部、正一部。

清代道教的世俗化过程

上清宫道教画

清代满族贵族兴起于关外，入关之前信奉藏传佛教，入关后重视利用儒学治国，对道教虽仍予以保护，但远不及明代那样尊崇。

清初顺治、康熙、雍正三朝为笼络道教，开始对道教重视和利用，依明代旧例，封赠正一真人，令其掌管天下道教。

1651年，第五十二代天师张应京入朝觐见，清顺治帝敕授正一嗣教大真人，掌天下道教事，给一品印。随后，第五十三代天师张洪任入觐，袭封大真人，并敕免本户及龙虎山上清宫的各色徭役。

清代康熙皇帝曾命第五十四代天师张继宗进香五岳，祈雨治河，袭封大真人，授给光禄大夫品级。清雍正皇帝笃信禅宗，对道教方术亦感兴趣，认为“道教炼气凝神，与儒家存心养气之旨不悖”。

道教神仙塑像

清代雍正皇帝提倡三教各有所长，缺一不可，故对道教的功用也给予肯定，对天师后嗣张锡麟及龙虎山道士娄近垣优礼有加。

1727年，第五十五代天师张锡麟入觐，清雍正帝依前朝旧例，袭封大真人，授光禄大夫。雍正皇帝晚年多病，曾召龙虎山正一道士娄近垣入宫，设坛礼斗，以符水治病有验。娄近垣因此被封为妙应真人，赐四品龙虎山提点，又拨官银修葺龙虎山宫观，置买香火田数千亩。

娄近垣在清代正一道士中最有学问，撰有《龙虎山志》18卷，文字通达。又撰《阐真篇》，对禅宗及全真道内修法颇有见识，被选入清雍正年间所编的《御选语录》。

清代初年，全真道龙门派宗师王常月应运而出，以振兴道教、恢复祖风自任，传戒弘教，使明代沉寂已久的全真龙门派出现了中兴景象。

王常月，号昆阳子，山西潞安人。少年出家云游四方，参访明师五十余人，得龙门派第六代律师赵真嵩之传，成为第七代龙门律师。王常月受师父之嘱

进香 在道教和佛教中，把向神或佛烧香称为进香。这是对诸佛菩萨，还有众天神的重要供养方式。所进的香分两种，一种是实体的香，另一种是心香，就是修炼的决心。

■道教玄武龟蛇铜雕

托，看准时势，改革旧制，以公开传戒度人出家，整顿教规作为振兴宗门的主要手段。

清军入关时，王常月即从隐居的嵩山北上京师，挂单于北京白云观，被道众推举为方丈。王常月奉旨主讲白云观，登坛说戒，度弟子千余人，一时南北道流纷纷来京受戒。在八方归附的形势下，他的传戒活动也得到了清政府的许可。

1669年，王常月率弟子詹守椿、邵守善等南下，在南京、杭州、湖州、武当山等地立坛说戒，皈依受戒者甚多，龙门教团于是大盛。

王常月著有《碧苑坛经》2卷，又名《龙门心法》，是弟子们整理他在南京碧苑登坛说戒的语录而成。龙门派所传戒法分为初真戒、中极戒、天仙大戒三级，王常月将此三级戒作为实践真功的基础。

王常月羽化后，其弟子继续在东南江浙诸省开坛传戒，形成了不少龙门支派。清康熙帝敕赠“抱一高士”，命于其墓上建堂塑像，每年都派官致祭。

例如：黄虚堂开创苏州浒墅关太微律院支派，其弟子有孙碧阳；金筑老人盛青涯开创余杭金筑坪天柱观支派，门下有潘牧心、王洞阳、潘天涯等递相嗣传；吕云隐开戒于苏州冠山，门庭颇盛，其弟子吕全阳、鲍三阳、樊初阳、丘寅阳、徐艮阳、钱函阳、孙

羽化 道士修炼到极致，跳出生死轮回、生老病死，是谓羽化成仙。“羽化”一词源自古代阴阳学，古人认为，阳气产生于盘古开天辟地，阳清为天，阴浊为地。阴阳比较平均的就演化成了人。因此，古人相信通过修炼可以羽化成仙。有道高士去世也被称为羽化。

则阳、归南阳、邵悟真等人，活动于苏州、无锡、湖州一带；陶靖庵开创湖州金盖山纯阳宫云巢支派，门下有陶石庵、徐紫垣、徐隆严等相继嗣传。

清代龙门律宗除王常月门下诸派外，还有与王常月同辈的沈常敬所传派系。沈常敬隐居江苏茅山，门下有孙守一、高守圆等大弟子。孙守一弟子周太朗，开创栖霞金鼓洞支派，四方从学者达千余人。孙氏另一弟子范太清，住持天台山崇道观，为东南龙门派一大道场。周太朗再传弟子沈一炳、闵一得，均为清代道教内丹术著名学者。闵一得住持金盖山纯阳宫，撰《金盖心灯》8卷，详记明清龙门派传承历史。又编辑《古书隐楼丛书》，收明清道书28种，多为内丹学著作。

除东南地区外，清初至清乾嘉年间，全国各地，甚至全真道历来影响甚微的东北、西北、西南地区，也都出现龙门派活动的踪迹。

在东北，有辽阳道士郭守真于明末赴马鞍山师事龙门第七代道士李常明，后返归辽东，隐居本溪铁刹山八宝云光洞修道三十余年。康熙初年应盛京将军乌库礼之请，住持盛京即沈阳太清宫传戒，受戒者先后达数百人。

朱青玉召万神符牌

在西北，有龙门派第十一代道士刘一明，隐居甘肃金县栖云山修炼多年，往来于兰州，陇上士庶多与之交往。刘精通内丹易学，著有《道书十二种》，流传颇广。在江西有龙门第八代道士徐守诚，隐居西山修炼，门下有谭太智、张太玄、熊太岸等弟子。

在广东有龙门派第十一代道士曾一贯，于康熙年间入罗浮山任冲虚观住

持，其徒柯阳桂门下弟子百余人。

在四川有龙门第十代道士陈清觉，于清康熙初年从湖北武当山来到青城山，后住持成都二仙庵，开创龙门碧台丹洞宗。二仙庵与武昌长春观、西安八仙庵并称为天下龙门派大丛林。

在云南鸡足山，还有被称作“龙门西竺心宗”的特殊道派。该派创始人鸡足道者原名野怛婆阇，本为月氏国人，自称元末从印度来滇，精通“西竺斗法”，常诵咒不绝。1659年鸡足道者赴北京白云观皈依王常月门下，受龙门戒法，改名黄守中，成为龙门派八代弟子。后归鸡足山，创“龙门西竺心宗”。直至1790年，闵一得游历鸡足山，还曾见到黄守中，并从他受西竺斗法而归。

自明末清初至清代中期，全真道龙门派遍传全国各地，其势力远远超过正一道派及其他全真道派，与佛教“五家七宗”中的临济宗地位相当，故世有“龙门、临济半天下”之说。

自清乾隆时期起，清政府对道教活动的限制日趋严格，道教的地位不断下降，组织发展基本停滞，教理教义毫无创新。但正一道在民间的活动还在进行，并向边远地区和少数民族中传播。

自清乾隆年间废除僧道度牒制以后，僧道数量增长很快。而且随着清代疆域的开拓，汉族向边疆地区迁移，一些原来很少有道教的地区，如东北、新疆、内蒙古、台湾等地，也陆续建起道教宫观，有道士住持，供奉香火。

据《诸真宗派总簿》中所记，正一派、茅山派、清微派、灵宝派、净明派等符箓道派至清末皆传承不绝，尤以正一派、清微派两派分支最多。

此外还有西河派、天山派、奉真武大帝的武当派，以及九宫山派、张玉皇高上派等正一支派。这些道派虽传承不绝，但其学说及修持方法多已相互融合，彼此区别不大。

清代，在道教音乐管理上基本沿袭明代旧制。北京的东岳庙、蟠桃宫、吕祖祠、岳庙、关庙均属神乐观，居乐舞生，平时著道装，蓄发住庙，但可有家室，父子世袭。遇有朝廷盛典，即奉诏入宫参加祭典仪式。演奏的乐曲属宫廷祭典音乐，使用乐器比较多，雄壮宏伟而又不失欢快。

在民间，道教音乐与各地的地方曲调广泛地融合，形成各地不同的道教音乐风格。伴随着道教的世俗化过程，道教音乐走上了多样化、地区化的道路。

阅读链接

北京白云观一直以《全真正韵》之发源地和正宗而著称。清初，受清皇室支持，全真第七代祖师王常月奉旨公开在北京白云观举行传戒的法会。一时之间，全真著名斋醮大家云集北京，登坛演法，全真科仪、经韵等得到全国性的演练与统一。

白云观的道教音乐用的是韵腔，属于全真正韵的《十方韵》。据传，清末白云观的住持孟永，为留住过往云游的道家高士，共礼三清，光大白云观，他把道家通用的音乐进行了修订，加入北京地方的特色，把《十方韵》改为《北京韵》后，从此闻名仙林。

道教的宗教礼法活动

玄天上帝像

道教经过长期的历史发展，吸收了民间的信仰和民俗文化，其宗教礼法活动日益丰富和完善。到了近代，世俗化的道教礼法活动逐渐成熟，形成了名目众多、适合于各类场合的道场。

道教的宗教活动又称为“斋醮”，是道教信仰的表现形式。道教进行这项活动的醮坛，即道士祭神的坛场，是神灵降至之所，既神圣又庄严。道教的宗教活动在每年的农历三月三和九月九这两个重要的日子举行，农历三月三是真武大帝诞辰日，九月九是真武祖师得道飞升之日。

在武当山真武祖师道场，道教信徒们

在每年的这两个节日都要举行一系列的法事活动。通过这些传统法事活动，祝祷国家享太平，人民福德全，庆贺神仙寿万年，慈悲度世功无边。

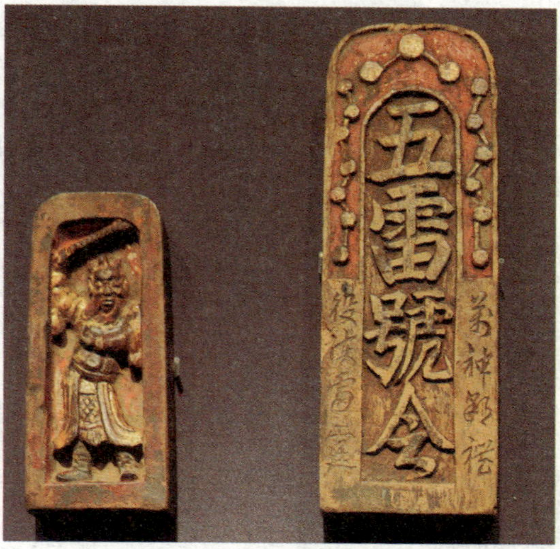

■道教雷符令牌

每年农历的三月三、九月九的法事程序主要是：早课、开坛、请水、荡秽、祀灶、扬幡、请圣、祝寿、庆贺、真武祖师大表、诵三官经、诵《祖师经》、礼斗、回向、超度、落幡和送神。

早课的程序包括咏四腔、念八咒、诵四经、诵十二诰和咏三腔。

咏四腔，就是咏澄清韵、举天尊、吊挂、提纲四腔，以敬香供水。

念八咒，就是净心神、净几神咒、净身神咒、安土地神咒、祝香咒、金光神咒、玄蕴咒、净天地解秽咒八咒，以净心安神，为正式诵经做准备。

诵四经，也就是诵《太上老君说常清静经》《太上洞玄灵宝升玄消灾护命妙经》《太上灵宝天尊说禳灾度厄真经》和《高上玉皇心印妙经》四经，以闻经悟道。

诵十二诰，即诵《玉清宝诰》《上清宝诰》《太清宝诰》《玉帝宝诰》《天皇宝诰》《星主宝诰》《后土宝诰》《南极宝诰》《北五祖宝诰》《南五祖宝诰》《七真宝诰》和《普化宝诰》十二诰，呼唤诸尊神仙真名号。

真武大帝 又称玄天上帝、玄武大帝、佑圣真君玄天上帝，全称真武荡魔大帝，为道教神仙中赫赫有名的玉京尊神。道经中称他为“镇天真武灵应佑圣帝君”，简称“真武帝君”。民间称荡魔天尊、报恩祖师、披发祖师。明代后，在全国影响极大，近代民间信仰普遍。

灶神 也称灶君、灶王爷、灶公灶母等。他是中国古代神话传说中的司饮食之神。秦汉以前更被列为主要的五祀之一，和门神、井神、厕神和中溜神五位神灵共同负责一家人的平安。灶神之所以受人敬重，除了因掌管人们饮食，赐予生活上的便利外，还是玉皇上帝派遣到人间考察一家善恶之职的官。

咏三腔，即咏祝圣、忏悔、皈依三腔，以求得千真拱听、万圣通灵。

早课是三月三、九月九法事活动的序幕。通过早课与诸神沟通之后，就进行开坛作法。“开坛”是在各种准备工作都做好了，早课以后开始举行的正式法事活动。在天无秽气、地无妖尘、人人恭敬、开坛符命已宣传的情况下，就可以开坛作法了。

开坛的目的是通过志心皈命三清、四御、弥罗、灵官、度人、土地，一切同敕普功，上奉高真，下保平安，赐福消灾。

开坛的程序：三吹三打、澄清韵、举天尊、吊挂、香供养、提纲、开坛符、举天尊、中山神咒、救苦韵、大赞和小开门。

道教法事活动

“请水”是继开坛之后进行的法事。通过法师念唱，梵香供养，传递信息给水官天帝，五气龙君，九江八河、五湖四海的龙君、河伯河候、水府眷属，一切与水有关的威灵神真降临坛所，顺迎这五气，洗涤诸愆。然后香茶上献，回谢高真。

“荡秽”就是驱除一切邪恶污秽，邪能干正，非正气则不能避其非，秽能败真，非真气则无以涤其秽。

在荡秽活动中，法师以道气感通神人，聚精微，达诚冲漠，迎天地神祇，以香为信，获得天乙真源，壮方正气，内施则吐故纳新，外用则荡瑕涤垢，能除天地之厌秽。荡秽反映了道教驱邪向正，热爱美好事物的思想。

镇邪将军砖雕

“祀灶”又称祭灶，通过法师在做法事的过程中高功提纲，经师念祝，向“一切与灶有关的真宰神君”表达供养之意，祈祷灶神驱不正之鬼神，扫灶中之疵疠，监督厨庭，使斋供俱洁净，从而给施主下保平安，赐福消灾。祀灶活动体现了道教勤俭节约，讲究卫生，爱惜粮食的美好风尚。

“扬幡”是为了请圣做准备工作的，通过宝幡高举挂长杆，灵风鼓舞，上则迎真降圣，贻集神仙，下则福园康民，可以消灾愆于已往，可以集福庆于未来。

扬幡在整个法事过程中，有着十分重要的作用。

“请圣”是法师在做法事时，拈香启请天界仙真圣神来坛场。道教经文中说：

香自诚心起，烟从信里来。一诚通天界，诸真下瑶阶。

说明香是人神沟通的中间媒介，因此有“兹岁朝奏，必假香传”之说。希望三岛神仙临法会，十洲诸真到瑶坛。

在请圣活动中，高功法师还要宣读请神关文，仰烦值日功曹，上

道教幡符

诣三界总圣官司呈关。疏文上达以后，恩命下颁，仙真下临，可谓不可思议功德。

“祝寿”就是庆祝长寿，是每逢农历三月三、九月九，真武祖师诞辰和得道日要举行的祝寿科仪，然后在第二天早课以后举行庆贺科仪。

祝寿与庆贺是相辅相成的。整个祝寿过程都是围绕“功德福无边，圣真万年寿，诚达九重天”来展开的。高功法师以各种赞美之词和着优美的旋律，祝贺各位神仙长寿。

“庆贺”是在早坛功课经下殿以后，高功击鼓召众，道人排班演礼。在庆贺活动中，法师以“道经师三宝香”，对庆贺的神真常供养。出示庆贺疏文一卷，宣读焚化，上诣诸天并金阙，下临水国及阳寰，符使早登程，疏文上诣，恩命早颁。

“真武祖师大表”是专门针对真武祖师而设的，先简单地阐述真武祖师的修行历程，接着以三宝香供养加以祝福，祝香咒，卷帘符与加以祷祝。并附加上天界诸神一并朝礼，以洒静，五色云烟，清静文水，中山神咒等求得凶秽消散，祛病延年，祸去福来，对真武祖师大加赞颂。

“诵《祖师经》”，就是诵《太上三元三品三官

三十二天帝 道教天神。其三十二天，有“四梵三界三十二天”和“四方各八天的三十二天”两种排列。每天都有帝王治其中。欲界六天帝主长生之箓，度魂更生等。色界十八天帝主炼度朽体，炼仙成真，应化一切等。无色界四天帝主领箓魔王等。种民四天帝也称四梵天帝，主召集仙真等。

大帝宝经》。三官是指上元一品赐福天官紫微大帝，中元二品赦罪地官清虚大帝，下元三品解厄水官大帝。通过奉诵三官宝经的活动，获得天官赐福，地官赦罪保命，水官消灾解厄。

诵《祖师经》主要是针对真武大帝而设的经忏。《祖师经》又称《元始说北方真武妙经》。该经先述真武大帝封号，以倒叙的手法将真武大帝出生、出家修道的详细过程，以及得道后的功德事迹加以展开，读来朗朗上口，活灵活现，最后以大赞、小赞结束，对真武大帝进行赞颂。

“礼斗”又称拜星、拜斗，是道教为消灾、祈福、延寿而举行的斋醮仪式。礼斗仪式庄重肃穆，设内寺和外、中坛。内坛供奉斗姆，是众星之母。内坛周围悬挂三天，五方幢幡；外坛以地为平，各悬挂九天，“三十二天帝”幡符，周围列“二十八宿”幡。

“回向”是在农历三月三、九月九法事尾期举行的科仪，是法师向神仙圣真回报法事的情况。

当早课、开坛、请水、荡秽、祀灶、扬幡、请圣、祝寿、庆贺、真武祖师大表、诵三官经、诵《祖师经》、礼斗等法事活动完成后，通过“回向”这一科仪，向各路神仙禀报情况。

“超度”又叫施食、斛食、放焰口、度亡，是举办斋办斋醮祭炼

清代八卦云鹤碗

三清殿塑像

的道场。在超度活动中，高功法师用符水、食物、简箓等，为冤魂野鬼进行超度，使其灵魂归于天界，超脱地狱轮回之苦，使离开人世的得到消灾、解厄，使在生人世的亲人心安，福佑子孙。

“落幡”就是法事结束了，要把旗幡放下来，但要先向各路神仙请示，并感谢他们降临坛场。落幡与送神紧密联系，经完幡落，功德圆满，各路神仙也该起程了。从哪里来回到哪里去，仙去了，恩留下来了，福赐下来了，法事的目的也就算达到了。

“送神”就是在法事的主要内容做完后，把天界请出来的各路神仙再送回去。

道教宗教礼法活动与其他宗教活动一样，整个过程肃穆庄严、井井有条。因此，围绕醮坛的法器和活动等，自然也十分圣洁，并由此产生诸多禁忌。诸如坛场禁忌、斋供禁忌、敬神禁忌、饮食禁忌等。

亲临醮坛之人，主要是道士，也有诸多的禁忌。坛场禁忌总的精神就是诸多秽不可入坛。也就是说，道教在举行迎真祈福道场时，切不可有吊丧、问病、畜产等不洁之物进入道场。

道教在祀神时有斋供禁忌。道教祀神时，常用香、花、灯、水、果5种祭品，奉献于神坛之上，称为斋供。

祭品 即祭祀时用的物品。根据不同种族和不同地域，祭品的形式十分丰富，有动物如猪、牛、羊、鸡，也有植物，还可以是衣物等物品。在远古时代和愚昧时代，甚至有时拿活生生的人作为祭品；暴政时期也曾出现过用活人陪葬与祭祀的情况，十分残忍。

供神之香是道士及信徒通感神灵之物。道士要上香，信众求神也要上香。上香时，持香者要手指干净，切忌“信手拈香，触以腥秽”。

供神之花，常以梅、兰、菊、竹四季之花为上品，次为水仙、牡丹、莲花。敬神所用鲜花，首重清香芬芳，全无芳香者，或令人生厌者，忌用于敬神。

道门称奉献斋坛之水为“七宝浆”。此水忌用生水及不洁之水。醮坛所用之灯，要用一色芝麻油燃点，忌用六畜脂膏之油，否则会触秽神灵。道教所用的供果，必须是“时新果实，切宜精洁”，忌用石榴、甘蔗之类及秽泥之物。除此之外，食过之物、冬瓜、石榴、芭乐、李子、单碗菜等，不能用于祭神。

在道教的敬神禁忌中，道徒在烧香敬神时，忌

■道教敬神活动

戊日烧香；忌双香祀神，道教祭神一般多以三炷香为准；忌用右手捻香，要左手持香，右手护香；忌以口啮香，也就是不能用嘴叼香；烧香忌回顾，要心神专一；忌用灶中火燃香。

道教服饰也有禁忌。道门内部具有浓郁的神圣氛围和宗教色彩，衣有衣的要求，食有食的讲究，都不能够随心所欲，我行我素。

道教服饰的禁忌内容很多，主要包括忌秽亵法服，忌法服不洁、形仪慢黩，忌衣服杂色，忌衣饰华美、与俗无别，忌法服借人，等等。

在饮食方面，道教养生之道的一个很重要的内容就是饮食禁忌。道教特别强调对于酒、肉及“五辛”之菜等的禁绝。

此外，在参访道教宫观时，也有一些基本的礼仪。例如：同道士打招呼，要用两手抱拳的拱手礼仪；见了道士不得问寿，即不得问道士的年龄；在重大的道教醮仪上，主祭道士都用中国传统的“三跪九叩”之礼；如果入门问禁，则须入乡随俗，可以在神坛前行鞠躬礼。

总之，植根于素有“礼仪之邦”之称的华夏民族文化土壤中的道教，经过长期的发展，宗教礼法活动的完备，相比其他宗教，毫无逊色。

阅读链接

“三清四御”，是道教诸神地位的排名，三清的地位高于包括玉帝在内的四御。

道教宫观中多有在三清殿以外另设有四御殿，供奉四御尊神。在大型斋醮仪礼活动中，除了供奉三清外，也别设有四御之神位。道书称“各居一列，各全其尊”。

道教四御各尊神也分别有其神诞之日，玉皇大帝为正月初九，紫微北极大帝为十月二十七日，勾陈上宫天皇大帝为二月初二，后土皇地祇为三月十八日。道教信徒多有在四御尊神神诞之日分别赴道观烧香奉祀的。

道教的生态智慧理念

经过长期的历史发展过程，道教文化日益丰富和完善。发展到近代，道教的文化内涵包括了神学、哲学、伦理、丹术、医学、音乐、诗歌、散文、小说、建筑、环保等诸多因素。道教文化深远地影响了中国社会的政治、思想、风俗习惯、文学艺术以至科技等方面，成为中国传统文化的重要支柱。

道教紫微福地

在内涵丰富的道教文化之中，道教在人与自然的关系问题上，具有深邃的环保意识和生态智慧。其“洞天福地”就是生态

道教茅山洞

保护的理想模式。

道教作为一个贵人重生的宗教，非常重视人与自然环境的和谐。古代修行道教的人为了得道成仙，往往把理想的追求和现实营造合为一体，并在昆仑仙境的直接影响下，开始了洞天福地的建立和营造。

所谓“洞天福地”，一般的理解就是修道者居住的山洞、山地，或一些名胜之地。但从道教的独特视角来看，它是经过选择并营造的天地间最灵秀的地方，其灵秀在于最能体现道意，融自然与人于一体，是沟通天地、仙凡两界的一个别有空间的世界，所以成为修道者最适合的修行、游息之地，历代的仙家真人多得道于此。

昆仑仙境 昆仑，即昆仑山，又称昆仑虚、昆仑丘或玉山。传说中的昆仑，既高且大，为中央之极，也是连接天地的天柱，仙人万一还想上天，这是绝妙的歇脚之处。昆仑又是黄河之源，黄河是母亲河，包括修道人士在内的古人出于这种崇拜心理，将昆仑由神山转化为仙山便顺理成章。

出世较早的洞天是昆仑山，随后“五岳”相继崛起，并逐渐形成大小三十六洞天和七十二福地的人间仙境。对于仙境的环境，道书说：

有长年之光景，日月不夜之山川。宝盖层台，四时明媚。金壶盛不死之酒，琉璃藏延寿之丹，桃树花芳，千年一谢，云英珍结，万载圆成。

道教认为无限美妙的神仙世界，或在天上，或在海中，或在幽远之名山洞府，这些地方便成为人们不懈追求的目标。

洞天福地是道教提出的一个极具思想特色的学说，它的起源与远古时代人们的山居传统有关，同时也与道教的人生追求相联系。

道教对名山大川特别偏爱，除了它的幽静、灵奇和方便采药、行气等原因，更因为这里万物并作，生机盎然，是自然大道的集中体现。道教“三清”中的太清之主道德天尊老子在描述“道”的表象时，就特别好言山水，它们分别象征着大道的虚静、宽容和柔弱、滋养。

儒家创始人孔子也有“智者乐水，仁者乐山”的说法，给自然山水更增添了一层人文意蕴，对后来的道教观念也有影响。

不过，道教在自身信仰追求的主导下，将对山之所乐引向了对自然的回归。因此，山在道教中的地位远较世界上其他宗教更为突出。

道教从产生伊始就与山结下了不解之缘，从远古的黄帝问道于崆峒山、老子在《道德经》中说“道

琉璃 亦作“瑠璃”，是指用各种颜色的人造水晶为原料，采用古代的青铜脱蜡铸造法高温脱蜡而成的水晶作品。其色彩流云漓彩、美轮美奂，其品质晶莹剔透、光彩夺目。琉璃是佛教的“七宝”之一、“中国五大名器”之首。中国琉璃生产历史悠久，最早的文字记载可以追溯到唐代。

天师洞碑刻

法自然”开始，千百年来，历代道人隐居深山，潜心修道，先后营造出了一个个理想的人间仙境。

道教典籍中所有关于洞天福地的描述，几乎无一例外是丛林流水，鸟兽成群，花草飘香，气候宜人，五灾不侵，百病不生。人们生活其中，秩序井然，自由自在，甘食美服，安居乐俗。

晋代陶渊明著名的《桃花源记》就是深受道教黄老之学影响的作品，他描述的内容正是道教所追求的境界。这是一种美好的生活境界。从生态学的角度来看，这种洞天福地就是最早的生态保护，简直就是近乎完美的生态环境，充满了人与自然的和谐，令人陶醉。

道教的洞天福地是生态自然保护，道教的十大洞天、三十六小洞天、七十二福地无一不是植被丰富，林木幽深，物种丰富。这一切都体现了道教爱护自然、崇尚自然和致力于人间仙境建设的可贵精神，体现了道教为人类生态自然环境保护所做的卓越贡献。

正如道教所阐述的五行循环理论，自然万物也和人的肌体一样，需要良性循环。如果破坏了自然环境，也和人一样，难以恢复元气。反思历史悠久的中国本土道教，无疑为后人提供了有益的启示，仍然是后人获取知识的宝贵资源。

阅读链接

春秋时期的道家创始人老子是道教“三清”之一，他通晓政治、历史、礼乐、天文、地理、人伦等。儒家创始人孔子曾经两次拜见老子，向老子请教道和礼。老子在送别孔子时，曾指着河水给孔子讲“上善若水”的道理，孔丘闻言，恍然悟道。孔子回来后告诉他的弟子们说，老子就像一条龙。

老子的“上善若水”，体现了道家的自然观和社会观。后世的道教对老子的思想最为钦服、推崇，认为老子是“古之博大真人”。

天人合一的
精神信仰

文化主体

天人合一的思想内涵

思想源流

天人之理

“天人合一”是中国古代的一种政治哲学思想，其基本思想是人类的政治、伦理等社会现象，是自然的直接反映。中国最早的神话传说如“盘古开天辟地”“女娲造人补天”等，皆蕴含着“天人合一”的远古人类文明。

“天人合一”最早起源于夏商周时期，后经历代思想家如老子、孔子、庄子、董仲舒、张载等人的理论阐释和实践发展，最终形成了“天人合一”的哲学思想体系，成为历代王朝施政时的重要思想源泉，并由此构建了中华传统文化的主体。

盘古开天辟地创造世界

传说太古时代，天地不分，整个宇宙是一个中间有核的浑圆体，就像一个大鸡蛋，里面混沌一团，漆黑一片，既分不清上下左右，也辨不出东西南北。这个“鸡蛋”中孕育着一个伟大的英雄，他就是开天辟地创造人类世界的始祖盘古。

盘古画像

盘古，又称盘古氏，混沌氏。盘古在“鸡蛋”中足足孕育了一万八千年，终于从沉睡中醒来了。在有了知觉的那一刻，他便迫不及待地睁开了眼睛。可是周围一片黑暗，他什么都看不见，只觉得黑乎乎的一片，浑身酷热难当，简直透不过气来。他想站起来，但“鸡蛋”壳紧紧地包着他的身体，连舒展一下手脚也办不到。

急切间，盘古拔下自己的一颗牙

齿，把它变成威力巨大的神斧，抡起来用力向周围劈砍。

剪纸盘古开地辟地

只听"轰"的一声巨响，震耳欲聋，大"鸡蛋"骤然破裂，其中，轻而清的东西向上不断飘升，变成了天，另一些重而浊的东西，渐渐下沉，变成了大地。盘古就这样顶天立地地诞生于天地之间。

盘古在天地间不断长大，他的头在天为神，他的脚在地为圣。天每日升高一丈，地每日增厚一丈，盘古每日生长一丈。如此一日九变，又经过了一万八千年，天变得极高，地变得极厚，盘古的身体也变得极长。盘古就这样与天地共存了一百八十万年。

就这样不知道又经历了多少万年，终于天稳地固，不会再重新复合了，这时盘古才放下心来。盘古想用自己的身体创造出一个充满生机的世界，于是他微笑着倒了下去，把自己的身体奉献给大地。

盘古倒下时，他的头化作了东岳泰山，他的脚化作了西岳华山，他的左臂化作了南岳衡山，他的右臂化作了北岳恒山，他的腹部化作了中岳嵩山。这五座山就是著名的"五岳"，是中国五大名山。

盘古在倒下去的刹那间，将自己的两眼献给了天空，左眼变成了太阳，给大地带来光明和希望，右眼变成了月亮，把太阳的光辉反射到大地；将两眼中的

太古时代 也称太古时候、太古时期，是传说中的人类祖先盘古开天地的时代。地质学上的太古代是最古的地质时代，一般指距今46亿年前地球形成到25亿年前原核生物普遍出现这段地质时期，是地质发展史中最古老的时期，当时形成的地层叫"太古界"。

盘古开天辟地雕刻

液体洒向天空，变成夜里的万点繁星，让天空变得异常美妙；将汗珠变成了湖泊，成为地面的内陆盆地中的水体，把大地装点得万般美丽；将血液变成了奔腾的江河，成为后来华夏大地的两条重要河流长江和黄河；将毛发变成了草原和森林，让大地变得生机勃勃；将呼出的气体变成了清风和云雾，清风带着云雾播洒雨露，滋润大地上的万物；将声音变成了雷鸣，电闪雷鸣后的雨露更能滋润春苗。

盘古以超人的神奇力量，为人类开辟天地，并带来光明。从此以后，人世间有了阳光雨露，大地上有了江河湖海，万物滋生，人类开始繁衍。随着天地的演变，高山的地方草木葱茏，低矮的地方沃野千里，尤其是大江、大河、大平原之处更是气候宜人，物产丰美。

太常卿 太常是掌建邦之天地、神祇、人鬼之礼、吉凶宾军嘉礼以及玉帛钟鼓等文物的官员，地位十分崇高，兼管文化教育、陵县行政，也统辖博士和太学。如唐虞的秩宗、西周的宗伯、秦代的奉常等。三国时期吴国设太常卿一名，掌天子祭祀、礼仪，也是博士考试考官。

盘古开天神话在中国南方少数民族民间也广泛流传。苗族、瑶族向来崇奉盘古，有的称其为“盘瓠”，把他看作自己的祖先。壮族、侗族、仫佬族等民族也盛传盘古，把盘古看作开天辟地的人类始祖。其中，壮族先民建有追葬盘古氏之魂的“墓地”，还立有盘古的庙宇。

有关盘古开天的记载，最早见于三国时吴国太常卿徐整所著的《三五历纪》，其中写道：

> 天地混沌如鸡子，盘古生在其中。万八千岁，天地开辟，阳清为天，阴浊为地。盘古在其中，一日九变，神于天，圣于地。天日高一丈，地日厚一丈，盘古日长一丈。如此万八千岁，天数极高，地数极深，盘古极长。后乃有三皇。

三皇 华夏族的祖先。众说纷纭，一般认为，“三皇”是指天皇、地皇、人皇。人皇即泰皇，泰皇最贵，因为人皇是管理现实社会的真实执政者。此外，“三皇”也指中国历史上的一个时期，即“三皇时代”，时间是盘古开天至公元前21世纪这段时间。

意思是说，世界开辟以前，天和地混沌成一团，像个鸡蛋一样，盘古就生在这当中。过了一万八千年，天地分开了，轻而清的阳气上升为天，重而浊的阴气下沉为地。盘古在天地中间，一天中有多次变化，智慧比天还要高超，能力比地还要强大。天每日升高一丈，地每日增厚一丈，盘古也每日长大一丈。这样又过了一万八千年，天升得非常高，地沉得非常深，盘古也长得非常高大。天地开辟了以后，才出现了世间的三皇。

盘古开天辟地雕塑

除了《三五历纪》中的记载外，南朝梁代文学家任昉的《述异记》、唐代书法家欧阳询的《艺文类聚》、明代学者董斯张的《广博物志》、清代历史学家马骕的《绎史》等古籍中也有类似的记载。

这些关于盘古的古籍记载，至

盘古开天辟地塑像

少说明了一个问题：当人们的思想意识逐步发展起来之后，首先要解决的是关于自身的问题，即“人从哪里来？”然后去寻求解决“我们所生存的环境，这个世界是从哪里来”的问题。

神话时代的故事和古籍记载表明，盘古是古人心目中最伟大的神。盘古的形象体现了古人宇宙观的初始形态：盘古“出生”的时间就是宇宙的历史起源，“盘古”就是这个宇宙主体的名字，人类及其他所有的星球，都是盘古体内的一部分。

盘古开天辟地，是古人对人类始祖的神化，体现出中华民族向往光明，为造福人类社会无私奉献的伟大精神；更为重要的是，这个神话也反映了中国古人的宇宙观，奠定了中国后世哲学“天人合一”思想的核心。

在中国思想史上，“天人合一”的信念是宋代思想家张载提出的。其基本表述是：天与人是世间万物矛盾中最核心最本质的一对矛盾，天代表物质环境，人代表思想主体，合是矛盾间相生相依并合理转化。

盘古开天辟地的神话蕴含着“天人合一”的宇宙观。首先，“天人合一”强调以人为本。宇宙自然是

神话时代 又称众神时代，第一批天地间的生灵开始活跃在大地上，后来的各位上古大神皆自此而来。中国的神话时代经历了三个阶段：盘古开天时期；天、地、人“三皇”时期；有巢氏、燧人氏、伏羲氏、女娲氏、神农氏“五氏”时期。

大天地，人则是一个小天地，天人相应，或天人相通。也就是说，人体小宇宙，宇宙大人体，天地为人所生，也为人所存在。这种以人为重点的天人之学，可以称为人文哲学。盘古原是天地的组成部分，后来化为天地之间的山川万物；而天地间万物运行的“阴阳法则”所强调的，恰恰就是上为天，下为地，天地原为一体，天地就是按照人的需要来造的。

其次，“天人合一”信念认为，天是赋予人以吉凶祸福的存在，人与自然是密切相关的。人和自然在本质上是相通的，故一切人事均应顺乎自然规律，达到人与自然的和谐。

盘古的身体化为天地及万物，但万物之间的联系仍然是不可停止的。天上有日月星辰，地上有山川草木，中间是风雨雷电，万物载之于地而依天时变化生长。体现了人与自然的依存关系。

总之，盘古开天辟地的神话故事是古人的智慧结晶，说明了世间一切事物的因果关系。同时，由这个神话中“垂死化身”母题所延伸而成的“天人合一”的宇宙观，具有极古老的原始性和极大的普遍性，影响了中国的全部历史文明，为后世哲学提供了丰富的基础性材料。

阅读链接

相传盘古开天之后，把自己的身体变成天地万物。过了不知道多少年，在今河南新郑一带出现了华夏族，其中，有一个部落首领叫少典。有一天，少典经过颍水时，不小心溅到了河水，这河水其实是盘古的血液化成的。刹那间，天空长虹贯日，气象万千，祥瑞祥和。少典见天现祥瑞，决定将自己的部落建成有熊国，他就是第一任有熊国的国君。

经过了若干年后，少典就有了孩子，这个孩子就是轩辕黄帝。后来，轩辕黄帝与华夏族的神农氏部落首领炎帝结盟，热心为百姓办事，深受人们爱戴。他们是中华民族的杰出代表，成为中华民族的共同祖先。

女娲抟土造人炼石补天

据民间神话故事说，开天辟地的大英雄盘古去世后，天地间只有“创世女神”女娲一个人孤零零地生活，因此她感到非常寂寞孤独。

有一天，女娲经过黄河的河畔，想起盘古开天辟地，创造了山川湖海、飞禽走兽，改变了原本寂静的世界。但是，女娲总觉得这世界还是缺了点什么，但又一时想不起是些什么。

女娲造人绘画

女娲苦思冥想，当她看到黄河河水里自己的倒影时，顿时恍然大悟：原来世界上还缺少了像自己这样的“人”。于是，女娲决定仿照自己的样子，用泥巴捏人，希望这个人能成为和自己一样有生命力的人。

泥人捏好后，女娲往泥人身

上吹了一口灵气，泥人顿时变成了活人。女娲高兴得手舞足蹈，领着自己捏的第一个黄土人玩耍。

后来，女娲不分白天昼夜地到各地捏泥人，黑泥巴捏黑人，白泥巴捏白人，忙忙碌碌的捏人工作，让女娲很是劳累。女娲便拿了根绳子把它投入泥浆中，举起绳子一甩，泥浆洒落在地上，转眼间变成了无数个人。

女娲塑像

女娲用黄泥造人，日月星辰各司其职，人民安居乐业，四海歌舞升平。

其实，在中国远古神话中，盘古是最主要的创世神。盘古在开辟天地之后无私奉献，将身体发肤化生万物，当然也包括人类。但是，关于人类的来源，流传更广的是女娲抟黄土造人的神话。

女娲，又称娲皇、女阴娘娘，史记女娲氏。最早记载女娲之名的古籍是《山海经·大荒西经》：

> 有神十人，名曰女娲之肠，化为神，处栗广之野。

意思是说，有十位神人，名唤“女娲肠”，皆为女娲之肠所变成之神，到了西方的大荒去了，守护在“栗广之原野”这个地方。

《山海经》 中国先秦的重要古籍，传世版本共计18卷，包括《山经》5卷，《海经》13卷。内容包括山川、矿物、民族、物产、药物等，并保存了包括“夸父逐日”“女娲补天”等远古神话传说和寓言故事。具有非凡的文献价值，对中国古代的历史、地理、文化、民俗、神话等的研究，均有参考意义。

女娲造人雕像

古籍中最早确切地提出女娲造人故事的是东汉学者应劭的《风俗通义》：

> 俗说天地开辟，未有人民，女娲抟黄土作人。剧务力不暇供，乃引绳于泥中，举以为人。

意思是说，民间传说，天地开辟之初，大地上并没有人类，是女娲抟捏黄土造了人。她又忙又累，竭尽全力干还赶不上供应。于是她就拿了绳子把它投入泥浆中，举起绳子一甩，泥浆洒落在地上，就变成了一个个人。

民间俗说中的女娲抟黄土造人，已经将女娲情感化，称女娲感到“孤独”才造人来陪伴自己，并未给其添加什么神圣的意义，人只是自然的一个组成部分，并不凌驾于自然之上。这一主题，与后来的“天人合一”哲学思想是相契合的。

同时，女娲用泥土造人，也是农耕时代的人们对人类与土地关系的直观表达。它最浪漫和最有意义的地方是，女娲“抟黄土”造人。女娲用“黄土”孕育了汉族，既浪漫而生动地揭示了女始祖孕育汉族的社会发展踪迹，又科学而经典地反映了汉族与滋养他们和农耕文化的黄土地，有着与生俱来、不可分离关系的历史根基。这同样与“天人合一”思想相契合。

女娲还有另一伟大壮举，这就是“炼石补天”。根据《史记·补三皇本纪》记载，水神共工造反，与火神祝融交战。共工被祝融打败了，气得用头去撞西方的世界支柱不周山，导致天塌陷，天河之水注入人间。女娲不忍人类受灾，于是炼出五色石去补好天空，折神鳖之足撑四极，平洪水杀猛兽，从此天地得以永固，人类得以安居。

关于女娲“炼石补天”，西汉淮南王刘安等人编著的道家著作《淮南子·览冥训》中记载说：

《淮南子》 又名《淮南鸿烈》《刘安子》，西汉淮南王刘安及其门客集体编写的作品。其中，最为著名的篇章有《鲧禹治水》《共工怒触不周山》《塞翁失马》等。原书内篇21卷，外篇33卷，至今存世的只有内篇。这部书的思想内容属于道家，同时夹杂先秦各家的学说，故《汉书·艺文志》将之列为杂家类。

女娲造人石刻

女娲补天石刻

往古之时，四极废，九州裂，天不兼覆，地不周载，火爁而不灭，水浩洋而不息，猛兽食颛民，鸷鸟攫老弱。于是女娲炼五色石以补苍天，斩鳌足以立四极，杀黑龙以济冀州，积芦灰以止淫水。苍天补，四极正；淫水涸，冀州平；狡虫死，颛民生。

意思是说，远古之时，支撑天地四方的四根柱子坍塌了，大地开裂，天不能普遍覆盖万物，地不能全面地容载万物，火势蔓延而不能熄灭，水势浩大而不能停止，凶猛的野兽吃掉善良的百姓，凶猛的禽鸟用爪子抓取老人和小孩。于是，女娲冶炼五色石来修补苍天，砍断海中巨龟的脚来做撑起四方的柱子，杀死黑龙来拯救华夏，用芦苇灰来堵塞洪水。天空被修补了，天地四方的柱子重新竖立了起来；洪水退去，中国的大地上恢复了平静；凶猛的鸟兽都死了，善良的百姓存活下来。

女娲炼石补天是一项艰苦的工作，不是吹口仙气就把天补上了，而是先要“炼”石，这是需要一个过程的。同时，在完成补天的工作之后，她还“斩鳌足以立四极，杀黑龙以济冀州，积芦灰以止淫水”，这些工作，没有一项是可以轻轻松松就能完成的。

虽然女娲补的天不一定就是共工氏所破坏的，但她补的天一定是出了问题的。她炼五色石补苍天，断鳌足以立天之四极，积芦灰以止洪水，是人类改变环境最早的想象。其实，“女娲补天”的神话背后，传递出诸多的远古信息和智慧启迪。女娲为何不是“改天”而是“补天”？这便是“顺天应道”。

古人认为，天道不可违，人只能主动认识、发现和利用天道，趋利避害，谋求与大自然的和谐共处。后世哲学所强调的“天人合一”，贵在一个“和”字。失和则失道，失道则后患不远。女娲炼石补天，贵在“人”与“天”合，顺应了自然之道。

随着农业文明的进步，农业自然经济在古代社会得以长足发展。人们为了祈求风调雨顺，便崇尚自然，祭拜自然，追求人与自然关系的和谐。在这个过程中，“天人合一”思想便自然而然地贯彻其中。

由于“盘古开天辟地”“女娲造人补天”等神话传说所蕴含的“天人合一”思想的发展，人与环境之间的日益紧密联系与频繁沟通，更增加了中国古代文化的丰富内涵。这种思想在后来得到了进一步发展，为中华民族不断壮大打下了深厚的思想基础。

阅读链接

相传女娲在补天之后，再次开始用泥造人，每造一人，取一粒沙作计，终而成一硕石，女娲将其立于西天灵河畔。此石因其始于天地初开，受日月精华，灵性渐通。不知过了几载春秋，只听天际一声巨响，一石直插云霄，大有吞噬天、地、人三界之势。

女娲急施法将石封住，心想自造人后，独缺姻缘轮回神位，便封它为三生石，赐它法力三生决，将其三段命名为前世、今生、来世，并在其身添上一笔姻缘线，从今生一直延续到来世。为了约束其邪性，女娲思虑再三，最终将其放于鬼门关忘川河边，掌管三世姻缘轮回。自此石立后，跪求姻缘轮回者便络绎不绝。

历代追求的天人合一观

中国传说时代之初，人们在“神人以和”的愿望支配下，在大地上造出很多可以登天的天梯，人们可以通过天梯，自由自在地往来于天地之间。比如昆仑山、日月山等，其中昆仑山最为著名。

昆仑山天梯为传说时代的第一位帝王黄帝所造。攀登昆仑山，爬到山腰，可以长生不死；攀到山顶，就可以得道；再往上攀，到了极顶，便可以当神仙了。

颛项彩像

有了高山等众多天梯，人神交往很自由，对天帝管理人间很有好处。但是，天神也分善神和恶神，有的恶神偷偷跑到人间来干坏事，挑动人间争斗，甚至发动战争，扰乱了人间的社会秩序。

黄帝的孙子颛顼对这种人神之

三祖堂黄帝壁画

间的界限不清，相互掺杂的混乱局面大为光火，他继承帝位后，便决定彻底整顿天庭和人间的秩序。

治理整顿第一件要做的事情是必须断绝天地之间的通道。颛顼首先派朝中五位最大的官员负责把所有能上下天庭的高山平掉，把大树砍倒，没了上下的天梯，凡人是绝对上不了天庭的。

颛顼还命令自己的孙子“重”两手托天，奋力上举；又令另一个孙子“黎”两手按地，尽力下压。于是，天地之间的距离越来越大，以至于除了昆仑天梯，天地间的通道都被隔断。

接着，他又命“重”和“黎”分别掌管天上众神事务及地上神和人的事务。此后，天地间神人不经“重”“黎”的许可便不能够随便上天下地了。

颛顼还找了一个叫“噎”的大力神，把守着日月山的天门，监督日月星辰按秩序回山。这样一来，神人不杂了，阴阳有序了，颛顼也满意了，他觉得自己把国家治理得和谐稳定了。

颛顼的“绝地天通”之举，是中国传说时代的故事中天帝与人帝

商汤铜像

的分界岭。“绝地天通”之前，地上的帝王因为兼管天庭和地上的万物，所以称为“天帝”；“绝地天通”之后，地上的帝王其权力只能管理人间，而没有权力管理天庭的事务了，所以称为“人帝”。自“绝地天通”以后，与“天”相通的权力成了地上王权的象征，“天人合一”就从此前的“神人以和”转变为“天王合一”。

中国古人探究“天”与“人”的关系的努力自黄帝开始延续，贯穿于中华民族历史发展的全过程。在黄帝、颛顼之后，随着地上王权观念的发展，“天”与“人”的关系更为密切，并逐渐发生了质的变化。

从信史时代的夏代开始，人们有了“夏王朝的存在是因为受命于天”的思想。夏代末年，夏桀残暴昏聩，民不聊生，于是商人部落首领成汤开始伐夏桀。成汤在伐夏桀前，在其所作的《汤誓》中这样写道：

> 格尔众庶，悉听朕言，非台小子敢行称乱，有夏多罪，天命殛之。

意思是说，告诉天下百姓，你们仔细听着，不是我这个人敢随便造反作乱，而是夏桀这人罪恶滔天，因此上天命令我来灭掉他。

信史时代 是指有文字或出土文物记载着当时社会情况的时代。中国信史时代起于二里头夏文化遗址，夏文化持续时间大约在公元前21世纪至公元前16世纪，后来被商王朝取而代之。二里头遗址是中华文明的起源。而商都殷墟甲骨文遗存，显示中国的历史真正进入了信史时代。

成汤就是在这个天命的号召下，率领军队灭掉夏桀，最后建立起商政权。

商代人传说，帝喾的次妃简狄是有戎氏的女儿，与别人外出洗澡时看到一枚鸟蛋，简狄吞下去后，怀孕生下了契，契就是商人的始祖。因此，商代人有“天命玄鸟，降而生商”的思想。

“天命”，即上天之意旨，由天主宰的命运。由于当时的人们知识贫乏，所以把一切都归为天命，再加上契是天命所生，所以其臣民自当臣服，岂敢逆天。连商王朝的末代帝王纣王被周武王姬发打败自焚时都曾说过“呜呼！我生不有命在天？是何能为”这样的话，意思是说，老天啊！我的生命，不是上天赐予我的吗？为什么又要亡我呢？

玄鸟 《山海经》中描述的玄鸟为四翅鸟类，羽毛呈淡黄色，喜食鹰肉，性暴戾，居于平顶山。《诗经·商颂·玄鸟》中说“天命玄鸟，降而生商”。玄鸟的初始形象类似燕子，后来随氏族部落的不断发展和融合，玄鸟就逐渐演变成了有鸡冠、鹤足和孔雀尾巴的凤凰了。

西周王朝建立以后，由于受到“敬天保民”天命思想的支配，周武王于公元前1184年的一天询问大臣箕子：“箕子，上天庇荫安定下民，使他们和睦相处，但我还不知道治国的方法。”

箕子回答说：“我听说从前鲧堵塞洪水，胡乱处理了水、火、木、金、土五种用物，致使上天震怒，不赐给鲧九种大法，治国的常理因此败坏了。后来，鲧被流放，禹继位兴起。上天就把九种大法赐给了禹，治国的方法因此定了下来。”

■颛顼雕塑

■周武王画像

箕子所说的九种大法：一是正确处理水、火、木、金、土这“五行”；二是认真做事；三是努力施行政务；四是合理使用什时方法；五是凡事坚守大中至正之道；六是使用品德高尚的人；七是以占卜的方式进行考疑；八是注意各种征兆并做到未雨绸缪；九是凭“五福”鼓励臣民与凭“六极”警戒臣民。

箕子希望周武王能够用上天的九种大法来治国，这表明当时的人们对“天”与“人”之间某种相通关系的进一步肯定。

西周时期的天人关系即神人关系，一开始就体现出了“天人”关系的和谐统一，以至于成为中国传统哲学的一个重要命题和中国文化的基本特征之一。

五福 原出于《书经》和《洪范》。一为“长寿”，二为“富贵”，三为“康宁”，四为“好德”，五为“善终”。《尚书》五福为寿、富、康宁、攸好德、考终命。长寿是命不夭折而且福寿绵长；富贵是钱财富足而且地位尊贵；康宁是身体健康而且心灵安宁；好德是生性仁善而且宽厚宁静；善终是能预先知道自己的死期。

到了西周末年，“天”的权威有了改变，在《诗经》中出现了很多疑天、怨天的诗篇，如“民今方殆，视天梦梦”“浩浩昊天，不骏其德。降丧饥馑，斩伐四国。旻天疾威，弗虑弗图”。这时的“天”，其含义有主宰的天、运命的天、意志的天。

到了春秋时期，人们对“天”的认识加深了，对“天”的敬畏感和神秘感也就减弱了。如鲁国思想家孔子说自己“五十而知天命”，又说“不怨天，不尤人”；郑国政治家子产则说“天道远，人道迩”。

战国时期，楚国诗人屈原的诗作《天问》，一口气提出了一百多个同题，表现了人的探索精神。此外，还有战国末期赵国思想家荀子的《天论》，荀子提出了“明于天人之分”的思想，鼓励人要用天、制天，天除了自然义还有物质义的内涵。而前期道家老子和庄子的“天”超出天命的范畴，直向自然义的天即“道”，认为道生化天地万物，主张人要依循天道，顺其自然运化。

六极 《尚书洪范》中的六极，一曰凶、短、折，二曰疾，三曰忧，四曰贫，五曰恶，六曰弱。古人认为，六极都是凶兆，因此应该力避之。此外，在中医“五劳六极七伤”中，六极指疲劳引起的六种较为严重的机体病理变化，包括筋极、脉极、肉极、气极、骨极、精极。

到了秦汉时期，“天”渐渐与“人”接近，甚至在自然科学进步的条件下，汉代的人们凡立论都喜欢举到“天”的层次，将天道观贯穿于人道。

秦代丞相吕不韦的《吕氏春秋》、西汉淮南王刘安及其门客集体编写的《淮南子》，都曾经以气、阴阳来探讨“天”，出现了气化宇宙论。西汉儒家董仲舒的《天人三策》和《春秋繁露》也以气、阴阳探讨“天”，提出“天人感应说”。东汉哲学家王充还有“天即自然之气说”。

箕子画像

汉代关于“天”的立论比较著名者，当属西汉史学家董仲舒和西汉史学家司马迁。董仲舒从自己的角度论证了“天”，司马迁从自己的角度论证了“天道”。

董仲舒着力阐发了《公羊传》中大一统的思想，又吸收了墨、法、阴阳等家学说，对《公羊传》进行了神秘主义改造，形成了有自己特色的理论体系，即天人合一政治论。

董仲舒的天人合一论树立了天的无上权威，认为天的意志决定人类社会命运。他在论证天人合一、君权神授的同时，也指出了天的权威是高于君主的，君主居于万人之上，但也要尊天敬天，受天约束。

董仲舒认为天的运行有其内在的规律，体现为阴阳分合运行。阴阳两方虽然共存，但二者的关系实际上是一种主从关系。天道是这样，所有其他阴阳关系也是这样，都是阳的一方支配阴的一方。体现在社会政治关系上，就是君、父、夫分别支配、决定着臣、子、妻。

君臣、父子、夫妻是汉初社会诸种关系中最基本、最重要的关系。这三种关系的内在法则是“君为臣纲，父为子纲，夫为妻纲”，也就是所谓的“三纲”。“三纲”根源于天，因而是神圣不可侵犯的。执政者只要处理好这三种基本关系，就能有效地控制整个社会。这种阴阳合分论，为汉初君主政治提供了精巧的合法性论证。

董仲舒的天人合一政治论，由天人关系、天道运行规律论证了君权至上和等级原则，主张以天制约君主，将原则性与灵活性统一起来，从而提高执政阶级的政治适应能力，这是儒家学说成熟的表现。

司马迁对“天道”是有怀疑的。《道德经》第十七章中有一句话说“天道无亲，常与善人”，意思是自然法则不分亲疏，总是把善果报应善人。司马迁在《史记·伯夷叔齐列传第一》中反驳了这句话，写道：

若伯夷、叔齐，可谓善人者非邪？积仁洁行，如此而饿死。且七十子之徒，仲尼独荐颜渊为好学。然回也屡空，糟糠不厌，而卒蚤夭。天之报施善人，其何如哉？盗跖日杀不辜，肝人之肉，暴戾恣睢，聚党数千人，横行天下，竟以寿终，是遵何德哉？

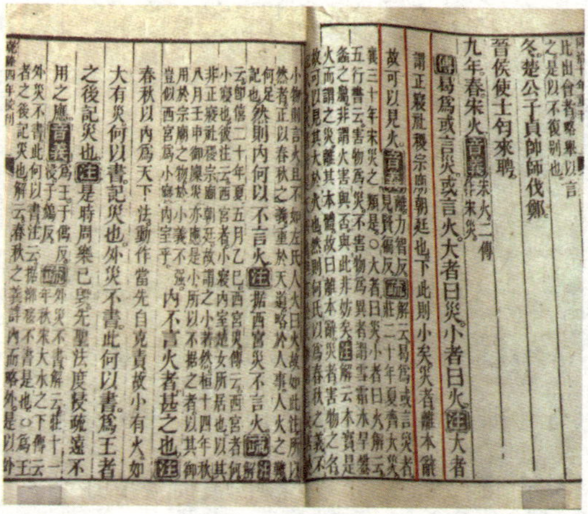

《公羊传》书影

意思是说，像周代的伯夷、叔齐，是善人，最终落到饿死的下场；颜回是孔子徒弟里最优秀的人，好学简朴，也是善人，但是很早就死了；上天究竟是怎么报答善人的？而像大盗柳下跖每天都杀无辜的人，吃人肉，横行天下，暴行累累，最后竟然获得老死善终的结果。究竟是遵循哪家的天道之德？

司马迁对天道如此激愤、怀疑，是他自己的不幸遭遇使然。由于他为出击匈奴落败的西汉名将李陵说了几句公道话，竟受腐刑，蒙莫大耻辱。这种遭遇加深了他对天道的怀疑。

司马迁明确指出，他之所以写作《史记》，是想“究天人之际”，即研究自然现象和人类社会的关系，反映出他作为一个历史学家“通古今之变”的眼光和“成一家之言”的志向。

“究”和“通”，是司马迁史学思想中两盏高照的明灯。他“通”得更透，“究”得稍逊，在他那个时代已属不易，高出于人。

隋唐时期，实行儒、释、道三教并行政策，佛教盛行，道教也得到极大发展，此时思想出现儒释道合流的趋势，颜之推、王通、孔颖达主张“三教可一”。

初唐大儒孔颖达认为，从“道”到“形”需

《史记》是由司马迁撰写的中国第一部纪传体通史，是二十五史的第一部。记载了上自上古传说中的黄帝时代，下至汉武帝太初四年共三千多年的历史。《史记》最初没有书名，或称“太史公书”“太史公传”，也省称“太史公”。

要一个中介，这就是“气”。“阴阳之气”有规律的变化，才引起从“道”到“形”的转化，他肯定“道”的地位，又强调“气”的作用。

中唐儒学有佛学化的趋势，例如：著名的文学家韩愈一方面排佛，一方面又吸收佛教祖统说思想，提出“道统”论，借以强调儒学是华夏的正统思想。此外韩愈的“治心”论和佛、道宗教哲学是一致的，所不同的是“治心”之外还主张“治世”。韩愈用三教共同使用的范畴“道”充实了中唐儒学的内容。

在唐代，儒学思想出现一种承先启后、推陈出新的过渡趋势，并对董仲舒的“天人感应说”之谬误提出强烈的批评。如儒学家柳宗元认为受命不在天而在人，真正美好的是一个人自身的仁德，而非天降吉兆；有“诗豪”之称的刘禹锡认为，天命论的产生是基于对自然客观事物规律性的不理解，因而坚持发展荀子“天人相分”、人定胜天的思想，提出“万物秉气而生”以及“天与人交相胜，还相用”的命题，使“天人感应说”和谶纬迷信再也不能成为主导思想。

经过魏晋南北朝时期，特别是隋唐的儒、释、道三教相争，到了宋代，有关“天”与“人”的关系发展为占主导地位的哲学倾向，几乎为各派哲学家所接受。这是因为，当时关于世界统一性的问题、主体与客体的关系

司马迁（前145年或前135—前90），字子长，中国西汉伟大的史学家、文学家、思想家，被后世尊称为史迁、太史公、历史之父。他以其“究天人之际，通古今之变，成一家之言”的史识创作了中国第一部纪传体通史《史记》，被公认为是中国史书的典范。

问题、自然与社会的关系问题，成为哲学家们普遍关心的问题，利用传统的“天”“人”命题来表述他们对这些问题的看法，是一种最方便的形式。

韩愈画像

北宋时期，哲学流派丛生，新义纷呈。号称北宋“五子”的周敦颐、程颢、程颐、邵雍、张载，他们既是著名的哲学家，又是著名的易学家，他们纷纷汲取道家学说，以补充自己的天道观。

周敦颐在《太极图说》中，给出了“无极”“太极”“天道”“地道”“人道”“人极”等命题。在《通书》里，这些命题基本都有注解。他认为人与自然和谐相处，才能天理存，地利顺，人心和。

程颢、程颐站在唯心主义立场上，确立一个自然之天作为本原。程颢认为世界统一于理，理是具有道德属性的观念性实体，因而“天”与“人”的关系就建立在这个理的基础上。程颐认为，理就是天，它赋予人即为性。因为性禀受于理，他说“性即理也，所谓理，性是也”。

邵雍研究和探讨的是“天人合一”的自然界演变规律。作为一位儒家学者，邵雍注重实现自我超越的形而上的本体境界。

张载建立了“太虚即气”的气化宇宙论，并将其发展为儒家上承孔孟下至北宋的天人之学架构。张载

谶纬 是中国古代谶书和纬书的合称。谶是秦汉间巫师、方士编造的预示吉凶的隐语，纬是汉代附会儒家经义衍生出来的一类书，被汉光武帝刘秀之后的人称为“内学”，而原本的经典反被称为“外学”。谶纬之学也就是对未来的一种政治预言。

首次明确提出了“天人合一”的命题，他是将这四个字连在一起的第一人，在中国古代哲学史上具有重要意义，为以后对“天人合一”命题的发展开了先河。

“天人合一”的思想发展到明清之际，明末清初思想家王夫之继承张载的观点，肯定气是“天人合一”的基础，认为“天人之蕴，一气而已”。王夫之认为，人道与天道即道德原则和自然规律，二者是同一的。他在《尚书引义》中说：“天与人异形离质，而所继唯道也。”这是说父子虽然不同体，但是儿女应该继承父母的志愿；天与人虽然不同体，但是人要遵循天道行事，这样天人就可以合一了。

从黄帝时期借由天梯登天以求“神人以和”，到北宋哲学家张载提出“天人合一”的命题，从绝对的天、绝对的人，到以“气”为媒介，再落到人的心性、生命，中国人已经走了数千年的历程。直至现在，现代人仍从“天人合一”思想中汲取营养，持续不懈地追求。

阅读链接

古人尊昆仑山为“万山之宗”“龙脉之祖”“龙山”“祖龙”，因而编织出了许多美丽动人的神话传说。妇孺皆知的《嫦娥奔月》《西游记》《白蛇传》等都与昆仑山有关，是产生中华民族神话传说的摇篮。

相传昆仑山的仙主是西王母。在众多古书中记载的“瑶池”，形成昆仑六月雪奇观，水量大而稳定，为优质泉水，传说是西王母用来酿制琼浆玉液的泉水。昆仑山在中华民族文化史上有“万山之祖”的显赫地位，是中国第一神山。

道家的天人合一思想

道家学派创始人老子，是中国古代伟大的哲学家和思想家。他曾经拜西周著名学者商容为师，学习三年，学业精进，深得商容欣赏。后来被商容举荐入周，进入太学，凡天文、地理、人伦无所不学，文

老子巡游图

老子李耳像

物、典章、史书无所不习，学业又大有长进。

老子后来被太学里的老师举荐做了守藏室史。守藏室是周王朝典籍收藏之所，集天下之文，收天下之书，汗牛充栋，无所不有。老子处其中，如蛟龙游入大海，雄鹰展翅蓝天。他如饥似渴地学习，博览泛观，渐臻佳境，终于闻名遐迩，声播海内。

这一天，老子要到西域去开化世人，准备出函谷关。周王朝大夫尹喜当时任函谷关令，他闻报有一位仙风道骨的白发老翁，驾青牛之车欲出关。尹喜出门一看，但见紫气东来，知道是圣贤之人老子来到，便立即赶来迎接，在牛车数丈前跪迎老子入关。

尹喜早就仰慕老子的学问，便请老子教授自己。老子见尹喜是个可塑之才，就写下了洋洋洒洒五千言，都是关于道德以及对宇宙、人生、社会等方面的见解，世谓之《道德经》。

尹喜按照老子的教导潜心修行。后来，老子为了经国济世，教化世人，就带着弟子尹喜前往西域各国弘道，云游天下，传讲道家学说。他们西出函谷关，溯渭河西行，进入秦地，又出大散关，翻过陇山进入少数民族地区，以后又回到陇西邑的临洮。

老子讲经传道，劝谕世人真心修炼，他还关心农

炼丹 道教主要道术之一，是近代化学物理前驱。为炼制外丹与内丹的统称。外丹术源于先秦神仙方术，是在丹炉中烧炼矿物以制造“仙丹”。外丹术指道家通过各种秘法烧炼丹药，用来服食，或直接服食某些芝草，以点化自身阴质，使之化为阳气。其后将人体拟作炉鼎，用以习炼精气神，称为内丹术。

桑，采药炼丹，治病救人。人们皆感激他仁民教民、与世无争、柔慈待人的大德大恩。

据传说，老子后来在临洮岳麓山“白日飞升”，这是指人修炼得道后白日里飞升天界，羽化成仙。据说老子驾凤凰飞升云华之上时，身现金光，洞然十方，五色云良久乃没，这一天江河泛涨，山川震动，有五色光射天，太微遍及四方。

后世的人们在岳麓山老子飞升处修了“飞升台”，又称“凤台”或“超然台”，以示纪念。另外，老子入关时的“紫气东来”也成了中国文化中的一个符号，人们将“紫气”当作吉祥、祥瑞的象征．还把“紫气东来”这几个字写在大门上，等等。

作为道家学派的创建者，老子曾经指导孔子，启迪孔子智慧，孔子因而得以集儒门之大成；老子还将“清静无为”及“得道飞升”之道，下传尹喜等人，为后人奠定了修炼文化，使人得知“修道”及“长生”之门，用以返璞归真，遵循天理，追寻大道。

自从老子著成《道德经》以后，历代道家学者都把自然作为研究的对象，

《老子授经图》

并且由此开始了道家阐释“天人合一”思想的研究历程。道家的最高境界在自然大道中，通过对“道”的修行领悟，进而达到人在自然大道中生存的最佳状态。

换句话说，道家强调顺“道”而生，应“道”而行，完成人类与自然最和谐的结合。这就是道家的“天人合一”思想。

道家的“天人合一”思想包含了两方面内容：一是道家的自然观；二是道家的生态智慧。在自然观方面，道家注重对整个自然界进行整体认识，认为人和天地万物都是以“道”为本原，“道”是自然与人存在的共同基础，也是人与万物的共同本性。

对于“道”为本原、“道”生万物，《道德经》中说：

道生一，一生二，二生三，三生万物。

“道生一”的意思是说：“道”即是规律、法则、秩序，“一”就是生生不息的变化，“道生一”的意思是由“规律”而产生有方向性的变化。

“一生二”的意思是说：有了方向性的变化，就产生了对立，诸如作用力与反作用力、阳与阴、善与恶、天堂和地狱、支持和反对等。

“二生三”的意思是说：对立的两面都是极端的趋向，无法相互依存，二生三就产生了调和两者的中轴。比如，天地的中轴是人，五行的中轴是中土，天堂与地狱的中轴是人间，等等。

“三生万物”的意思是说：由“道”这种规则产生的方向、对立和中道，可以映射到万事万物上。诸如宇宙的产生、国家的政治，以至于人身体的健康运行等各个方面。

在探索“道”生成万物的过程时，《道德经》提出了“万物生于有，有生于无”的观点，意思是万物产生于看得见的有形质，有形质又产生于不可见的无形质。

道家认为，“有”与“无”是统一而不可分离的，物与道也是统一而不可分离的。在这个统一体中，人既不是自大的人类中心主义，也不是无所作为臣服于自然，也就是说，人的存在和宇宙自然的存在一样伟大。

■《道德经》

老子之后的庄子发展了《道德经》自然观，提出“万物一体”的思想，这是从道家的宇宙生成论演化而来的天人合一论。他的“天地与我并生”，是从宇宙演化的角度，来看待人与自然的物质上的统一，认为人类生命是自然整体发展的结果。

庄子自然观的第二个方面是精神层面的，即人的精神与自然的统一。它表现在顺天行，循天理，合天德，从而达到人的精神的最高境界，即精神自由的境界，同时也是“备于天地之美”的美的境界。

对于《道德经》的自然观，庄子认为回归自然，顺应自然，是人生最明智的选择。庄子在《庄子·应帝王》中讲了一个混沌的故事：

传说中，南海的君王叫作“倏”，北海的君王叫作“忽”，中央的帝王叫作“混沌”。倏和忽常常在混沌的居地相遇，浑沌待他们很好。

生态 指一切生物在一定的自然环境下生存和发展的状态，以及它们之间和它与环境之间环环相扣的关系。“生态”一词涉及的范畴也越来越广，人们常常用“生态”来定义许多美好的事物，如健康的、美的、和谐的等事物均可冠以“生态”修饰。

庄子画像

倏与忽商量着报答混沌的恩德，他们认为，人都有七窍，用来看外界，听声音，吃食物，呼吸空气，唯独混沌没有七窍，让我们试着给他凿出七窍。于是，倏和忽每天替混沌开一窍，到了第七天，七窍凿完，混沌也就死了。

这个“以人灭天”故事的寓意是，人类想用强力变更或改造自然以符合自己的意愿，结果只能导致自然本身的死亡。

因此，在道家看来，要想与自然万物和谐，就必须克服人性的异化，回复到人的本性。这是道家关于自然观的形象生动的艺术表现。

到了汉代，《淮南子》继续发挥道家《道德经》的自然观，并与当时的天文学和宇宙论结合起来。《淮南子·精神训》描述宇宙生成人的过程是源于“阴阳二神”：

古未有天地之时，惟像无形，窈窈冥冥，芒芠漠闵，鸿蒙澒洞，莫知其门。有二神混生，经天营地；孔乎莫知其所终极，滔乎莫知其所止息；于是乃别为阴阳，离为八极；刚柔相成，万物乃形；烦气为虫，精气为人。

是故精神，天之有也，而骨骸者，地之有也，精神入其门而骨骸反其根，我尚何存？是故圣人法天顺情，不拘于俗，不诱于人；以天为父，以地为母；阴阳为纲，四时为纪；天静以清，地定以宁；万物失之者死，法之者生。

意思是说，上古还没有形成天地的时候，只有模糊不清的状态而无具体形状，这种状态是昏暗幽深、混沌不清的，无法知道它的门道。那时有阴阳二神同时产生，一起营造天地，造出的天地深远得不知它的尽头，宽广得不知它的边缘。这时便分出天地阴阳，散离成四方八极，阴阳二气互相作用，万物才从中产生形成。在这里，杂乱的气产生鱼鸟禽兽和昆虫，而纯精的气则产生人类。

因此，人的精神归属于上天，而形骸归属于大地。如果人去世以后，精神归属于上天、形骸归属于大地，那么，“我”还有什么存剩呢？所以圣人遵循天地的运行规则、顺应人的本性，不为世俗所拘束、不被人欲所诱惑，以天为父，以地为母，以阴阳变化、四时运行为准则。天清澈而洁静、地平定而安宁，万物离开它就死亡，依附它就生存。

上述这段“阴阳二神”生成人的文字表明：人的精神属天，形体属地，精神与形体是有机结合的，天地也是有机统一的。

《淮南子》的“天”是道家的自然之天。认为人是天地自然的产物，与其他自然产物一样，所以人不应该奴役自然万物，对待自然和对待自身生命的态度都应该是顺其自然。

西汉时期的“顺其自然”也叫作“清静无为”，主张对自然对社会都要少些人为的干预和造作，这是汉初“黄老”道家思想总的精神。

事实上，“清静无为”一直是道家的价值观，在

阴阳 中国古代圣贤创立的哲学范畴。古人仰观、俯察取类比象，将自然界中各种对立又相联的现象，如天地、日月、昼夜、寒暑、男女、上下等抽象归纳出阴阳的概念。阴阳理论已经渗透到中国传统文化的方方面面，包括哲学、历法、中医、军事等领域。

《应帝王》 《庄子·内篇》中最后一篇，它表达了庄子的为政思想。什么样的人“应”成为“帝王”呢？那就是能够听任自然、顺乎民情、行不言之教的人。基于此，庄子的政治主张就是以不治为治，无为而治，这便是本篇的中心。

这种价值观念中，自然的存在是人存在的根据，自然的价值和人的价值摆在同等重要的地位。这种尊崇自然的观念，是后世保护自然生态文化的哲学基础。

道家基于“清静无为”而提出了“道法自然”，是关于生态智慧的最深刻、最完美的说明，它强调人的行为与社会自然结合一体。

人类行为的基本原则就是遵循自然规律。因此，《道德经》主张人应该协助自然发展，而不是自以为是，任意而为。

“人法地，地法天，天法道，道法自然”，这里的“自然”既指宇宙万物的存在，又指宇宙万物的规律。此语深刻揭示了人与自然的关系。

“道法自然”的基本法则就是自然。什么是自然？自然是一种状态。《道德经》赞颂智识未开的赤子：

> 含德之厚，比于赤子。蜂虿虺蛇不螫，猛兽不据，攫鸟不搏。骨弱筋柔而握固，未知牝牡之合而全作，精之至也。终日号而不嗄，和之至也。知和曰常，知常曰明。益生曰祥，心使气曰强。物壮则老，谓之不道，不道早已。

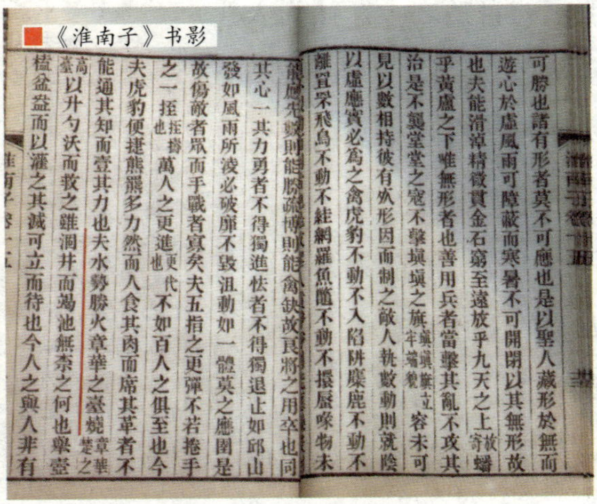
可勝也諸有形者莫不可應也是以聖人藏形於無而
遊心於虛風雨可障蔽而寒暑不可開閉以其無形故
也夫能滑淖精微貫金石窮至遠放乎九天之上蟠
乎黃盧之下唯無形者也善用兵者當擊其亂不攻其
治是不襲堂堂之寇不擊填填之旗填填旗立牢端貌容未可
見以數相持彼有死形因而制之敵人執數動則就陰
以虛應實必為之禽虎豹不動不入陷阱麋鹿不動不
離罝罘飛鳥不動不絓網羅魚鱉不動不擐脣喙物未
[illegible]則能勝疏博則能禽缺故良將之用卒也同
其心一其力勇者不得獨進怯者不得獨退止如邱山
發如風雨所淩必破靡不毀沮動如一體莫之應圉是
故傷敵者眾而手戰者寡矣夫五指之更彈不若捲手
之一挃挃擣也萬人之更進更代也不如百人之俱至也今
夫虎豹便捷熊羆多力然而人食其肉而席其革者不
能通其知而壹其力也夫水勢勝火章華之臺燒章華楚之
高臺以升勺沃而救之雖涸井而竭池無奈之何也舉壺
榼盆盎而以灌之其滅可立而待也今人之與人非有

《淮南子》书影

意思是说，内含充足的德行，好比初生的婴儿。有毒的蛇虫不螫咬，猛兽不捕捉，凶鸟不搏爪。骨弱筋柔而手握闭固气门，不知雌雄交合而始终挺勃，是精之至足。终日哭号而喉不沙哑，是无欲气和之至的原因。知静和是自然的生态，知自然而不妄为明。益于处常而生为祥和，心明使气神宁和虚静为自强不息。万物趋壮则自衰老，称谓不合道，不合道就必然不能恒常而走向生命的尽头。

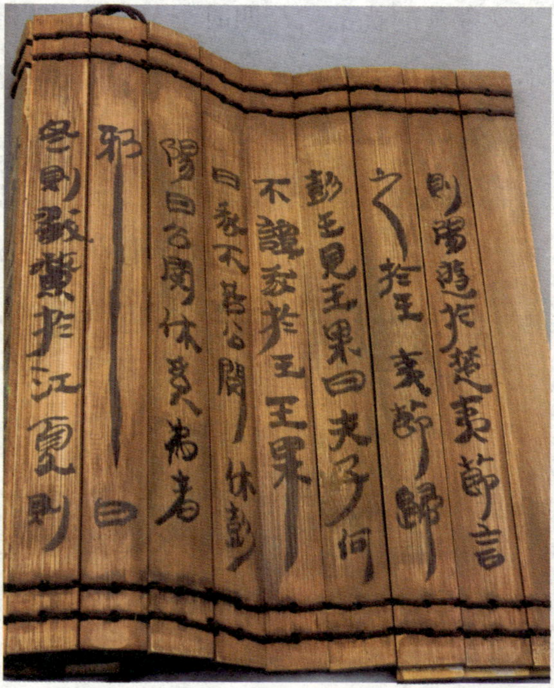

《道德经》竹简

“含德之厚”其实说的就是善于修养、保守道德的人。这段话主要以“含德之厚”者与“赤子”相似的形象和特征来揭示什么才是“自然”的本质。

庄子对自然状态进行理解时，以动物为喻：乌龟的脚有短有长，这是它们的自然之性，要人为地改变这种自然状态只能造成悲剧。庄子说的是，以某种文化规范改造人，就违反了人的自然本性，认为人性的自然才是人性的真实。这里同时也讲的是人与自然的关系问题。

尊重自然的价值，主张人与自然统一是“道法自然”的重要思想。道家对人的存在与自然存在的关系，对人的价值与自然价值的关系进行了深入的思考，体现了中国文化深湛的智慧。

道家思想对待自然与社会的重要原则是“知常”。在这里，“常”也就是“道”，是自然规律。遵循这种自然规律，就能处于阴阳调和的恬静状态，

赤子 刚生的婴儿，后比喻热爱祖国，对祖国忠诚的人，如“海外赤子”。“赤子”最早是老子所用的比喻，老子在《道德经》中写道“含德之厚，比于赤子”，意思是说，道德修养深厚的人，就像“赤子”一样，毒虫不螫他，猛兽不伤害他，鹰隼不搏击他。

不受鬼神的扰乱，与四时季节的变化相和谐，不会受万物的伤害，也不受一切生物的侵害而夭亡。如果违背自然之常而肆意妄为，就会导致凶灾。

汉初的“黄老”道家发挥了这种思想，提出“顺天者昌，逆天者亡”，这也成为以后中国文化的流行观念，并且往往运用在政治方面。它最初的含义是人的行为应该顺应自然规律，无论是政治行为或者是社会生产活动都是如此，否则会造成灾祸。违反自然规律肆意妄为，是造成人类生态问题、环境问题的根本原因。

人与自然的和谐，人与人的和谐，才有美，才有快乐。在这里，“知和”与“知常”两个概念是紧密联系的。

《道德经》说“知和日常，知常日明”，意思是说，懂得和就是懂得常规，懂得常规就是明智。庄子将其进一步发挥，把“和”作为美的表现，也就是天地生物之道。阴阳和谐才能生物，这是天和，也是天地之大美。在庄子这里，大美与大道是互相交融的，它是宇宙的本原，所以也叫作“常”。

《孔子问礼图》

老子塑像

与“知常”相联系的另一概念是“知止”，也就是人的行为应有限度，超过这个限度就危险。在人对自然的利用或改造过程中，这种认识有重要的意义。

自然生态是一个有机系统，“知止”表现在人利用自然时必须限制自己的欲望，有所为，有所不为。“知止”表现在人的行为上是“不妄作”，表现在人的心理上是“知足”。人类对自然的破坏总是源于人的欲望的“不知足”，如果不对自己的行为加以限制，则会破坏自然系统的稳定，也就不可能建设一个人与社会、人与自然共同和谐发展的可持续发展社会。因此，《道德经》提倡“圣人去甚、去奢、去泰”，即应该去掉奢侈浪费，去掉走极端和过分的行为。

面对自然规律，《道德经》认为人的正确行为是顺乎自然而无为：“以辅万物之自然而不敢为。”这种生态平衡思想，强调的是按规律办事，顺其自然。

“无为”是《道德经》哲学的一个中心，它的本义不是无所作为，而是顺其自然以完成人的理想。同时，无为也是一种策略，一种方法，正所谓“无为而无不为”。无为就是不强为，顺应自然、因势利导以达到目的。这种方法可以运用到社会政治中，也可以运用到自然方面。

庄子认为天道就是“无为”，而人道往往违反天道，是“有为”。人的“有为”与自然的“无为”是一种矛盾：人不能不利用和改造自然，但如果“不明于天”“不达于道”“有为”的结果就是可悲的。

解决“有为”和“无为”的矛盾，一是要认识自然的规律，二是人要认识自己的行为。自然的运行是天生的，不可强力更改；人的行为应该有自己的规范，不能超越范围。人的认识也是有限的，应该知道这个限制。从个人来说，知道了这两个方面，才能“终其天年”。从人类社会来说，知道这两个方面，才不会干出蠢事来。

总之，道家“万物一体”的自然观，“道法自然”的生态观，表现了人类文化的深刻智慧，为现代人构建可持续发展的现代文明，提供了丰富的文化资源。

阅读链接

庄子名庄周，他有一次梦见自己变成一只蝴蝶，飘飘荡荡，十分轻松惬意。他这时完全忘记了自己是庄周。过一会儿，他醒来了，对自己还是庄周感到十分的惊奇疑惑。他认真地想了又想，不知道是庄周做梦变成蝴蝶呢，还是蝴蝶做梦变成了庄周。

“庄周梦蝶”的故事因其深刻的意蕴，浪漫的情怀和开阔的审美想象空间而受到后世文人们的喜爱，同时也成为后世诗人们借以表达离愁别绪、人生慨叹、思乡恋国、恬淡闲适等多种人生感悟和体验的一个重要意象。

儒家的天人合一思想

儒家的创始人孔子，在中国历史上是一个具有划时代意义的人物。孔子是春秋时期鲁国思想家，他在30岁时，有机会到洛阳去拜见老子，向他请教礼乐。

老子姓李，名聃，年纪比孔子大得多，在洛阳当西周王朝“守藏室之史”，掌管国家文物典籍。他见孔子来向他虚心求教，很喜欢，

孔子问礼老子

还真拿出老前辈的热心来，很认真地教导孔子。

孔子此行受益匪浅，他回到鲁国后对自己的弟子说，自己见了老子，就像见到真龙一样，佩服之情溢于言表。

就在孔子会见老子的那一年年底，郑国掌握国家大权的执政子产去世了。郑国人都流泪，好像亲人去世了似的。孔子一听到子产去世的噩耗，也哭起来。他说："子产是我所想念的人啊！"

孔子很钦佩子产，也跟他见过面，像尊敬老大哥那样尊敬子产。子产在思想上受孔子的影响很深。

郑国有一次遭到火灾，别人请子产去求神，子产说："天道远，人道近；我们要讲切近百姓利益的人道，不讲渺渺茫茫的天道。"

郑国有一年发生水灾，别人又请他去祭扫龙王爷，子产说："我们求不着龙，龙也求不着我们。谁跟谁也不相干。"

《论语》 孔子的弟子及再传弟子所著。"四书五经"之一，是儒家著作之一。记载春秋末期思想家孔子及其弟子言行的语录体散文。全书共20篇，内容涉及政治、教育、文学、哲学以及立身处世的道理等多方面。《论语》多为语录，但都辞约义富，有些语句、篇章形象生动，是有关儒家思想的经典著作。

孔子讲学

■子产（？—前522），本名姬侨，又字子美，人们又称他为公孙侨、郑子产，他是郑穆公的孙子，春秋后期郑国人，与孔子同时，是孔子非常尊敬的人之一。公元前554年，郑简公杀子孔后被立为卿，公元前543年到公元前522年执掌郑国国政，是当时著名的政治家、思想家。

子产的这些思想，在当时可以算是很了不起的。子产在讲天道、人道时的主要观点，其实就来自于孔子。孔子和子产都是春秋时期著名的思想家。对待天道与人道的关系，他们都表现出了朴素的人本主义，都不迷信鬼神，提出人事才是可以掌控的。

孔子作为一个思想大家、儒家学派的创始人，他在继承和吸收前人天人思想的同时，从人道上突破了原始天命观的限制，以“天命”和“人道”作为联系天人之间的纽带，将“仁”作为实现贯通天人关系的途径，通过“修己”“安人”的修养功夫体悟天人的和谐之境。

孔子主张像先贤那样遵循天道，通过潜志躬行“内圣外王之道”，以达到“天下为公”“大同世界”之境界。这种理论和实践，用孔子自己的话说就是“则天”。孔子在《论语·泰伯》中说：

大哉！尧之为君也。巍巍乎！唯天为大，唯尧则之。荡荡乎！民无能名焉。巍巍乎其有成功也，焕乎其有文章。

意思是说，帝尧作为一代君王是多么伟大！他像崇山一样高高耸立着，上天是最高大的，帝尧就是在效法着上天！他像大地一样一望无际，民众无法用现有的词语来称道他！因此，他所成就的功业是如此崇高伟大，他所制定的礼仪制度是如此灿烂辉煌。

尧是中国传说时代的圣君。孔子在这里用极美好的语言来称赞尧，尤其对他的礼仪制度愈加赞美，表达了他对古代先王的崇敬心情。孔子的“则天”就是效法尧那样遵循天道，这其实是孔子的功夫论，包括道德修养和社会实践。

孔子终其一生提倡和践行“则天”之教，以善处人与自然、人与社会的关系。孔子正是通过“则天”的不懈追求，加强个人修养，尽心治理国家，并达到了绝大多数人无法达到的思想境界。

孔子的“则天”其实就是儒家一贯倡导的“天人合一”。“天人合一”虽是中国古代大多数哲学家所共同宣扬的基本观点，但在中国传统文化范围内，则大多数情况下指儒家的“天人合一”。因为儒家的“天人合一”思想更复杂，影响中国文化也最深远。

“天人合一”思想的形成过程是历代儒家学者在探索“天”“人”的关系中演变过来的。他们首先阐发了关于“天”的一系列思想，其次是与人相对应的“人”的思想，最后便形成了“天”“人”关系的和谐的价值取向，也就是“天人合一”思想。

“天人合一”中的“天”，被儒家学者赋予了各种意义，有自然之天、命运之天、意志之天、伦理之天、神圣之天、救赎之天、创造之天等。大凡宇宙万物之起源、人类社会之形成、政治制度之合法性、伦理道德之标准、人类未来之命运等，无不可以从儒家有关“天”的论述中得到最权威的解释。

因此，可以说，“天”在儒家传统的思想体系里构成了一个最高的概念，折射着儒家有关“人”的地位、命运和价值取向的方方面面，因而它们相互关联的“天人合一”，自然而然也就表达着儒家理论的丰富内涵。

“天”，作为儒家思想中最高的一个概念，在其发展过程中，具体表现为自然之天、主宰之天和义理之天。

儒家的“天”表现于自然界时，即为自然之天，天人相分的天。荀子在很大程度上否定了天的意志成分，而是赋予天以更多的自然物质因素；并认为人与自然有所区别，人类要掌握并利用自然规律来为自己服务。

荀子（约前313—前238），名况，战国末期赵国人，著名思想家、文学家、政治家，儒家代表人物之一。荀子对儒家思想有所发展，提倡性恶论，其学说常被后人拿来跟孟子的“性善说”比较，荀子对重新整理的儒家典籍也有相当重要的贡献。

儒家的“天”具体地表现出一种不可知的神秘力量时，它可以左右人的命运，并含有超强的意志与力量，即成为主宰者。这一观点主要表现在儒家思想的初期，以孔子为代表。孔子曾经说“君子畏三命：畏天命，畏大人，畏圣人之言”，其中的天虽然带有一定的道德意味，但仍然是以一个令人生畏的主宰者的形象出现的。

儒家的“天”在发展过程中慢慢形成了客观的“理”，这一思想在先秦孟子那里就开始萌芽了。孟子最先把天与人的心性联系起来，以为尽心便能知性，知性就能知天了，正如他所说的“尽其心者知

■《孔子圣迹图·习礼树下图》

■朱熹（1130—1200），字元晦，一字仲晦，号晦庵，晚称晦翁，谥"文"，亦称朱文公。南宋著名的理学家、思想家、哲学家、教育家、诗人、闽学派的代表人物，儒学集大成者，世尊称为"朱子"。其著作甚多，辑定《大学》《中庸》《论语》《孟子》为四书作为教本立于学宫。

其性也，知其性则知天矣"。孟子的天也就是往后宋明儒家所言的"理"。程颢发展成"心即是天"，程颐则说"性即理也"；朱熹所谓"天即理也"。到后来明代王阳明所倡"心即理"，这些无疑都是对孟子"尽心知性知天"从不同角度的诠释。

以上这三种表现分属于儒家哲学不同的时期，然而又不能将其截然分开，毕竟它们只是一个概念的不同内涵而已。儒家诸子对天的理解虽人各有殊，但有一点是共同的，即都认为人最高的理想是掌握宇宙间的最高智慧，无不追求达到完美的"天人合一"之境。

儒家所追求的"天人合一"之境，高度体现了人与自然关系的儒家思想。儒家认为，人与自然万物均是天道、天性或理这一最高原则的天所一贯而成的。宋代大儒朱熹的"理一分殊"的观点就是对此精彩的描述。所有事物各有一理，而单说理却只有一个。

基于此，儒家认为，人与自然的地位是平等的，无所谓贵贱，两者构成一个完整的有机体；人与自然亦有差别；人与自然可以感通，通过感通自然，人可以认识把握最高的规律。

儒家的普世情怀，是其伦理思想的起点和动力。正是因为儒家竭力追求"天人合一"，所以才将表达宇宙万物之"天"与表达生命与亲情的“人”自然统一起来了。如《周易》中说：

天行健，君子以自强不息；地势坤，君子以厚德载物。

意思是说，天是乾，它给人的启示是生命的起源和无限活力；天也自然蕴含着地，地是生命的承载体，它通过其所承载的生命启示出天地道德含义。总体意思是君子要懂得顺应天道，懂得承载包容。

中国儒家对于给予他们生命起源和养育之恩的体验和反思，比较容易从经济性、简易性和可靠性方面来强化其伦理价值的普遍性，其特点被孟子精确地描述为一个“诚”字。孟子认为，“诚”是天之道，只有按天之道去想、去做，才是为人之道。

儒家传统的价值观的体验是关乎个体的人的，但其立意或动机最终追求的却是关乎天下苍生万物的，此二者之结合既有生命之情怀亦有宇宙普遍之道理，其精髓俱见于宇宙生成论、伦理学和人生论。张载曾这样描述过“天人合一”的伦理意义：

乾称父，坤称母；予兹藐焉，乃浑然中处。故天地之塞，吾其体；天地之帅，吾其性。民，吾同胞；物，吾与也。

这句话的意思是说，天是我的父亲，地是我的母亲；我是个小小的生灵，在他们中间亲密相处。因此，充满宇宙之间的，是我的身体；指引宇宙运行的，是我的本性。人民，是我的兄弟姐妹；万物，是我的同伴。

张载在这里明确表示人与万物都是天地化生的，而且天规定了人的本性，人类社会理想的伦理制度、人对自然万物所应当遵行的伦理原则以及人对自己生命的态度。张载认为，如果不如此，人的生命伦理就不能体现出天命精神，个人就不能与宇宙万物融为一体，人伦价值就没有普遍意义。

总之，儒家的“天人合一”思想认为，天地万物秉承“天命”而生生不息，这其中自然又蕴含着“人”，所以“人”活着也是在履行“天”命，“人”的伦理价值也是展示“天”的普世价值。人只要生活在天地宇宙间，只要有人的生命情怀，他就一定还有天地良心，他就一定有存在的价值。

阅读链接

儒家注重天道，正所谓“天行健，君子以自强不息”。儒家“天道酬勤”的思想精神鼓舞了一代又一代仁人志士。晚清“中兴四大名臣”之一的曾国藩就是其中之一。曾国藩一生以儒家思想进行自我修为，终成在历史上有一定影响的大儒。

曾国藩小时候的天赋却不高。有一天在家读书，对一篇文章不知道重复朗读了多少遍，还没有背下来。这时来了一个贼，潜伏在他家的屋檐下，希望等读书人睡觉后捞点好处。可是左等右等，就是不见他睡觉，一直翻来覆去地读那篇文章。贼人大怒，跳出来说：“这种水平读什么书？”然后将那文章从头到尾背诵一遍，扬长而去。曾国藩是一个平凡的人，却依靠自己的勤奋成为历史上的伟人。这是儒家“天道酬勤”精神激励的结果。

佛家的天人合一思想

佛典《譬喻经》上记载了这样一个故事：从前，在离一个城市不远的森林里，有一位禅师证得了“六神通”，他的弟子是一个8岁的小沙弥。

禅师因为有宿命通，证得小沙弥的寿命只剩7天了，他就想：如果小沙弥在这里死了，他的父母一定认为是我照顾不周，我恐怕也会有麻烦了。因此，禅师就告诉小沙弥：“你的父母很想念你了，可以回去探望你的父母，你过了8天以后再回来。”小沙弥很高兴地辞别了禅师，踏上了回家的路。

释迦牟尼佛壁画

小沙弥走到半路，天就开始下大雨。他看到雨水快要流

释迦牟尼佛像

六神通 佛教指六种超人间而自由无碍之力，又作“六通”，包括神变、天耳界智、他心智、宿住随念智、有情死生智、漏尽通。其中前五通为世间神通，少数人天生具有一两项；第六通为出世神通，意即贪嗔痴烦恼的断灭。现代科学认为，二、三、四、五通并未违反自然规律，第六通烦恼的断灭是心理、心灵层次的，也与现代心理科学相符。

进一个蚂蚁窝了，就急忙用土把雨水挡住，使雨水没有淹到蚂蚁窝里去。

小沙弥回家后，家里一切都很好，没有发生任何事。到了第八天，他又回到禅师那里。

禅师看到小沙弥平安回来，心里感到很奇怪。他入定观察，才知道小沙弥因为救了蚂蚁而延长了寿命。禅师对小沙弥说：“你做了大功德，你自己不知道吗？”

小沙弥说：“我7天都在家里，哪里做了什么功德？”

禅师又说：“你的寿命本来只能活到昨天，因为你救了那么多蚂蚁，所以寿命可以延长到80多岁。”

小沙弥听了师父的这番话，更加相信“善有善报”的道理了，心中很是欢喜。于是他就努力用功修行，后来也证得了“六神通”。

佛教大约在汉代传入中国后，中国传统儒学的基本思维模式“天人合一”，极大地影响了佛教而使其不断地得以丰富。那些经过佛教长久涵濡的人们，如上述故事中的禅师等人，他们的思想有一个基本特征，就是讲究“报应”之说。“善有善报，恶有恶报。不是不报，时候未到。时候一到，一切都报”，这是佛家在教世人向善，充分地体现了佛家大慈大悲的菩萨情怀。

《金刚经》 佛教经典。全称《能断金刚般若波罗蜜经》，又称《金刚般若波罗蜜经》。最早由东晋时后秦高僧、著名佛经翻译家鸠摩罗什于402年译出1卷，以后相继出现五种译本。此经以一实相之理为体，以无住为宗，以断疑为用，以大乘为教相。

为什么会有“报应”呢？就是因为“天道”在发挥着作用。佛家认为，人德不载天道，违背规律，道与德就不合，规律就要惩罚人。佛家的这种“人道合天道”，恰恰就是中国传统哲学“天人合一”的精神实质。

西双版纳大佛寺鎏金佛像

在佛教中，宇宙世间的最高实体是“天”，也就是“佛”。佛具有最高智慧，是世间万物生存与活动的根据。人们皈依佛教的目的是想成佛，成佛才能与佛合为一体，从而超越生死轮回，摆脱人生苦恼，获得解脱。

佛教经典《金刚经》里讲到“般若波罗蜜”，中文意思是大智慧到彼岸，般若就是智慧，彼岸就是梦想和目标。这里的天是梦想，人是行动，天是智慧，人则是追求、发现智慧的思考者。借助一种智慧实现梦想，这就是一种“天人合一”。《金刚经》中说：

世间有为法，如梦幻泡影，

如露亦如电，应作如是观。

意思是说，一切由条件构成的现象，都是虚幻的，好像梦幻泡影，好像露水闪电一样，应该这样看待这个世界。这段话的主旨是不著于世，不离于心，最后才能达到成佛的境界。

成佛是佛教的最高境界，称为“涅槃”。涅槃也即佛教“天人合一”的境界。

涅槃境界的实际情况如何，各派有自己不同的解释。小乘佛教把涅槃分为有余涅槃和无余涅槃，大乘佛教则分涅槃为实相涅槃和无住涅槃。然而它们实质上指的都是一种与苦难的现实人生相反的理想境界。在这一理想境界中，没有任何烦恼、痛苦存在，充满了欢乐、幸福。

药王谷药王佛

大乘佛教又提出“净土”的概念。净土即为佛所居住之所，又称为“西方极乐世界”。据佛典《无量寿经》的描述：

彼极乐世界，无量功德，具足庄严。永无众苦、诸难、恶趣、魔恼之名；亦无四时寒暑、雨寅之异，复无大小江海、丘陵、坑坎、荆棘、沙砾、铁围、须弥、土石等山。

■佛陀壁画

惟以自然四宝，黄金为地，宽广平正，不可限极。微妙、奇丽、清净、庄严、超逾十方一切世界。

意思是说，那个极乐世界，由无量功德所成就，国土庄严清净，具足一切胜妙。永离种种苦难、三恶趣与魔恼的名字，众苦诸难恶趣魔恼等连名字都听不到，更不用说有实际的苦难恶趣了；国中没有春夏秋冬、寒冷暑热、阴雨的现象，也没有海洋、河流、山陵、坑坎不平、荆棘、沙漠、铁围山、须弥山、土石所成的种种山。只是一片平坦整齐，广大无边，以自然七宝和黄金所成的大地。国土是微妙中的微妙，奇丽中的奇丽，其清净与庄严，超过了十方一切世界。

由此可见，佛教所向往和追求的“天人合一”的净土世界，即涅槃之境，一切皆是美好如意。

佛教的“天人合一”，为人们展现了一个超越现

小乘佛教 也叫作“小乘教”“小乘教法”，略称“小乘”。小乘法门以自我完善与解脱为宗旨，其最高果位为阿罗汉果及辟支佛果。小乘佛教和大乘佛教是同时传入中国的。中国汉传佛教的十三个大宗派中，也有专门的多个小乘宗派，如毗昙宗、成实宗、俱舍宗等。

大乘佛教 略称“大乘”。中国佛教的大乘佛教专指汉传佛教，并与南传佛教、藏传密乘佛教组成三大语系。大乘佛教发挥佛陀众生平等，慈航普度，自觉觉他，利益救度一切众生为目的之本怀，即菩萨道的菩提心。观音菩萨、文殊菩萨、普贤菩萨、地藏菩萨是大乘佛教最著名的四大菩萨。

实痛苦、一切皆美好如画的涅槃世界。那么，如何才能进入这一境界呢？

佛教认为，首先要有对佛教的虔诚信仰。佛家常说“心诚则灵”。将“诚”解作虔诚，将“灵”解作显灵，是它原本的意思。也可以把“诚”作广义理解为真诚、忠诚、坦诚、诚心诚意、以诚相待等，把“灵”看作是一个值得期待、值得向往的美好结果来理解。

其次，光心诚不行，还要落实到实践中去，做到笃诚践行。笃诚践行的根本功夫在于“戒、定、慧”三学。

佛家认为人生是苦的。人生的痛苦是由于宇宙万物的虚妄不实、不确定性造成的。因此，佛家认为修行者在践行活动中首要的是“戒”，即遵守佛法，守持戒律，通过繁多的戒律来约束自身的行为，逐渐断除恶念、贪欲，“妨非止非，从是作善”，达到对佛的体悟。由此而达到“定”的阶段。

■ 睿亲王府普度寺佛像

定，是指息缘静虑，在身、口、意三业清静的基础上修习禅定。定当以戒为先，戒自生定，达到诸欲了断，心趋平静，神志清明之境。由定而生“空”，由此洞达了“诸法因缘和合而生灭”的宇宙真理，从而一悟成佛，而达到“天人合一”的涅槃之境。

慧，与任何种心皆有相连属之作

用。此外，慧与智为相对之通名，达于有为的智者称为“智”，达于无为的空者则称“慧”。

栖霞寺毘卢宝殿佛像

此外，《菩萨璎珞本业经》卷上、《阿毗达摩俱舍论》第26卷等佛教经典以及“天台宗”等佛教流派，也有各种不同的慧之说。

佛家的“天人合一”理论是建立在缘起论的基础上的。缘起论是整个佛教思想的基础。佛家认为世界万事万物都是因缘和合而生的，缘聚则生，缘散则灭，透过这一法则，可以发现世间诸法，包括各种生命现象，都是虚幻不实，不能久驻长留的。

由缘起论，佛家提出了以整体论与无我论为主要特征的“人与自然”关系理论。

从佛教整体论方面看，原始佛教认为：“此有故彼有，此生故彼生……此无故彼无，此灭故彼灭。”这里的“此”与“彼”构成了一个不可分割的整体。

戒律 宗教禁止教徒某些不当行为的法规。如佛教有五戒、十戒、二百五十戒等类。道教亦有五戒、十戒、一百八十戒等类。戒，防非去恶；律，也就是法。清规戒律指佛门弟子必须遵守的规则和戒律。佛门弟子的修行可以概括为“戒、定、慧”三字，其中“戒”为基本修行方式。

任何事物都不是孤立的独在，它们互相联系、不可分割。正是在整体论的基础上，佛教发展出大慈大悲、天下一体的菩萨情怀。

再从佛教无我论方面看，从缘起论出发，佛教认为世界上一切事物没有不变的本质，只有相对的存在，称为“空”。空，包括我空、法空，即要破人我执、法我执。这样的话，人们在看待自然时便不会以人类为中心了，而是立足于宇宙整体。

在整体论与无我论的基础上，佛教看待人与自然的关系时必然产生“无情有性，真爱自然”的观点。佛教将一切法都看作是佛性的显现。万法皆有佛性。天台宗大师湛然，将此明确定义为“无情有信”，即没有情感意识的山川、草木、瓦石都具有佛性。禅宗更是强调“郁郁黄花无非般若，青青翠竹皆是法身”。大自然的一草一木都是佛性的体现，皆有其存在的价值。

阅读链接

中国史籍中记载了很多佛教丛林中度化世人的故事。明代有一个云谷禅师，出家的法名为“法会”，又号“云谷”，祖籍浙江嘉善胥山镇，俗姓怀。幼年便看破红尘，立志出家，投在本乡大云寺一个老和尚的座下，剃度为僧。后经法舟禅师点化，彻悟佛经与佛法真义，然后便隐遁到佛教大丛林里，做一些煮饭挑水出劳力的仆役工作，来磨炼自己。

明代思想家袁了凡曾参访云谷禅师，他们相对静坐三天三夜，云谷禅师把“一切唯心造”的生命奥义指示给袁了凡。相会云谷是袁了凡人生的重大转折点，对他“心性”修养影响最深最大，彻底改变其宇宙观。袁了凡的《了凡四训》融会禅学与理学，劝人积善改过，强调从治心入手的自我修养，提倡记功过格，在社会上流行一时。

古建文明

和谐宜居

建筑是文化和思想的外现。纵观中国古代建筑，在几千年的历史衍变过程中，无论是宏伟的宫殿、幽静的园林，还是丰富多彩的民宅，都以其独特的形式语言，打上了中国传统文化的烙印，表现出了丰富而深刻的“天人合一”传统思想观念。

中国古建筑始终是“天人合一”与“礼法、宗法制度”的联合体现。表现在城市、村庄、民居、园林、王陵的选址和布局命名上，都力图体现“天人合一”的追求。这些古代建筑，是古人的伦理观、审美观、价值观和自然观的深刻体现。

古代天人合一的建筑观

中国传说时代（上古时代），人们没有用于居住的房子，便居住在洞穴之中，与狼虫虎豹为邻，不时遭受野兽的袭击，人的生命面临着极大的威胁。在这种情况下，华夏族首领黄帝改变了人们原有的洞

原始人洞穴生活

■原始部落想象图

穴居住形式，砍来树木，运来土石，在近水的高地建造住所。住所是人们休息的地方，也是防御野兽侵袭、保护火种和进行炊事的场所。

当时建造的住所有圆形也有方形，结构上实行分室分间，有单间、套间。营建住所时已经会立架梁，墙壁是木骨泥墙，室内一明两暗。

黄帝是中华民族的“文明始祖”“人文始祖”，他对人类居住条件进行改善，选择近水高地造屋而居，不仅是对人的极大尊重，也萌发了具有人居环境与自然环境相互和谐意义的“天人合一”意识。

中国古人讲究“天人合一”，就是说人居环境与自然环境可以互相交流，和谐共生。事实上，这种思想长久以来影响着中国古代建筑的设计和布局。

中国的古建筑与欧洲建筑、伊斯兰建筑并称为“世界三大建筑体系”，其中，中国的古建筑是世界

华夏族 即汉族。从汉代起称汉族。华夏也称“夏”“诸夏”，又称“华”或“诸华”。是古代居住于中原地区的汉民族的自称，以区别东夷、南蛮、西戎、北狄这四夷。华夏民族在长期的历史发展过程中创造了辉煌灿烂的文明，推动了世界历史的发展，为人类做出了重大贡献。

新乐遗址复原图

上历史最悠久，体系最完整的建筑体系。从单体建筑到院落组合、城市规划、园林布置等，中国建筑独一无二地体现了“天人合一”的建筑观，充分地展现了人与自然的和谐与统一。

从历史上看，在影响中国古建发展的诸多因素中，“天人合一”观念是根本性的因素。基于“天人合一”思想的影响，中国传统建筑十分重视对室外空间的处理。

中国古代建筑讲究与周围的环境、格调、意境和谐融洽，不突出自己，避免造成与自然的断裂和对立。檐廊、门窗、亭台楼榭以及敞开的院子交互组合，形成了虚实相映的空间意象，虚中见实，实中有虚，从而表现出鲜明的空间意识。

这种在空间意识支配下形成的古代建筑风格，不仅没将建筑隔绝于自然，反而将建筑与自然有机结合

亭台楼榭 中国四种传统建筑。亭，有顶无墙，供休息用的建筑物，多建筑在路旁或花园里。亭一般为开敞性结构，没有围墙，顶部可分为六角、八角、圆形等多种形状。台，高而平的建筑物。楼，两层或两层以上的建筑物。榭，以借助周围景色而见长的园林休憩建筑物。榭四面敞开，平面形式比较自由，常与廊、台组合在一起。

起来，融为一体，形成了两者亲和的特征，赋予建筑以鲜活的生命和浓郁的文化气息，这是其突出的人文特色之一。以致很多西方人称中国古代建筑为独特的“环境艺术”。

中国古代建筑的空间意识与古人的宇宙观念密切相关。“宇宙”的本义是指建筑。宇，指的是屋檐。《易经》中说“上栋下宇，以待风雨”。宙，指的是梁栋。因此，在古人的观念中，所有的“建筑”都是一种人工创造的“宇宙”。

从自然宇宙角度来看，天空有二十八星宿，分属东南西北四方，每方七宿，分别以青龙、白虎、朱雀、玄武“四神”相守，中间是紫微帝宫，即宇宙最高神北极星的居所。这幅图案乃至宇宙观对古人的建筑规划产生了重要影响。

天地是一所奇大无比的大房子，此即《淮南子》中所言“上下四方曰宇，往古来今为宙”。千秋万代，人们就在这所大房子的庇护下生活，无论肉体还是精神都受其保护。

中国建筑起码自秦汉时起，就具有了效法自然宇宙的文化胸襟，

华清宫皇家园林建筑

四神 也叫作“四象”，即青龙、白虎、朱雀和玄武，是中国古代人民所喜爱的吉祥物。这四种动物，也是中国古代神话中的四方之神灵。四神在古代还用于军事上，战国时期的行军布阵就有“前朱雀后玄武，左青龙右白虎”的说法，简单说就是一个布阵的方位图。

因此一旦经济条件、建筑材料以及技术水平允许，人们就将对自然宇宙的领悟倾注于宫室的营建之中，建造尽可能恢宏博大的建筑以象征自然宇宙之大。比如大唐帝都长安城，其建筑面积达到了84.10平方公里，是中国古代第一帝都，也是包括中国古代都城在内的古代世界帝都之冠。

由此可见，中国建筑文化鲜明地体现出“宇宙即是建筑，建筑即是宇宙”的恢宏深邃的时空观念。

在“天人合一”思想支配下，中国古代建筑注重建筑之美。中国古代哲学思想的核心“天人合一”观，具有天然的美学品格。它启示人们，至善、至美的境界，就是人与自然和谐统一的境界；它在中国古代建筑方面所体现出来的美学思想的影响是全面而深刻的。

苏州盘门瑞光塔

古代建筑之美也源于自然的启示。华夏大地山河壮丽，景象万千，美好景色启发了人们热爱自然、讴歌自然的无限激情。“天人合一”的思想与对自然美的鉴赏相互融合，便相应地产生了文化底蕴厚重的建筑美学。

中国古代建筑师代表了古人的审美观念，他们喜欢富丽华贵、雍容大度的美，所谓泱泱大国之风。比如阿房宫、紫禁城、长城、颐和园、布达拉宫、民居、园林等杰作，就创造出了一种‘天人合一”的理想境界之美，闪烁着中国古代建筑的光辉。

承德小布达拉宫

这些古代建筑，不但在造型、空间布局、总体规划方面独具特色，而且作为中国古建筑美学的主导思想的“天人合一”观，在建筑设计中从多方位、多层次中得到了充分的展示，体现了中国古代建筑的深厚文化底蕴。

古代建筑中也体现了对称美，这也是美学法则之一。“对称”能给人一种平衡感和稳定感，这反映了人们在审美实践中的一种普遍的心理要求。

对称美源于自然亦道法自然。中国古建筑“道法自然”的对称之美，使得宫殿、庙宇、宝塔、桥梁、楼台亭阁等，都考虑到了“对称”这一美学法则。

统一之中有变化，变化之中有统一，是美学的最高法则，中国建筑师在群体美方面也有充分考虑。他们能够从形式感、造型、格调、色彩关系、高度变化、线条变化等方面，从系统美学总体审美效果上创造出群体和谐统一之美。比如故宫，就是群体美建筑的杰出代表。

故宫是一首凝固的交响乐：华表与金水桥就是这首交响乐的序曲，主旋律由天安门、午门逐渐展开，太和殿可视作交响乐的最强音，达到了乐曲的高潮。走到御花园，乐曲就进入尾声。到了地安门，则可以看作全曲圆满地结束。

故宫还是一幅画，从任何角度看都具有绘画之美：整个围墙就是画框，画面富于节奏美、韵律美，错落有致的建筑群，从不同的角度看，都是一幅至美的建筑画，美轮美奂。

中国古代建筑特别重视建筑单体之间、局部与全局之间、建筑与环境之间所造成的美。每个单体只是作为全群的一部分而存在。比如，祈年殿也只有在松柏浓郁的环境中才有生命，太和殿只有在紫禁城的森严氛围中才能造成一种神圣的气势。

再如藏于深山中的古寺，深山因与古寺融为一体而变得更加神秘，古寺因深山的渲染衬托变得更加清净，给人以超尘脱俗的审美感受。

中国古代建筑不仅重视近区的环境美，而且也注重与更加广阔的大自然的亲和关系，造成“天人合一”的理想境界。古代风水先生要“观势”“观相”，实际上就是建筑选址要充分考虑环境因素，应该说，这是颇具美学价值的调查。

在自然环境中进行建筑，就要借助于引景、建景、借景，甚至运用对景等手法，把自然景色烘托得更美。比如古代庙宇的选址，一般选在三面环山、一面空旷朝阳的环境中，既能避风，又能沐浴阳光。

北京的碧云寺、山东的灵岩寺、南京的栖霞寺、敦煌的莫高窟等，都是借助自然景色创造的杰作。尤其值得称道的是恒山悬空寺，背倚翠屏，上载危岩不在巅，下临深谷不在麓，倚山做基，就岩造屋，虹桥飞跨，殿宇悬空，构成惊险奇特之美。

以上数例皆为依山之势者，也有不少建筑傍水之姿者，或二者兼而有之，如长江的黄鹤楼，钱塘江的六和塔，洞庭湖的岳阳楼，昆明湖畔的颐和园等，如果不是依山傍水，这些华丽的建筑也就不能相映成趣、借景生色了。

中国古代建筑注重与自然高度协同的观念，还表现在城市、村镇、宫殿、陵墓、宗教建筑、民居等的选址、布局乃至命名上。这些古代建筑，也都力图体现“天人合一”的追求。总之，中国古代建筑将“天人合一”思想运用得十分娴熟，善于把握空间布局，竭力营造建筑之美，从而创造出一种“天人合一”的理想境界。

阅读链接

风水先生是指专为人看宅基地的人，他们曾在中国古代建筑的选址过程中发挥过重要作用。相传风水先生祖师为九天玄女。据传说，九天玄女俗名钟静，曾经帮助黄帝战胜蚩尤，解救百姓困苦而传授于她玄学术数，其中就包括风水术。

这一天，九天玄女云游燕山，在冰壁上发现天书《九天秘笈》，稍加研习即得其要义。后来又在冰洞中发现上可探天下可测之地，下可照世间万物的“天幻镜”，还发现《易经》原本和能测地脉之优劣的“地玄盘”。此三件宝物及冰壁天书助九天玄女修成大道，那得道之地，又是风水两洞，故玄女娘娘又称风水圣姑，学此道者便将九天玄女尊为风水始祖。后来，大道传入人间，所有徒子徒孙执罗盘、看地脉习学风水之道者，均被人称为风水先生。

古村的天人合一理念

在安徽歙县有一个棠樾村，棠樾从宋以前，就有鲍、汪、董等姓居住。村名“棠樾”二字，来源于《诗经·甘棠》篇召公的故事。

召公名姬奭，也称召康公、召伯，是周文王之子，周武王、周公

棠樾村建筑

旦的同父异母弟。召公推行周文王的政令时，深入民间，来到棠樾村，在一棵甘棠树下办公，甚得民心。

后来，当地的人们特意保护那棵甘棠，让它枝叶茂盛，清荫满地，还把甘棠树荫简称“棠阴”，寓意召公的“德政”。棠樾的“樾”字，即指那棵甘棠树荫而言。

棠樾村牌坊群

棠樾村的文化底蕴远不止这些，它的选址符合所谓“枕山、环水、面屏”的原则。棠樾村以富亭山为屏，面临沃野，源自黄山的丰乐河由西而东穿流而过，周围树木茂盛。这样的地方，正是东晋田园诗人陶渊明所描写的“世外桃源”。

棠樾人把自己置身于大自然当中，仿佛自己就是当中的一分子。这种“天人合一”的村庄布局理念，正是中国古村落建筑所一贯坚守的。

中国古村落建筑各有特点，比如徽派建筑有徽派建筑的特点，苏式建筑有苏式建筑的特点，这些古村落的外在体现或许各异，但其也有内在规律可循，一般都会在村庄选址、村庄建筑及附属设施上遵循一定的规矩。

古代村庄选址是一件非常严肃的事情，要遵循一定的规律，这在一些山区村落体现得尤为明显。

世外桃源 原指与现实社会隔绝、生活安乐的理想境界。后也指环境幽静生活安逸的地方。借指一种空想的脱离现实斗争的美好世界。典出于陶渊明《桃花源记》描述的一个与世隔绝，没有遭到祸乱的美好地方。

阳山古村民居正堂

江南山区的很多古村落，大都是坐北朝南，村后常常有一座挺拔的山，左右两边则有高度相对低一点的小山，村前一般都有一条小溪环抱。

山区古村落的这些共同点并不是巧合，而是有地理上和生产上的意义。中国地处北半球，一到冬天就多北风、大雪，选择坐北朝南、背靠大山，在背风一面造房子，可以有效保暖保温，防止北风直吹。东西两个方向有小山也是同样的道理，东西风比较干燥，只有南风温暖湿润，可以带来降水，有利于农业生产。

村前有溪流同样也是出于农业生产考虑。中国传统社会是农耕社会，水利是农业生产的命脉，家畜、农作物都要依赖水源才能生存。便利的取水环境，是古代村庄选址必须考虑的重要因素。

从考古成果上来看，南方的古村落从新石器时代开始，一般都建在海拔55米至65米的高度。这个高度和江南一带的河流高度息息相关。选择这个海拔高度建村，既方便取水灌溉，又可以有效避免水涝灾害。同理，村庄虽然要选择背靠大山，但又要离山脚有一定的距离，这也是为了避免泥石流等自然灾害。

古人选择村址，除了考虑以上几点，还要考察“靠山”的环境。从传统风水学来说，就是看看“山龙”的龙毛、龙肉、龙血。剥除其神秘的面纱，其实就是看看山的植被、土壤土质、山泉。只有植被丰茂、土层肥厚、山泉潺潺的山才是最适合定居的。

选定了建村地址，如何使村庄的建筑与周边环境相协调也有一定规矩。古代村庄建筑规矩多，一般的老百姓只能住三开间的房子，只有家住农村的五品以上官员才有资格住五开间的房子。古人的房子里还有一个东西非常常见，就是天井。天井反映了古人“天人合一’的理念。

古人的意识中，“天人合一”的概念根深蒂固。建筑作为精神的物化载体，体现人类尊重土地、水源、阳光、空气等自然物的观念。通过建筑形式，把这种抽象化的内心诉求转化为现实的人居环境，天井无疑是实现“天人合一”的完美塑造。

此外，古代村庄的中轴线一般都不建民居，而是建有诸如祠堂、书院等公共设施。相比之下，城市中的府衙、皇宫等建筑则都建在中轴线上。这是中国古代城乡建筑上的一个明显差别。

新石器时代 以使用磨制石器为标志的人类物质文化发展阶段。这个时代大约从1.8万年前开始，结束时间从距今五千多年至二千多年不等。中国大约在公元前1万年就已进入新石器时代。由于地域辽阔，各地自然地理环境很不相同，新石器文化的面貌也有很大区别。

徽州宏村

徽州宏村南湖书院

成熟的古代村庄都有其必备的祠堂、祖宅、池塘，以及保佑一方风调雨顺的土地庙和山神庙。

在很多农村地区，池塘是比较普遍的一种生活设施。不过，正方形的池塘则比较罕见。在农村宗祠前一般都有一口池塘。既方便生活，又有助于消防。

古人对池塘的形状也比较讲究，农村池塘多取圆形或者长方形。古语中圆形叫“池”，方形叫“塘”，其“方圆”的文化意义是显而易见的。方，是规矩、框架，是做人之本；圆，是圆融、老练，是处世之道。无方，世界没有了规矩，便无约束；无圆，世界负荷太重，将不能自理。为人处世，当方则方，该圆就圆。方外有圆，圆中有方，方圆相济，社会才会和谐，人生自在方圆。

中轴线 《中国建筑史》把中国古代大建筑群平面中统率全局的轴线称为“中轴线”，并且指出“世界各国唯独中国对此最强调，成就也最突出”。例如，故宫处在北京中轴线上。

生长在一些古村口的参天大树，被当地人称为“水口树”，这些树是建村之初种下的，属于村庄建筑的附属设施之一。

古人建房子就是为了居住，种水口树也是为了“风水”。水口树蕴含的建筑理念非常符合“天人合一”的可持续发展理念，水口树在一定程度上也保护了环境。

水口树因为树龄够大，一般都比较高，就像天然的避雷针，有吸引雷击、保护房屋的作用。同时，水口树有屏风的作用，进村庄时，往往绕过水口树，才能看到村庄，可以起遮挡、迂回的作用。约定俗成，没有人会去砍水口树。

有些保存较好的村庄的水口树边上，还有一种叫作“孤魂坛”的建筑。在古代有些农村，有客死他乡的村民尸体不能运回村中，孤魂坛就可以暂时用来停灵。

这个规定看似不近人情，但是在卫生条件非常落后的古代，无法确定死于外地之人的死因，而古代疾疫、传染病并不少见，万一是死于传染病，禁止死者入村也算是一种防疫措施。

总之，中国古代村庄建筑的这种利用自然、尊重自然，以及注重建筑格局的做法，正是古人“天人合一”建筑观的体现。

阅读链接

棠樾村属安徽省黄山市歙县，以牌坊群而闻名于世。牌坊群由七座牌坊组成，以忠、孝、节、义的顺序相向排列，分别建于明代和清代，都是旌表棠樾人的“忠孝节义”。

棠樾牌坊群就是明清时期建筑艺术的代表作，建筑风格浑然一体，虽然时间跨度长达几百年，但形同一气呵成。歙县棠樾牌坊群一改以往木质结构为主的特点，几乎全部采用石料，且以质地优良的“歙县青”石料为主。这种青石牌坊坚实，高大挺拔、恢宏华丽、气宇轩昂。到明清两代，牌坊建筑艺术日臻完善。建筑专家们认为：棠樾牌坊对研究明清时期的政治、经济、文化及建筑艺术和徽商的形成和发展，甚至民居民俗都有极其重要的价值。

古民居的天人合一设计

中国古代民居建筑是文化背景中的一部分，其建筑思想在很大程度上受到文化因素的影响。如北京四合院民居、安徽徽州民居、岭南客家“围龙屋”和云南纳西族民居等，“天人合一”思想在这些民居

北京四合院大门

俯视北京四合院

建筑上留下了独特的痕迹。

四合院建筑，是中国古老、传统的文化象征。它是由中国古人的“天人合一”的观念所决定的，人们居住的空间里，必须包含着一部分没有房顶的所谓院子，所以生活中人与大自然非常亲近。

四合院的“四”包括东西南北四面，“合”是合在一起，形成一个“口”字形的院子，这就是四合院的基本特征。四合院建筑之雅致，结构之巧，数量之众多，当推北京为最。

四合院是北京人的传统民居，从辽代起已初步形成规模，经历代逐渐完善，最终成为近代的民居形式。四合院这一民居建筑，与中国古代“天人合一”的文化观念和精神是一致的。其建筑形式和风格，既是从古代“天人合一”的文化观念中来的，也反过来不断强化着“天人合一”这种文化精神。它的设计，

民居建筑 民居建筑的风格和形式，在不同民族的不同历史时期和不同地区有不同的变化，并且各具特色。其中，最具代表性的是围龙屋。围龙屋是一种富有中原特色的典型客家民居建筑，与北京四合院、陕西窑洞、广西干栏式和云南一颗印合称为中国最具乡土风情的五大传统住宅建筑形式。

不仅要满足居住的实用功能和便利的生活功能，还要能承载人与天地自然互相亲近、互相交融的文化功能。

北京的四合院，大大小小，星罗棋布，或处于繁华街面，或处于幽静深巷之中；大则占地几亩，小则不过数丈；或独家独户，或数户、十几户合居，形成了一个符合人性心理、保持传统文化、邻里关系融洽的居住环境。它形成了以家庭院落为中心，街坊邻里为干线，社区地域为平面的社会网络系统。

北京四合院的建筑布局，是以南北纵轴对称布置和封闭独立的院落为基本特征的。按其规模的大小，有最简单的一进院、二进院或沿着纵轴加多三进院、四进院或五进院。

住在四合院里的人不常与周围的邻居来往。在小院里，一家人过着日子，与世无争。可以说，四合院是在历史的洪流中，在动荡的社会风云里，北京人所寻觅到的一个安详恬静的安乐窝。

徽州民居，指徽州地区的具有徽州传统风格的民居，是汉族传统民居建筑的一个重要流派，也称徽派民居，是实用性与艺术性的完美

北京四合院

徽州建筑罗东舒祠

统一。古徽州下设黟县、歙县、休宁、祁门、绩溪、婺源六县。自秦代建制二千多年以来，悠久的历史沉淀，加上北亚热带湿润的季风气候，加之在这块被誉为“天然公园”里生活的人们以自己的聪明才智，创造了独树一帜的徽派民居建筑风格。

在古徽州大地上，明清时期的古民居建筑总计有7000栋，古村落100多处。徽州古民居建筑，形式多样，五花八门，总计约15种之多，包括古城、古村镇、祠宇、寺庙、书院、园圃、戏台、牌坊、关隘、桥梁、塔、亭、堤坝、井泉和村落。

古徽州人利用徽州山地“高低向背异、阴晴众豁殊”的环境，以阴阳五行为指导，千方百计去选择风水宝地，选址建村，以求上天赐福，衣食充盈，子孙昌盛。

从中国古代建筑的选址观念看，徽州民居一般按

牌坊 又名牌楼，为门洞式纪念性建筑物。是封建社会为表彰功勋、科第、德政以及忠孝节义所立的建筑物。也有一些宫观寺庙以牌坊作为山门的，还有的是用来标明地名的。同时牌坊也是祠堂的附属建筑物，昭示家族先人的高尚美德和丰功伟绩，兼有祭祖的功能。

照阴阳五行学说，周密地观察自然和利用自然，以臻天时、地利、人和和诸吉咸备，达到“天人合一”的境界。

在古徽州，几乎每个村落都有一定的风水依据。或依山势，扼山麓、山坞、山隘之咽喉；或傍水而居，抱河曲、依渡口、汊流之要冲。有呈牛角形的，如婺源西坑；有呈弓形者，如婺源太白司；有呈带状的，如婺源高砂；有呈之字形的，如婺源梅林；有呈波浪形的，如黟县西递；有呈云团聚形的，如歙县潜口；有呈龙状的，如歙县江村；还有半月形、“丁”字形、“人”字形、“口”字形、方印形、弧线形、直线形等，可谓形态各异，气象万千。

实用性与艺术性的完美统一，是徽州民居的又一典型特点。徽州古民居，大都依山傍水，山可以挡风，方便取柴烧火做饭取暖，又给人以美感。村落建于水旁，既可以方便饮用、洗涤，又可以灌溉农田，美化环境。徽居的古村落，街道较窄，白色山墙宽厚高大，灰色马头墙造型别致。

这种结构，节约土地，便于防火、防盗、降温、防潮，使各家严格区别，房子的白墙灰瓦，在青山绿水中十分的美观。

徽州呈坎

徽州老宅堂屋

徽州宅居很深，进门为前庭，中设天井，天井可通风透光，四水归堂，又适应了“肥水不流外人田”的朴素心理。后设厅堂住人，厅堂用中门与后厅堂隔开，后厅堂设一堂二卧室，堂室后是一道封火墙，靠墙设天井，两旁建厢房，这是第一进。

第二进的结构仍为一脊分两堂，前后两天井，中有隔扇，有卧室四间，堂室两个。

第三进、第四进或者往后的更多进，结构都是如此，一进套一进，形成屋套屋。此外，徽派民居皆建双层屋檐，以利遮挡雨水。

徽式建筑有一个主要特点就是青砖黛瓦马头墙。马头墙又称为封火墙。这种高大的封火墙在邻居发生火灾时，起到隔绝火源、防止火势蔓延的作用。层层叠起高出屋脊，在蔚蓝的天际间，勾出民居墙头与天空的轮廓线，增加了空间的层次和韵律美，体现了天

天井 四面有房屋、三面有房屋，另一面有围墙或两面有房屋另两面有围墙时中间的空地。天井是南方房屋结构中的组成部分，一般设在单进或多进房屋中前后正间中间，两边为厢房包围，宽与正间同，进深与厢房等长。天井不同于院子，因其面积较小，光线被高屋围堵显得较暗，状如深井，故名。

人之间的和谐。

客家人的“围龙屋”虽然不算精美绝伦，宏伟壮观，却有着明显的实用性和独特性，充分体现了“天人合一”建筑思想。

“围龙屋”背靠大山树林，整个“围龙屋”都处在绿荫的环抱之中，门前的池塘荡漾着碧波，鸟瞰围龙屋，池塘、禾坪和围龙屋恰好组成一个以南北子午线为中轴、左右对称的“太极圈”。

正面看去，“围龙屋”占据最高点，其次是上堂、中堂、下堂依次排列，以对称式庭院房屋形式，向前后左右重叠排列，构成全组的核心。正堂处于正中，一般由最高辈分的人来居住。

在建筑结构上，“围龙屋”承袭了中原传统民居的架构、墙体和斜坡屋顶，根据南方的气候特点，以“四扇三间”为基本建筑单位，形成“三堂两横”为核心的家居单元。平面布局上，层次分明，左右对称，有一条明显的中轴线，主要的建筑物都在中轴线上布置，附属建筑均设于主建筑物的两旁。

围龙屋

客家民居

客家“围龙屋”讲究来龙去脉，坐北向南。围龙屋门前的池塘和屋后培植的树林，屋内的厅堂、天井布局都充分体现风水术在民居建筑中的应用。

“围龙屋”被称为有“龙穴”的宝地，一是在半圆围层中央所辟的单间厅房称为“龙厅”；二是厅堂背面称为“龙厅背”；三是“厅背”至“龙厅”中间拱状隆起以石或砖铺结称为“化胎”处。

有龙的地方，就必须有水，故此，客家人在建筑“围龙屋”时，门前便都要设一水塘。而其拱形隆起“化胎”处，便是该龙所踞与孕育龙子、龙孙“化胎”的所在。

“围龙屋”在选址上讲究地理生态性，在结构布局上体现天人合一，在房屋功能上表征伦理生态，总之立足于生命的有效生存。

“围龙屋”民居建筑重视屋基的选择，其选址主要考虑龙、局、水三个方面的因素：

“龙”，指的是山形的总脉络，即龙脉。山体是

龙脉 风水学把起伏的地理称为龙脉。古代“风水术”首推“地理五诀”，就是龙、穴、砂、水、向。相应的活动是“觅龙、察砂、观水、点穴、立向”。龙就是地理脉络，土是龙的肉、石是龙的骨、草木是龙的毛发。寻龙首先应该先寻祖宗父母山脉，审气脉别生气，分阴阳。

支撑房屋的骨架，也是人们生活资源的天然场所。“围龙屋”总是傍山而建，同时很讲究地势。

“局”，是房屋周围，自总脉分出来的支脉共同集成的局势。有些山势略为不足的“围龙屋”，往往在屋后的山坡营建风水林，只许栽培，不许砍伐，以藏风得水。客家先辈认为“林木兴则宅必发旺，林木败则宅必衰落”，这是一种人为因素的“配风水”。

“水”，是指屋基前面的水势。在“围龙屋”的前面都置有一口半圆形的池塘，它不单是为日常生活提供方便，还含有完善基地阴阳、配偶、山影门庭的潜在意识。

客家“围龙屋”以“一进三厅二厢一围”为基本的结构，其他无论是二围、三围还是多围，都是在这基础上增添扩建而成的。即是说不管“围龙屋”的大小，其总体特征和基本结构是不变的。

如梅州地区的梅江区、白宫、松口、南口等各个地方的“围龙屋”形态上都大体一致，房屋的内部结构是：从晒谷坪到上堂连同左右两厢房间共同构成一个方形或长方形。晒谷坪前面有一口半圆形的池塘，即所谓的“龙池”，上堂后有一半圆形的围屋，它们与中间的方形或长方形构成一个椭圆形状。

从高空俯瞰，其外部形态以外墙的“龙体”和屋顶的“龙脊”共同组成“围龙”形的整体，封闭性很强。客家人多数聚族而居。这样的建筑形式有利于内部的协调统一和防御功能，而在如此井然有序、高度统一的理性控制下，也必然会形成内向性和储蓄性的品格，实际上也是客家人寻求封闭独立和防御外界干扰的意识形态的反映。

“围龙屋”如此设计，与当时的处境有很大的关系：客家南迁入偏僻山区，受当地人的排挤和欺侮，为了一致对外，他们不得不聚族而居，不得不建造有防御功能城堡式的住宅。正是这种群居的形式与客家人自身团结的精神相结合而形成了很强的向心力，从而在长久的迁徙中得以保存、壮大。“围龙屋”的生态性对于形成客家人的精神世界发挥了独特的作用。

“围龙屋”的建筑特色是古代阴阳思想的投射。集中体现在讲求建筑物体与天然地形的协调统一，符合“天人合一”的哲学道理。自古至今，《周易》的“天人合一”“人与自然共处的居住环境风水论”成为客家民居、民俗的一大特色。

阅读链接

徽州民居多重檐，据说这种建筑源于宋太祖赵匡胤。宋太祖建立宋王朝后亲征到了歙州，当大军抵达今休宁县海阳城外时，天色突变，大雨将至，宋太祖便至一间瓦房处避雨。徽州民居的屋檐很小，远不及中原地带的屋檐那么长，加上这天风大雨急，众人都被淋成了落汤鸡。

雨过天晴，居民开门发现宋太祖此般模样，以为死罪难逃，跪地不起。宋太祖却未责怪，问道歙州屋檐为什么造得这么窄，村民说是祖上沿袭下来的，宋太祖认为旧制不能改，但可以在下面再修一个屋檐，以利过往行人避雨。自此以后，徽州所有的民居渐渐都修成了上下两层屋檐。

古园林的天人合一精神

中国古人在与自然保持亲和、相互交融的关系中，很早就发现了自然美并对其有着独特的鉴赏力。从道家的“以人合天”、儒家的“以天合人”、禅宗的“天人一体”观念中，可见古代哲学宣扬人与

华清宫皇家园林

扬州园林水绘阁

自然的和谐与统一，以“天人合一”为最高理想。

这种哲学观念使中国古人对大自然怀有强烈的感情，于是，“天人合一”这样一种体验人与自然契合无间的精神状态，就成为中国传统文化精神的核心并贯穿了中国古代的整个文化思想史，当然也成为中国古典园林的终极精神。

在中国古典园林建筑艺术中，“天人合一”作为一种终极精神，体现为师法自然、融于自然、顺应自然、表现自然，并由此创造出中国特有的园林美学。

师法自然，在古代造园艺术上包含两层内容：一是总体布局、组合要合乎自然。山与水的关系以及假山中峰、涧、坡、洞各景象因素的组合，要符合自然界山水生成的客观规律。

二是每个山水景象要素的形象组合要合乎自然规

禅宗 又名佛心宗、达摩宗、无门宗。指以菩提达摩为初祖，探究心性本源，以期“见性成佛”之大乘宗派。中国十三宗之一，日本八宗之一。中国自古以专意坐禅者之系统为禅宗，兼含天台、三论二系，而不限于达摩宗；唐中期以来，达摩宗兴盛，禅宗遂专指达摩宗而言。

漏窗 俗称花墙头、花墙洞、漏花窗、花窗，是一种满格的装饰性透空窗，外观为不封闭的空窗，窗洞内装饰各种漏空图案，透过漏窗可隐约看到窗外景物。漏窗是中国园林的独特建筑形式，也是构成园林景观的一种建筑艺术处理工艺，通常作为园墙上的装饰小品，多在走廊上成排出现，在江南宅园中应用很多。

律。如假山峰峦是由许多小的石料拼叠合成，叠砌时要仿天然岩石的纹脉，尽量减少人工拼叠的痕迹。水池常作自然曲折、高下起伏状。花木布置应是疏密相间，形态天然。乔灌木也错杂相间，追求天然野趣。

融于自然就是处理好形与神、景与情、意与境、虚与实、动与静、因与借、真与假、有限与无限、有法与无法等种种关系。如此，则把园内空间与自然空间融合和扩展开来。

中国古代园林用种种办法来分隔空间，其中主要是用建筑来围蔽和分隔。分隔空间力求从视角上突破园林实体有限空间的局限性，使之融于自然，表现自然。比如漏窗的运用，使空间流通、视觉流畅，因而隔而不绝，在空间上起互相渗透的作用。在漏窗内看，玲珑剔透的花饰、丰富多彩的图案，有浓厚的民族风味和美学价值；透过漏窗，竹树迷离摇曳，亭台楼阁时隐时现，远空蓝天白云飞游，造成幽深宽广的

■番禺余荫山房园林

空间境界和意趣。

顺应自然主要体现在园林建筑中。中国古代园林中，有山有水，有堂、廊、亭、榭、楼、台、阁、馆、斋、舫、墙等建筑。人工的山、石纹、石洞、石阶、石峰等都显示出自然的美色。人工的水，岸边曲折自如，水中波纹层层递进，也都显示出自然的风光。

园林的所有建筑，其形与神都与天空、地下自然环境吻合，同时又使园内各部分自然相接，以使园林体现自然、淡泊、恬静、含蓄的艺术特色，并收到移步换景、渐入佳境、小中见大等观赏效果。

园林建筑中表现自然的材料有很多，诸如树木花卉等。中国古代园林对树木花卉的处理与安设，讲究表现自然。松柏高耸入云，柳枝婀娜垂岸，桃花数里盛开，乃至于树枝弯曲自如，花朵迎面扑香，其形与神、其意与境都十分重在表现自然。

师法自然，融于自然，顺应自然，表现自然，这是中国古代园林体现“天人合一”思想之所在，而由此创造的园林美学，是中国古代园林独立于世界之林的最大特色，也是永具艺术生命力的根本原因。

园林又不同于宫殿、长城、庙宇、桥梁，它有自身的一些特色。

比如文人画家参与所造之园，往往以山水为蓝本，诗词为主题，以画设景，以景入画，寓情于景，寓意于形，以情立意，以形传神，楹联、诗词与园林建筑结合，富有诗情画意，耐人寻味。

中国古典园林可以说是自然的，因为它是发展成熟了的自然或者是改造过的自然景观的集合，其建筑形态的丰富多样，不同的山水条件，不同的地形地势，就有不同的人文建筑与之相称。

楼阁是古典园林中的制高点，涵容全园景色，近可浏览园内风光，远可眺望园外景色；

亭有傲立山巅的山亭，有安居水际的水亭，有轻骑隔水的桥亭，由于选址精心，营造精巧，而与山水浑然一体；

廊仪态万千，有游廊、回廊、直廊、曲廊、花廊、水廊、爬山廊等，环山绕水，灵活别致；

桥是一种架空的人造通道，或如飞虹横跨水面，或如曲径贴水而行，曲线柔和，韵律协调，雄伟壮观。

中国古典园林之美，体现为从有限到无限，再由无限而归于有限，达到物我两忘，自我感情、意趣的自然抒发，这就是中国传统艺术所追求的最高艺术境界。其“天人合一”宇宙观、人化的自然、自然的人化在中国园林创作设计中得到了淋漓尽致的发挥与展示。

阅读链接

春秋战国时期，各国诸侯都喜欢修建园林，互相比美。当时吴国在阖闾的治理下已经很强大了，在园林建造上也不甘落后，阖闾及其子夫差利用苏州郊区的自然山水建造了规模宏大、建筑华丽的姑苏台、馆娃宫，可以说是苏州最早的皇家园林。

苏州园林起始于春秋时期，形成于五代，成熟于宋代，兴旺鼎盛于明清。到清末苏州已有各色园林170多处，现保存完整的有60多处，对外开放的园林有20处左右。

科技之魂

法天而行

“天人合一”是中国古人表现人与自然关系的思想，注重“法天而行”，这一理念造就了中国享誉世界、造福子孙的生态文明。中国古代生态文明是先民为保护和建设美好生态环境而取得的物质成果、精神成果和制度成果。

这种生态文明是贯穿于社会建设全过程和各方面的系统工程。我们的祖先在土地资源的利月、水利工程建设、动植物保护、古代科技等方面都取得了丰硕成果，反映了中国古代社会的文明进步状态。

土地利用与天人合一观

中国古人最基本的思维方式，表现在人与自然的关系上就是“天人合一”。这一思想造就了很好的生态文明基础，其中，包括保护和利用土地资源的观念。

中国自古以农业为立国之本，土地既是劳动对象，又是生产资

原始人耕种水稻复原图

料，具有不可替代的重要地位。土地利用的广度、深度和合理程度，是中国这个农业大国的生产规模、水平和特点的集中反映。

古代农业耕作蜡像

中国古代一些政治家和先哲提出了许多土地资源利用的理性主张，这些主张对古代的土地使用起着指导性和关键性的作用。

道家学派创始人老子曾说："人法地，地法天，天法道，道法自然。"其中"人法地"旨在强调人类要效法地球母亲的慈爱、无私、宽恕、奉献的精神品格。人为自然之子，人类和地球母亲有着千丝万缕的全息联系，地球母亲也必然影响到人的内环境。

人类只有尽快适应地球母亲的种种变化，才能够健康和谐地向前发展。对自然环境尤其是土地资源的破坏，也必然最终破坏到人类自身。春秋时期的齐国政治家管仲指出：

山林虽近，草木虽美，宫室必有度，禁法必有时。

意思说，山林虽然近得举手可得，草木虽然丰美得都可使用，但国家用度应有节制，砍伐也须适时。

战国时期成书的《黄老帛书》中说：使用土地的根本在于因地制宜，恰当地种植适于该地生长的农作物；要准确地掌握耕种的时间和季节，并且根据时令来种植五谷；"土敝者亡祀"，即指土地过度使用而使土地凋敝，那就要"亡祀"，人不能繁衍下去了。

成书于战国时期的《尚书·禹贡》对当时中国南方、北方、东部、西部、中部各地区的土壤类别及其利用差异就有所阐述。

此外，历代帝王每年至少要在春秋两季祭祀土神和谷神，春耕之前，要祈求神灵的保佑，秋收之后，要报答神灵的恩赐，这就是行春祈秋报的古礼。古人称土神为“社”，称谷神为“稷”。北京天安门西侧中山公园内，有一座俗称“五色土”的社稷坛，那就是明清两代帝王祭祀土神和谷神的地方。

作为一个农业大国，如何利用和开发土地多种谷物，解决吃饭问题，一直是摆在古人面前的头等大事。中国古人在利用和开发土地方面表现出来的卓越智慧，令人赞叹。

中国最初的农业耕作制度是生荒耕作制度，当时人少荒地多，采用生荒耕作制度是行得通的。随着生

《黄老帛书》

1973年12月于长沙马王堆3号汉墓中出土了大批帛书，约12万字，包括先秦著作多种。其中，包括《经法》《十六经》《称》《道原》四篇。这是迄今为止，除医书《黄帝内经》外，我们能看到的唯一一部内容涉及政治、经济、哲学、军事诸方面的“黄帝书”，因此被学术界称为《黄老帛书》。

■ 农民耕种土地

农民耕地蜡像

产的发展，开发熟荒地比开发生荒地省力，于是，人们发明了熟荒农作制度。在此基础上，人们为了加快恢复土地而实行周期更短、更有次序的轮种轮休，于是发明了休闲耕作制度。休闲耕作制度体现出古代中国人在合理使用土地上，用养结合的智慧。

采用休耕制度，土地休闲的长短，取决于地力恢复的年限。古人为了恢复地力采取了很多有效的措施。比如：靠阳光雨露的温暖滋润，让荒地上的自然植被复苏，使地力得到恢复；对土地进行耕翻，改善土壤的生产性能；通过人工施肥，有效地延缓土地贫瘠速度，尽快地恢复土壤肥力；普及和推广铁犁牛耕技术，改善土壤的物理性状，等等。展现了中国古人在人与自然的关系上合理开发和利用自然资源的聪明才智。

《禹贡》《尚书》中的一篇，是中国地理方物兼均税作品，假托禹所作，但一般研究指周战国时代之作品。《禹贡》全书1193字，以自然地理实体为标志，将全国划分为九个区即“九州”，并对各地的疆域、山脉、河流、植被、土壤、物产、贡赋、少数民族、交通等自然和人文地理现象，做了简要的描述。

在这些恢复地力的措施中，人工施肥和犁耕是适

轮种 指前后两季种植不同的作物或是相邻两年内种植不同作物的复种方式。由于不同作物对于土壤中的养分具有不同的吸收利用能力，因此，轮作有利于土壤中养分的均衡消耗。同时轮作还有利于减轻与作物伴生的病虫杂草的危害。

应农业发展而产生的一项重要的农作技术，是中国古人对世界农业发展做出的重要贡献。

战国时期，人们大面积地开垦荒地。在连作制基础上还出现了轮作复种制、一年两熟制、两年三熟制和四年五熟制。那时候，农业劳动生产率跃上了一个新台阶。当时魏国的亩产量折成后来的制约为91市斤，一个农夫至少可以养活10人。两千多年前的中国农业劳动生产率能够达到这样的水平，是不简单的。

从秦汉至隋唐，先民们不断积累经验，使施肥及土地利用技术提高到了一个新的水平。

肥料在这一时期农业生产中的地位愈加重要，以至于在唐代，肥料成为商品。史载唐都长安富民罗会，“家财巨万”，就是“以剔粪为业”而发家的。

唐代人有顺山坡而耕种的，当时称“畲田”。为了防止破坏自然植被，雨水顺坡冲走田土，聪明的先民们在山坡田周围垒砌石块，这无疑为后来山区梯田的出现积累了经验。

古代农民劳作

古代农民耕种画面

宋代社会经济急剧发展，土地复种面积扩大。两宋之际的农学家陈旉撰成《陈旉农书》，探讨了施肥与地力的关系。陈旉在书中提出了两种杰出的关于土壤肥力的学说：一是“用粪犹用药”的观点，指出施肥要因地制宜；二是“地力常新壮”的论断，即肥料不仅可以改良土壤，还可以用来维持并增进地力。这一理论使中国传统农业中积极养地的科学思想更加辉煌灿烂。

宋代盛行修造梯田，当时梯田建设之热，实为中国山区农业发展的重要动力。同时，大约起于春秋末期长江中下游地区的圩田，也有了相当程度的发展。宋代圩田的完善系统，体现了中国古代劳动人民把湖田开发与灌溉、航运、植树、养护等经济活动综合起来，统筹规划设计的高超智慧，进一步实现了人与自然的和谐。

圩田给中国农业生产带来的经济效益非常显著。南宋大诗人陆游的《常州奔牛闸记》中说“苏常熟，

植被 覆盖地表的植物群落的总称。是一个植物学、生态学、农学或地球科学的名词。植被可以因为生长环境的不同而被分类，譬如高山植被、草原植被、海岛植被等。环境因素如光照、温度和雨量等会影响植物的生长和分布，因此形成了不同的植被。

天下足”，这句民谚生动地反映出太湖流域圩田的粮食产量对社会的巨大贡献。

元代建立以后，为解决东南漕粮困难和减轻江浙农民负担，决定开发环渤海地区盐碱地。开发盐碱地的关键技术是“田边开沟”。这项技术既可抬高地面，又可以排涝洗碱，实际上是一种“沟洫台田”技术。沟洫台田技术，成为后来改造洼碱地的主要途径。

有了成熟的技术，自然不愁唤醒沉睡的盐碱地。经过元、明、清三代劳动人民的辛勤开垦，环渤海一带的盐碱地普遍得到开发和利用。又一次显示出中国古人在处理人与自然关系方面的超凡智慧。

此外，中国古人还开创了浮田、架田等人造耕地，为缓解人口众多的衣食压力起了一定的作用。古代农耕文化科技观念及利用和开发土地技术，为现代人提供了闪耀着真理之光的启示。

现在的关于土地利用的可持续发展观，就是在新的科技生产力水平上，对以往“天人合一”科技观的哲学及伦理学概括。传统农耕文化中的“天人合一”思想加上现代科技的巨大威力，会将现代生产力引导到人与土地资源和谐统一的轨道上。

阅读链接

“地力常新壮论”，是中国古代关于土壤肥力的一个重要学说，它的萌芽可以追溯到战国时代，而形成一种学说，则始于宋代农学家陈旉。陈旉认为，土壤也要养护，只管种植，不问养护，时日一久，地力必然敝衰。如果重视施肥，或掺加新土，土壤就能改良，地力也能提高，并且能保持地力常新壮。这就是中国古代著名的地力常新壮论。

《中国科学技术史·农学卷》对陈旉的“地力常新壮”评价说：“地力衰竭曾经是农业史困扰世界的难题，陈旉不仅提出了地力常新的思想，而且还提出了解决这一问题的办法，在世界农业史上都是难能可贵的。”

水利工程与天人合一观

在“天人合一”的宏大思想中，中国古人书写了一部令世人骄傲的古代水利史。其中的著名水利工程都江堰、灵渠、坎儿井，因为它们被称作“天人合一”的最高典范，所以成了这部水利史中浓墨重彩的篇章。

都江堰风光

李冰蜡像

之所以说都江堰是“天人合一”的最高典范，是因为它创造了人与自然完美结合的奇迹。这个奇迹跟一个人的名字紧密相连，他就是战国末期的李冰，其建堰的指导思想，就是“道法自然”“天人合一”的思想。

都江堰修建之前，成都平原水灾严重。这种状况是由当时的岷江造成的。岷江是长江上游的一条较大的支流，发源于四川北部高山地区。每当春夏山洪暴发的时候，江水奔腾而下，进入成都平原，由于河道狭窄，常常引发洪灾，洪水一退，又是沙石千里。而岷江东岸的玉垒山又阻碍江水东流，造成东旱西涝。

战国末期，秦昭王委任知天文、识地理的李冰为蜀国郡守。李冰上任以后，首先下决心根治岷江水患。他和他的儿子邀集了许多有治水经验的农民，对地形和水情作了实地勘察，然后制定了治理岷江的规划方案。

为了使岷江的水能够东流，李冰父子决心凿穿玉垒山引水。由于当时还未发明火药，凿山何其艰难，李冰巧妙地运用了热胀冷缩的原理，用沸水火烧等方法使石头崩裂，再行开凿。

李冰他们终于在玉垒山凿出了一个宽20米、高40米、长80米的山口。因其形状酷似瓶口，故取名为

郡守 官名。郡的行政长官，始置于战国。战国各国在边地设郡，派官防守，官名为“守”。本系武职，后渐成为地方行政长官。秦统一后，实行郡、县两级地方行政区划制度，每郡置守，治理民政。汉景帝时改称太守。后世只有北周称郡守，余均以太守为正式官名，郡守成了习称。

“宝瓶口”。被分开的玉垒山的末端，状如大石堆，就是后人所说的“离堆”。

宝瓶口建成后，虽然起到了分流和灌溉的作用，但因江东地势较高，江水难以流入宝瓶口。为了使岷江水能够顺利东流且保持一定的流量，充分发挥宝瓶口的分洪和灌溉作用，李冰又决定在岷江中修筑分水堰，把江水分为两支，迫使其中一支流进宝瓶口。

在修筑分水堰的过程中，李冰独辟新路，让竹工编成长10米、宽近1米的大竹笼，装满鹅卵石，然后一个一个地沉入江底，终于战胜了急流的江水，筑成了分水大堤。大堤前端开头犹如鱼头，所以取名叫“鱼嘴”。

鱼嘴迎向岷江上游，把汹涌而来的江水分成东西两股。西股的叫外江，是岷江的正流；东股的叫内江，是灌溉渠系的总干渠，渠首就是宝瓶口，流经宝瓶口再分成许多大小沟渠河道，组成一个纵横交错的扇形水网，灌溉成都平原的千里农田。

为了进一步控制流入宝瓶口的水量，李冰又在鱼嘴分水堤的尾

李冰父子修都江堰

都江堰宝瓶口

部，修建了分洪用的平水槽和“飞沙堰”溢洪道。

飞沙堰也用竹笼装卵石堆筑，堰顶做到适宜的高度。当内江水位过高的时候，洪水就经由平水槽漫过飞沙堰流入外江，以保障内江灌区免遭水淹。同时，漫过飞沙堰流入外江的水流产生了漩涡，由于离心作用，泥沙甚至是巨石都会被抛过飞沙堰，因此还可以有效地减少泥沙在宝瓶口周围的沉积。

为了观测和控制内江水量，李冰又雕刻了三个石桩人像，放于水中，以“枯水不淹足，洪水不过肩”来确定水位。还凿制石马置于江心，以此作为每年最小水量时淘滩的标准。

李冰花费8年时间，终于建成了都江堰。当时叫“湔堋”，三国时称“都安堰”，又叫“金堤”，唐代称为“楗尾堰”。从宋代开始，把整个都江堰水利系统的工程概括起来，在《宋史》中第一次提到“都江堰”，较为准确地代表了整个水利工程系统，这一名称一直沿用至今。

据《华阳国志·蜀志》记载，李冰建成都江堰后，成都平原的岷江水患被彻底根除，蜀地从此发生了天翻地覆的变化，蜀地农业生产迅猛发展，“水旱从人，不知饥馑，时无荒年，天下谓之天府也”，成为闻名全国的鱼米之乡。

都江堰以不破坏自然资源，充分利用自然资源为人类服务为前提，整个工程各部分相辅相成，共为体系：自动引水分流，自动排沙防洪，自动调控岷江内外江水量，既防洪又灌溉，同时还有水运功能。从而变害为利，使人、地、水三者高度和谐统一，实现了人与自然的和谐发展。它不仅是人类文化史上的共同财富，也是人类改造自然实现“天人合一”的最崇高的典范。

灵渠又称湘桂运河，也称兴安运河。在广西壮族自治区兴安县境内。秦始皇在统一南方各地的征战中，为了向前线运送粮饷，命监御史史禄掌管军需供应，督率士兵、民夫在兴安境内湘江与漓江之间修一条人工运河。

在当时，没有开挖机械，没有爆炸火药，只能用铁锤铁钻来钻取石块，用锄铲来开凿渠道；也没有任何准确的测量仪器，只能用目测、步测的方法来决定地势的高低。

史禄及其同僚，翻山越岭，查勘地形，反复对比，决定在湘江上游海洋河面分水村河段作为分水点。他们用巨石砌成一条约半里的“人”字堤，顶部前锐后钝，形如犁头，故名“铧堤”，高6米，强把河水三七分流，三分经南渠流入漓水，七分经北渠引

蜀 指四川。秦时设蜀郡。汉设益州部。唐设剑南道，又分剑南东川、剑南西川两节度使。宋设西川路和峡路，后将西川、峡二路分为益州、梓州、利州、夔州四路，合称“川峡四路”，简称“四川路”，四川一名由此产生。元时合并四路，设为四川行省。自此，四川省治沿用至今。

溢洪道 是水库等水利建筑物的防洪设备，多筑在水坝的一侧，像一个大槽，当水库里水位超过安全限度时，水就从溢洪道向下游流出，防止水坝被毁坏。包括进水渠控制段泄槽出水渠。按其所在位置，分为河床式溢洪道和岸边溢洪道。

桂林灵渠风光

入湘江。

“人”字堤后面开成了一个分水塘。他们仅凭目测、步测，准确地找到了湘漓的连接点、分水点和分水比例。

铧堤分水后，形成了北渠和南渠。北渠在湘江故道河谷平原，迂回曲折，迤逦盘桓，呈“S”形，长4千米，比故道长一倍。这样，既可以延长流程，减缓流速，便于通漕，又可以扩大湘江的灌溉面积，可谓一举两得。南渠经兴安城东北接灵水，经溶江镇，汇入漓江。渠长三十多千米，还要过岗穿隘，工程艰巨，可想而知。

流水通过了渠道，便进入了陡门。陡门是提高水位，便于舟楫浮渡的工程，这样，舟楫就可翻坡过岭。灵渠是世界上最早的提水通航工程，是近代船闸的始祖。

监御史 官名。秦以御史监郡，称监御史。为监察之官，此外还有推荐人才的权力、有兴修水利的权力，以及在战事紧张的时候统兵作战的权力。公元前211年秦军进攻南越时，运输补给供应不上，监御史史禄“凿渠运粮，深入越”。他开凿的就是著名的灵渠。

灵渠凿成后，秦始皇迅速统一岭南。仅此一点，史禄和他的同僚便功不可没，功传千秋。

随着灵渠的开通，湘江与漓江的水运航道衔接起来，中原和百越之间舟楫往来，分水岭不复存在，南北两地的货物得以互通有无，中原与百越之地的文化、经济得以相互交融。

史禄之后，历代相继修复灵渠，共24次。其中，东汉初期军事家马援，唐代两任地方官李渤、鱼孟威修筑灵渠业绩最著名，人们为了纪念他们，在灵渠旁为他们建立了灵济庙，后改称四贤祠。

灵渠之所以经千年洪水冲刷，仍巍然屹立，是因为秦代人将松木纵横交错，然后夯实插放在坝底，其四围再铺以用铸铁件铆住的巨型条石，形成整体。这个奥秘，直至20世纪80年代维修大坝时才发现。

灵渠选址，踏勘详尽缜密，即便时至今天，其地质、地形运用皆令人叹为观止。兴安的中部地势是中间高两头低，形成了东北、西南向低山槽，海拔250米左右，南北两侧海拔500米至1500米，史称“湘桂走廊”。湘、漓之水同出一山，分源各流。

灵渠景观

兴安的东半部南高北低，发源于海洋山的海洋河沿北向倾斜地势而下，经兴安城北入洞庭，称湘江。兴安的西半部北高南低，发源于猫儿山的六洞河顺势南流，沿途汇流，称大溶江，再汇灵河，称漓江。漓江经桂林、梧州入西江。

兴安城西北有始安河，兴安

百越 中国古代南方即秦岭淮河以南地区越人的总称或通称。分布在今浙、鄂、赣、闽、粤、桂、台、琼为主的地区，乃至整个广大的中国南方，曾经都是百越民族族系的分布范围。因部落众多，故总称百越，是北方民族对于南方民族的称呼。也叫“百粤”“诸越”。

城东有湘江一条小支流。两水最近处不足3华里，其间横亘着南北向的小土岭，其宽不超过1华里，相对高度仅20米至30米。但这里湘江河宽水急，工程浩大艰巨。溯源而上，切穿鳌头岭和龙王庙山，海洋河水流变缓，对于人筑坝、水减速都十分有利，还可降低凿渠深度。

劈山开渠，两水落差五六米。海洋河水量大、水位低，始安河水位高、水量小。怎么实现三七分水取湘补漓？“铧堤”工程完成了这项工作。

灵渠在向世人展示着中华民族不畏艰险、吃苦耐劳精神的同时，也展示着中华民族丰富的智慧和无穷的创造力。在青山绿水间，灵渠守持自己的天地，深得“天人合一”之奥妙，拥有着自己的价值。

坎儿井，是“井穴”的意思，早在西汉史学家司马迁的《史记》中便有了记载，当时称“井渠”，而

灵渠景观

新疆维吾尔语则称之为“坎儿孜”。坎儿井是荒漠地区的特殊灌溉系统，普遍修建于中国新疆吐鲁番地区。

吐鲁番盆地位于欧亚大陆中心，是天山东部的一个典型封闭式的内陆盆地。由于距离海洋较远，且周围高山环绕，加以盆地窄小低洼，潮湿气候难以浸入，降雨量很少，蒸发量极大，故气候极为酷热，自古即有“火州”之称。但其北部的博格达山和西部的喀拉乌成山，春夏时节有大量融化的积雪和雨水流下山谷，潜入戈壁滩下。于是人们利用山的坡度，巧妙地创造了坎儿井，引地下潜流灌溉农田。

坎儿井是开发利用地下水的一种古老的水平集水建筑物，适用于山麓、冲积扇缘地带，主要是用于截取地下潜水来进行农田灌溉和居民用水。

坎儿井的结构由竖井、暗渠、明渠和涝坝四部分组成。总的说来，坎儿井的构造原理是：在高山雪水潜流处，寻其水源，在一定间隔打一深浅不等的竖井，再依地势高下在井底修通暗渠，沟通各井，引水下流。地下渠道的出水口与地面渠道相连接，把地下水引至地面灌溉桑田。

坎儿井井渠

正是因为有了这样独特的地下水利工程，把地下水引向地面，灌溉盆地数十万亩良田，才孕育了吐鲁番各族人民，使沙漠变成了绿洲。

吐鲁番现存的坎儿井，多为清代以来陆续修建，如今仍浇灌着大片绿洲良田。坎儿井不因炎热、狂风而使水分大量蒸发，因

而流量稳定，保证了自流灌溉。

在坎儿井的建造过程中，暗渠的掏捞工程十分艰巨。暗渠又称地下渠道，是坎儿井的主体。暗渠全部是在地下挖掘，一般高1.7米，宽1.2米，短的100米至200米，最长的长达25千米。

在开挖暗渠时，为尽量减少弯曲、确定方向，吐鲁番的先民们创造了木棍定向法。即相邻两个竖井的正中间，在井口之上，各悬挂一条井绳，井绳上绑上一头削尖的横木棍，两个棍尖相向而指的方向，就是两个竖井之间最短的直线。然后再按相同方法在竖井下以木棍定向，地下的人按木棍所指的方向挖掘就可以了。

在掏挖暗渠时，吐鲁番人民还发明了油灯定向法。油灯定向是依据两点成线的原理，用两盏旁边带嘴的油灯来确定暗渠挖掘的方位，并且能够保障暗渠的顶部与底部平行。

但是，油灯定位只能用于同一个作业点上，不同的作业点又怎样保持一致呢？挖掘暗渠时，在竖井的中线上挂上一盏油灯，掏挖者背对油灯，始终掏挖自己的影子，就可以不偏离方向，而渠深则以泉流能淹没筐沿为标准。

暗渠越深，空间越窄，仅容一个人弯腰向前掏挖而行。由于吐鲁番的土质为含硅酸盐的黏性土，加之作业面又非常狭小，因此，要掏挖出一条25千米长的暗渠，不知要付出怎样的艰辛。

据说，天山融雪冰冷刺骨，而工人掏挖暗渠必须要跪在冰水中挖土，因此长期从事暗渠掏挖的工人，寿命一般都不超过30岁。所以，总长25千米的吐鲁番坎儿井被称为“地下长城”，真是当之无愧。

从生态学角度来看，新疆吐鲁番坎儿井堪称人与自然和谐相处的典范工程，在维护吐鲁番地区的生态环境平衡上起着举足轻重的作用。用暗渠引水避免了各种损耗，扬长避短，节水节能，这是何等的科学，人与自然又是多么和谐。

同时，由于吐鲁番高温干燥，蒸发量大，水在暗渠不易被蒸发，而且水流地底不容易被污染，再有，经过暗渠流出的水，经过千层沙石自然过滤，最终形成天然矿泉水，富含众多矿物质及微量元素，当地居民数百年来一直饮用至今，不少人活到百岁以上。

坎儿井是人与自然最和谐的一种关系。山上有多少水，就流下来多少水，也就通过坎儿井流到村庄多少水。坎儿井的水流到村庄以后，就形成水塘，有鱼、有鸟，还有大树，在沙漠里面只要有树，树荫下面就是最凉快的地方，于是人们白天在树下做手工活，晚上在树下跳舞、唱歌，形成一种社区生活。实现人与自然的良性循环。

阅读链接

近代提倡和推广坎儿井最有力和影响最大的人物首推林则徐。1845年，他遣戍伊犁途中，在距吐鲁番约40千米处看到坎儿井，当时十分惊讶，询问知其利益后便竭力主张推广。

在林则徐到新疆办水利之前，坎儿井仅限于吐鲁番，为数30余处，林则徐将坎儿井推广到伊拉里克等地，增开60余处，共达100余处。这些成就的取得与林则徐的努力是分不开的。

生物保护与天人合一观

那是在中国夏末商初之际，在亳这个地方有一个商部落，部落的首领商汤是一个非常仁慈的人，也是一个很有战略眼光的领导者。

有一次，商汤去野外狩猎，他看见有一个人正在四面张开围捕禽兽的大网，嘴里还念念有词地说："愿天下四方的禽兽都钻到我的网里来！"

商汤雕塑

商汤听到那人祷告时说的话，就走近前来，笑着对那人说："以前蜘蛛蝥虫结网捕食，现在人们也学会了。但像您这样四面张网，不是把天下的鸟兽都捕尽了吗？以后您还捕什么呢？真这样的话，所有禽兽就被杀光了！除了像桀那样的暴君，谁还会做这种事呢？"

■ 博物馆内的动物标本

那人一听，连连点头。商汤建议那人撤掉三面网，只留一面，那人接受了这个建议。商汤帮助那人重新布置了一面网。

布网之后，商汤又跪在地上，亲自教那人这样进行祷告，他说：“所有的生灵啊，想向左的就向左，想向右的就向右，想往高处飞的就往高处飞，想要往下钻的就往下钻。剩下那些违背天道，命该绝的，就请到我的网里来吧。”

商汤“网开三面”的故事很快就被人们传了出去。各地诸侯听到后，都十分感慨地说：“商汤不但关心老百姓，还关心禽兽生死，他的德行真高啊！”

商汤布德施惠的政策赢得了诸侯的信任，诸侯们认为，商汤的仁德既然可以施与禽兽，也就必能施与人，于是便纷纷归附于商汤。

商汤为了爱鸟网开三面，有如此谋略，说明古人

诸侯 古代中央政权所分封的各国国君的统称。周代分公、侯、伯、子、男五等，汉朝分王、侯二等。周制，诸侯名义上需服从王室的政令，向王室朝贡、述职、服役，以及出兵勤王等。汉时诸侯国由皇帝派相或长吏治理，王、侯仅食赋税。

已经认识到，要想利用自然资源，尤其是生物资源，保持良好的生存环境，必须注意保护，合理开发，反对过度利用。

中国古代先民对人与自然的关系具有独特的见解。古人认为，人、地、天在相互制约中发展，这是一种自然性的客观规律，作为人不能去违背它，而只能与天和谐相处，这就是“天人合一”。

“天人合一”思想是一套比较先进的科学生态理论，构成了古代先民自然生态观的基础，指导着先民对生物生态的认识，制约着先民们处理人与生物关系的行为。

生态是一个系统，其中的生物占有绝对重要的地位。生物包括地球上的植物和动物，人类是生物链条中的高级动物。多种多样的生物不仅维持了自然界的持续发展，而且是人类赖以生存和发展的基本条件。“天人合一”思想被古代先民奉为一种神圣的精神，形成了对自然界生物的一种“遂性”观念，即让生灵万物各按其本性自由自在地去生存、发展。

古人一方面推崇生物自由发展，另一方面反对对生物进行无限制

博物馆内的老虎捕鹿标本

■禹 姒姓，夏后氏，名文命，号禹，后世尊称其为大禹。他是夏后氏首领、夏朝第一任君王。他是中国传说时代与尧、舜齐名的贤圣帝王，他最卓著的功绩，就是历来被传颂的治理滔天洪水，又划定中国国土为九州。大禹为了治理洪水，长年在外与民众一起奋战，置个人利益于不顾。治水十三年，耗尽心血与体力，终于完成了这一件名垂青史的大业。

的索取。对破坏生物自由发展的行为有所禁止，于是就产生了一些保护生物的律令。

中国保护生物的律令最早可以追溯到夏代，据《逸周书·大聚解》载，大禹具有良好的生态保护意识：

禹之禁，春三月，山林不登斧，以成草木之长；夏三月，川泽不入网罟，以成鱼鳖之长。

由此可见，为保护山林草木、川泽鱼鳖等动植物资源，大禹时期就规定了春季三个月不允许带斧头等砍伐工具上山，以利于草木的生长；夏季三个月不允许带网罟等捕捞工具下河，以利于鱼鳖繁衍生殖。

这是对保护草木鱼鳖等生物生长的措施，说明早在三四千年前，对有些破坏自然生态的行为，已有明确的刑律惩处规定。

古代智者将人们长期积淀下来的生存经验上升为对于“度”的认知，将适度思想纳入文化体系。比如周文王临终之前嘱咐周武王加强山林川泽的管理，告诉人们不可尽数捕杀成年幼年动物，让动物各得其所、正常繁衍生息。

鲁宣公雕塑

对此，《逸周书·文传解》记载说：

山林非时不升斤斧，以成草木之长；川泽非时不入网罟，以成鱼鳖之长；不麛不卵，以成鸟兽之长。

意思是说，山林不到季节不举斧子，以成就草木的生长；河流湖泊不到季节不下渔网，以成就鱼鳖的生长；不吃鸟卵不吃幼兽，以成就鸟兽的生长。

显然，古人已经懂得在向自然界索取资源时，一定要有节制，要注意时令，要按一定的季节进行捕鱼、猎兽等生产活动。周文王的规定，更为适“度”，人与自然界生物的关系更为显现。

中国古代文献《国语·鲁语》中记载了一个“里革断罟”的故事，据这个故事的描述，鲁国大夫里革在严格执行周文王的法令时很坚决。

卿士 卿史、卿事。西周春秋时周天子或各诸侯国的执政官。春秋诸侯国官制与周王朝相似，辅佐国君之重臣也为卿士，如楚国卿士指执政的令尹、司马。其余诸国多称为卿。表明春秋时各国之卿皆从西周卿士演化而来。

有一年夏天，鲁宣公到泗水捕鱼，里革勇敢地站出来干涉，说根据周文王规定的“川泽非时不入网罟”的制度，认为鲁宣公的做法违反了古制。

里革不但把渔网撕毁扔进水里，而且大声向鲁宣公宣讲古训：为了保护草木鸟兽鱼虫，使之繁衍生息，山上再生出来的树木枝条不得再砍，水中未长大的水草不能割，捕鱼不捕小鱼，捕兽不捕幼兽，不能摸鸟蛋破縠卵，不能破坏未成形的幼虫。

里革的古训可以理解为就是法令，能以保护环境的法令制止君王的违法，这说明古人对环境保护多么重视。

公元前524年，周景王鉴于国库吃紧，打算铸金币。卿士单穆公表示反对，认为单靠铸钱币的办法并不能解决国库亏空的问题，因为铸钱所需金属原料要靠挖掘山林而得，而破坏山林是使不得的。

单穆公高瞻远瞩，从整体利益出发，把保护山林川泽和国计民生联系在一起。他说：“如果山林资源枯竭，没有虞衡的管理，水泊不出产，人民无力生产，田地荒芜，物资匮乏，君长只有忙于应付危险局面，哪有安乐可言呢？”

夏商周时期保护自然界动植物的观念，被后世各王朝所接受。例如唐代便规定：“凡采捕畋猎必以其时，冬春之交，水虫孕育，捕鱼之器，不施川泽；春夏之交，陆禽孕育，喂兽之药不入原野；夏苗之盛，不得蹂籍；秋实之登，不得焚燎。”

宋代也有类似的机构与法律，规定“民二月至九月，无得采捕虫龟，弹射飞鸟”。为了保护动物，还下令收缴捕猎工具，

虞衡 指中国古代掌管山林川泽的官员，也称“虞部”“虞曹”。早在周汉时期就已经出现，魏晋以来，概称虞曹、虞部。隋代以后虞部属工部尚书。明代起改为虞衡司，清末始废。虞衡官职的设立有利于古代环境的保护。

周文王画像

宋太祖时期，禁止岭南地区捕象，作为配套的措施，命令地方官收缴当地的捕象工具。

更值得一提的是，宋代一度流行“皮草”，流行以“鹿胎为冠”，宋仁宗知道后，立刻下令：“禁戴鹿胎冠子，及无得辄捕制造。”元代对于保护动物更加重视，力度也更大。

对于传统的保护生物之禁，到了明代更为丰富具体。据《明史·职官志》的记载：“凡鸟兽之肉皮革骨角羽毛，可以供祭祀、宾客膳羞之需，礼器军实之用，岁下诸司采捕。”同时规定了诸司采捕的具体数量，不可超额，如“水课禽十八，兽十二；陆课兽十八，禽十二”等。

这表明，直到明清时期，仍在继承着夏周以来的保护动植物的律令和政策。由此可见，中国古代几千年来一直有着保护生物生态、平衡生物生态的优良传统。

阅读链接

清代学者钱大昕的《十驾斋养心录》卷下有“鸡鸭谏议”条，说宋高宗于1135年颁布诏书，禁止在阴雨成灾时屠杀动物祈祷放晴，禁屠的动物中甚至包括鸡鸭。右谏议大夫借此称颂皇帝的德政。中书舍人胡寅笑道：“鸡鸭的事，难道也是谏议大夫主管的吗？听说女真统兵将领有称‘龙虎大王’的，下次北军南犯，就让‘鸡鸭谏议’去抵挡‘龙虎大王’好了。”

胡寅的嘲笑是有道理的。动物保护对象竟然至于鸡鸭，确实有扩大化的倾向。然而“鸡鸭谏议”的故事，则又说明动物保护观念的确是和儒学讲求仁政德治的正统意识相互契合的。

古代科技与天人合一观

中国古代科技取得的辉煌成就固然与多种因素有关，但作为古代人文精神延伸的一个重要基础，“天人合一”思想对中国古代科学领域的诸多方面具有很大影响，发挥了一定的指导和作用。

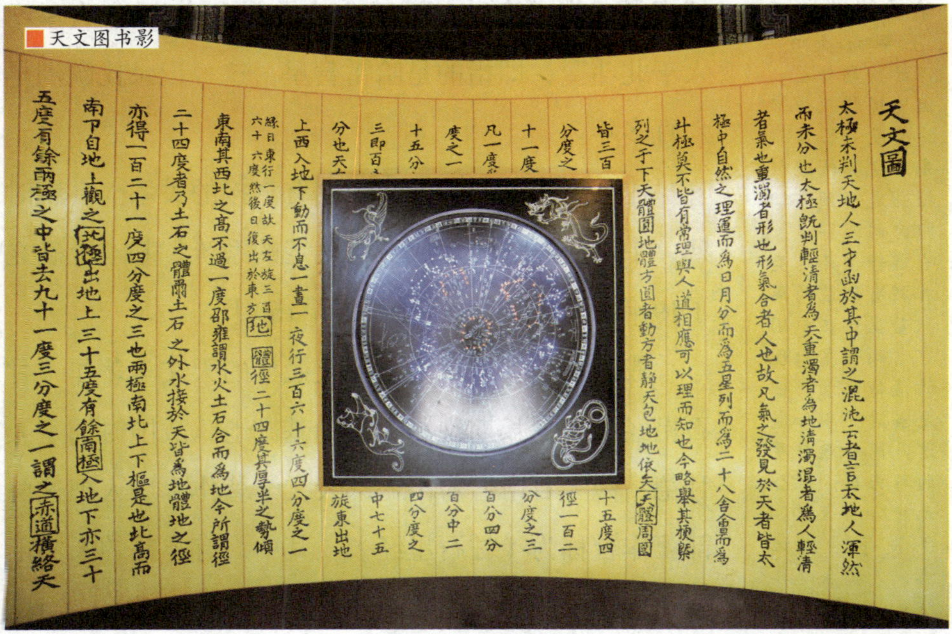

天文图书影

在中国传统文化中，“天”作为其核心观念之一，涉及社会生活几乎所有领域，贯穿古今，深入人心，在表达中国人的思想感情方面发挥着十分关键的作用。正是由于这样一种特征，才使得“天”的观念在中国古代科技发展中产生了深远影响。

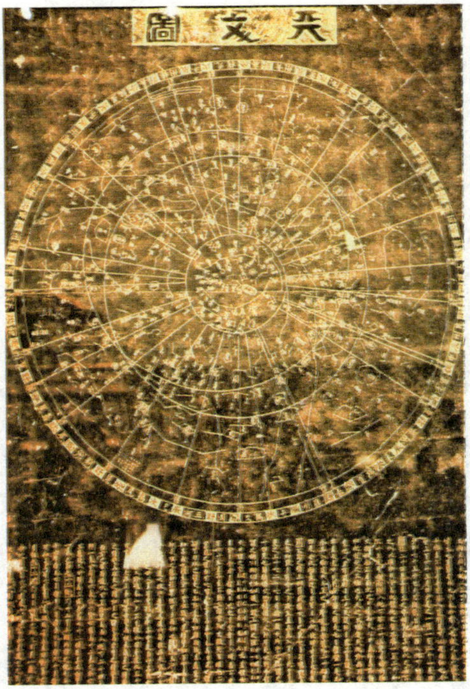

■ 天文图

掌握天文学知识是一个民族发展的起源和根本。中国古代对“天”的崇拜以及在此基础上产生的“天人感应”的观念体系，使人们能够及时而细致地观测到天象和气象的变化，从而获得很多重要发现。

中国古代有世界上公认的首次关于哈雷彗星的确切记录。据《春秋》记载，公元前613年，“有星孛入于北斗”，即指的是哈雷彗星，这一记录比欧洲早六百多年。

哈雷彗星 是每76.1年环绕太阳一周的周期彗星，因英国物理学家爱德蒙·哈雷首先测定其轨道数据并成功预言回归时间而得名。哈雷彗星是人类首颗有记录的周期彗星，在中国有这颗彗星出现的清楚记录，但是当时并不知道这是同一颗彗星的再出现。自公元前240年至1910年共有29次记录，并符合计算结果。

建立历法系统与天文观测有直接的关系。春秋时期，中国历法已经形成自己固定的系统，基本上确立了19年7闰的原则，这比西方早160年。

战国时期，出现了世界上最早的天文学著作《甘石星经》。在长期观测天象的基础上，战国时期楚人甘德、魏人石申各写出一部天文学著作，后人把这两部著作合称为《甘石星经》。其中，有丰富的天文记载，反映了那个时期人们对天文现象的认识。

《甘石星经》详细记载了金、木、水、火、土五星之运行情况以及它们的出没规律，并肉眼记录“木卫二”。还记录了八百多个恒星的名字，测定了121颗恒星的方位，并划分其星官，其体系对后世发展具有深远影响。书中还提及日食、月食是天体相互掩食的现象。

星官 中国古代为了便于认星和观测，把若干颗恒星组成一组，每组用地上的一种事物命名，这一组就称为一个星官，简称一官。唐宋后也有称之为一座的。但这种星座并不包含星空区划的含义，与现今所说的星座概念有所不同。三国陈卓的星官系统有283星官1465颗星，为后代天文学家所沿用。

中国有世界上最早、最完整、最丰富的日食记录。光是古书的史料，就有一千多次日食记录。最早是《尚书》记载的发生在公元前1948年的一次日食。《诗经》中更是详细记载了发生在公元前776年9月6日的日食：“十月之交，朔日辛卯，日有食之。”

东汉时期，著名天文学家张衡从日、月、地球所处的不同位置，对月食做了最早的科学解释。张衡发明制作的地动仪，可以遥测千里以外地震发生的方向，比欧洲早一千七百多年。

天琴座流星雨一般出现于每年的4月19日至23日，通常22日是极大日。中国古代关于流星雨的记录，大约有180次之多。其中天琴座流星雨记录有9次，最详细的记录见于《春秋》：

张衡发明的地动仪

鲁庄公七年夏四月辛卯夜，恒星不见，夜中星陨如雨。

鲁庄公七年是公元前687

超新星 是某些恒星在演化接近末期时经历的一种剧烈爆炸。这种爆炸都极其明亮，过程中所突发的电磁辐射经常能够照亮其所在的整个星系，并可持续几周至几个月才会逐渐衰减变为不可见。在这段时间内一颗超新星所辐射的能量可以与太阳在其一生中辐射能量的总和相媲美。

年。这是世界上关于天琴座流星雨的最早记录。

中国史书上还详细记载了超新星的爆发形态和过程。《史记·天官书》："客星出天廷，有奇令。"意思是说，天上出现超新星爆发，地上必有奇异的政令。明无名氏《观象玩占》："客星，非常之星，其出也无恒时，其居也无定所，忽见忽没，或行或止，不可推算，寓于星辰之间，如客，故谓之客星。"

古代记载中的客星，主要是彗星、新星和超新星以及其他天象。超新星爆发的残骸即今天仍可见到的蟹状星云。根据上述两则观测记载描述的情况看，古人观测到的超新星爆发的机理和演化过程与现代恒星演化理论非常吻合，因而这一观测记录就成为支持现代恒星演化理论的重要证据。

由于"天"的观念不局限于天空，所以"天"的观念对科技发展的影响也不局限于天文气象领域。中国古代医学强调"天人相应""人与天相参也，与日月相应也"。中医通过阴阳、五行、六气与天干、地支的交叉、排列、组合，来建立"天人相应"的具体联系。

■二十八星宿

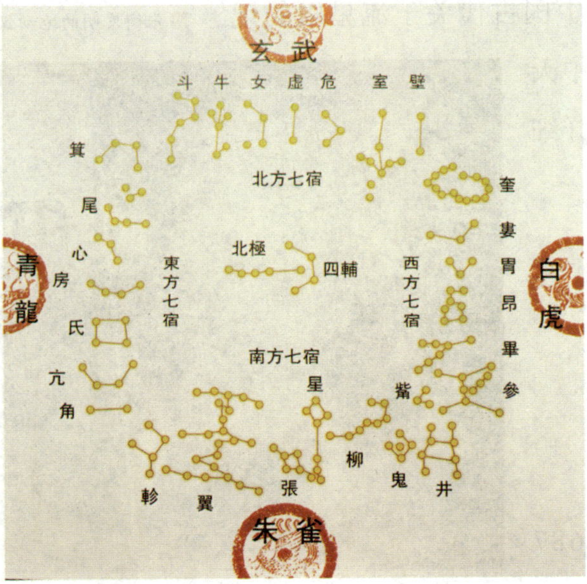

中医认为，人体生命活动受四时阴阳的影响，因此生理过程必定呈现一定的时间节律，而与天相应合。这些认识成果很

■古代农耕场景

多已在现代生理生化实验中得到证实。中医之所以有独特疗效，在养生和防治上取得一些西医达不到的效果，原因之一就在于“天人相应”观念可能弥补了单调生理解剖认知模式的不足。

“天人相应”观念也对中国古代农业发展史产生了很大影响。《吕氏春秋》中说，庄稼，播种它的是人，令它成活的是土地，滋养它的是上天。就是说把农作物的生长看作是在天、地、人共同作用下完成的过程。

北魏农学家贾思勰强调：顺应天时，裁量地理，根据规律办事，那么用力少而成功却多；如果放纵情欲违背大道，就会劳动而没有收获。这就需要不断协调天、地、人三者关系，将农耕置于天地万物大环境中，注重天人和谐的相互影响、相互作用。

在工程技术方面，中国古代提出“制器尚象”

炒钢 因在冶炼过程中要不断地搅拌好像炒菜一样而得名。炒钢的原料是生铁，操作要点是把生铁加热到液态或半液态，利用鼓风或撒入精矿粉等方法，令硅、锰、碳氧化，把含碳量降低到钢和熟铁的成分范围。炒钢的产品多是低碳钢和熟铁，但是如果控制得好，也可以得到中碳钢和高碳钢。

的原则，即经人通过效仿自然之象创制器物，以利天下。明代著名科学家宋应星著《天工开物》一书，其要义在于说明物生自天，工开于人，即所谓“天工人其代之”。

人应该顺应自然，善于利用自然而不是破坏自然环境，应保持人工与天工的和谐。因此，在古代纺织、食品加工、陶瓷、造纸、机械等技术领域，中国传统工艺多用天然材料，很少出现环境污染的事情。即使是在采矿、铸冶等领域，需较大力度地变革自然，仍尽量增加技术过程中的自然因素。

比如：开采煤矿时注意通风、排水、支护、回填以至共生物硫化铁的回收；在炒钢时以黄土、稻草为熔剂造渣，渗碳制钢时以松木、豆豉作为渗碳剂。此外，“天人相应”的观念还影响到中国古代的建筑、水利等其他技术领域。

总之，“天人合一”思想对中国古代的天文、历法、中医、农业、传统手工艺等领域产生了重要影响，指导人们取得了多项科技成果，体现了中华传统文化的丰富底蕴和魅力。

阅读链接

中国古代十分重视北斗七星。据战国时期楚人甘德、魏人石申的天文学著作《甘石星经》：“北斗星谓之七政，天之诸侯，亦为帝车。”皇帝坐着北斗七星视察四方，定四时，分寒暑。把北斗星斗柄方向的变化作为判断季节的标志之一。

斗柄东指，天下皆春；斗柄南指，天下皆夏；斗柄西指，天下皆秋；斗柄北指，天下皆冬。斗为帝车，运于中央，临制四海；分阴阳，建四时；均五行，移节度，定诸纪，皆系于斗。因此，古人说：“斗者，天之喉舌。”

中华文化